現代米国税務会計史

矢内一好 著

中央大学出版部

装幀　道吉　剛

まえがき

　本書は，公刊している拙著『米国税務会計史～確定決算主義再検討の視点から～』（中央大学出版部　2011年）の続編である。前書が，時代区分として，米国の所得税（法人税を含む。）の創設期から1954年内国歳入法典による改正までを範囲とした。

　前書は，法人税の計算構造を意味する税務会計と企業会計が一体化している日本と異なり，両者が分離している米国の場合，なぜ両者が分離しているのかという点について歴史的に検討を行ったのである。そのような検討を行った理由として，国際会計基準の展開により，わが国の確定決算主義の対極にある米国の方式を検討することにより，確定決算主義の存続或いは廃止という議論において，米国の分離型を正確に把握する必要があると考えたからである。

　さらに，前書は，米国の税務会計と企業会計の両者がどのような変遷を経て相互に関連してきたのかという点も取り上げている。これまで，会計史という側面から，主として会計の理論或いは実務の発展の視点から，税務会計との関連を論じた著書等は多いが，税務会計の視点から企業会計との関連を検討した著書等はあまりなかったのである。

　本書は，時代区分として，1954年内国歳入法典による改正以降，1986年の税制改革法までを対象としている。確定決算主義再検討の視点は，前書において終えたことから，主たる検討対象とはなっていない。また，1954年以降，税務会計と企業会計の間の距離の幅が広くなり，税効果会計の導入等の事態に至ったことから，両者の交差について，前書とは異なる状況下において検討している。

　本書の対象は，広くいえば，第2次世界大戦後の米国経済の全般的な下降と，経済のグローバル化という環境における米国税制の検討ということにな

る。また，1954年内国歳入法典以降，1986年税制改革法までの通史という意味もある。

　前書の視点であった企業会計との関連については，本書においても常に意識に置いていたが，米国における企業会計自体も多様化して，1966年米国会計学会が公表したASOBAT（A Statement Of Basic Accounting Theory：『基礎的会計理論』）以降，従前の会計原則発展史のように，その軌跡としてたどれるような展開となっていないといえる。したがって，1960年代以降の税務会計と企業会計の交差を前書ほど取り上げてはいない。

　本書の特徴といえることは，1954年から1986年までの間の米国の税制の変遷を検討し，税務会計と企業会計とが分離した場合の租税優遇措置の多用を規制するミニマム税の役割，米国税務会計における個別的な特徴といえる配当課税と日本の利益積立金に類似するE&Pの意義，マコンバー事案の最高裁判決以降の実現概念の変遷，日本にはない夫婦合算税制の生じた背景，連結納税制度に関する史的検討，非居住者課税と移転価格条項（内国歳入法典第482条）に関する発生からの沿革の検討等，国内法及び国際課税の両面における米国税務会計の展開を対象にしたことである。

　このような研究を行うに至った動機としては，第1に，日本と米国との法人税の計算構造の相違を分析することであり，第2に，税務会計と企業会計との交差の歴史を究明することであり，第3には，忠佐市先生の『アメリカ課税所得の概念及び計算の法学論理』（日本大学商学部会計学研究所研究資料第2号）を読み解くことであった。この忠先生の著書は，私が税務会計の勉強を始めた頃から気にかけていたものであるが，1993年に日本大学商学部に勤務し，ご指導を戴いた井上久彌先生から，先任であり，井上先生の恩師であった忠先生のお話を伺ったことで，さらにその思いが高まったのである。

　このような自由な研究活動を行うことができたのは中央大学及び中央大学商学部の諸先生のおかげであり，特に，貴重なご指導とご助言を戴いた中央大学商学部教授の大淵博義先生，上野清貴先生，梅原秀継先生には心よりお礼を申し上げたい。

なお，本書の刊行に際して，中央大学より出版助成金の交付を受けた。ここに謝意を表する次第である。

　2012 年 4 月

矢　内　一　好

現代米国税務会計史

目　　次

まえがき

第1章　1954年前後の米国税務会計と企業会計
1. はじめに……………………………………………………………… 1
2. 1954年以降の税収等の変遷………………………………………… 5
3. 1954年以降の企業会計との関連におけるポイント……………… 5
4. 1950年前後の企業会計と税務会計の相違に関するAIA等の研究…… 7
5. 企業会計と税務会計との一致に関する諸見解…………………… 11

第2章　減価償却の変遷と税効果会計の出現
1. はじめに……………………………………………………………… 25
2. 米国税法における減価償却制度の変遷…………………………… 25
3. 加速償却の意義と企業会計との関連……………………………… 28
4. 投資税額控除の意義と企業会計との関連………………………… 36
5. 1954年以降の米国税法における減価償却………………………… 38
6. おわりに……………………………………………………………… 42

第3章　1970年代から1981年までの税制
1. はじめに……………………………………………………………… 47
2. 1954年から1982年までの税制改正等……………………………… 48
3. 1962年歳入法………………………………………………………… 53
4. 1964年歳入法………………………………………………………… 54
5. 1969年税制改革法…………………………………………………… 54
6. 1971年歳入法………………………………………………………… 55
7. 1976年税制改革法…………………………………………………… 56
8. 1978年歳入法………………………………………………………… 57
9. 1981年経済再建税法（Economic Recovery Tax Act of 1981）……… 57

10．1982年法………………………………………………………… 61
　　11．1981年法の効果………………………………………………… 62

第4章　1986年税制改革法
　　1．本章の範囲……………………………………………………… 69
　　2．1984年の改正…………………………………………………… 70
　　3．1986年法の概要と財務省提案………………………………… 71
　　4．大統領提案……………………………………………………… 73
　　5．1986年法の概要………………………………………………… 77
　　6．1986年の改正理由……………………………………………… 79
　　7．減価償却に係る改正の経緯…………………………………… 80
　　8．MACRSの概要………………………………………………… 83
　　9．割賦販売（Installment Sales）に係る税務上の取扱い…… 84
　　10．MACRSの検討………………………………………………… 86

第5章　ミニマム税
　　1．検討対象………………………………………………………… 93
　　2．ミニマム税の創設（1969年）………………………………… 94
　　3．1971年改正……………………………………………………… 98
　　4．1976年税制改革法……………………………………………… 99
　　5．1978年改正……………………………………………………… 100
　　6．1982年の改正…………………………………………………… 102
　　7．1986年改正……………………………………………………… 104
　　8．1990年以降のAMTに係る主たる改正……………………… 108
　　9．企業利益修正方式……………………………………………… 109
　　10．日本へのAMT導入の可能性………………………………… 111

第 6 章　Earnings and Profits

1. 本章の対象……………………………………………………… 117
2. 日本の法人税法における利益積立金………………………… 118
3. 米国会社法における配当規制………………………………… 120
4. 配当及び E&P に係る規定の沿革…………………………… 121
5. 1954 年内国歳入法典…………………………………………… 133
6. 歳入手続 65-10………………………………………………… 138
7. E&P に関するまとめ………………………………………… 139

第 7 章　実現概念の変遷

1. 検 討 対 象……………………………………………………… 143
2. 1913 年米国憲法修正第 16 条………………………………… 144
3. 1913 年所得税法以前の所得概念……………………………… 144
4. 1913 年法の所得概念…………………………………………… 147
5. 修正第 16 条における所得…………………………………… 148
6. 総所得からの控除項目………………………………………… 150
7. 総所得と実現概念の関連……………………………………… 151
8. ブルウン事案の最高裁判決…………………………………… 154
9. グレンショー・ガラス社（Glenshaw Glass Co.）事案の最高裁判決…… 157
10. 実現概念に関する司法上の解釈……………………………… 159
11. 実現概念と会計理論における実現主義の交差……………… 160

第 8 章　夫婦合算申告制度の生成

1. はじめに………………………………………………………… 167
2. 米国個人所得税申告書の構成………………………………… 167
3. 夫婦合算申告の概要…………………………………………… 168
4. 1948 年改正までの夫婦合算申告等の沿革…………………… 170
5. 米国の私有財産制………………………………………………… 175

6．夫婦合算申告に対する立法当局の考え方と関連する判例………… 176
　7．1948年歳入法の内容………………………………………………… 184
　8．お わ り に…………………………………………………………… 185

第9章　連結納税制度の生成と展開
　1．検 討 対 象…………………………………………………………… 189
　2．日本における連結納税制度の導入と米国の同税制の日本への影響‥ 190
　3．米国連結納税制度の現状と沿革の概要…………………………… 192
　4．連結納税制度に係る規定の変遷…………………………………… 194
　5．連結納税制度の展開と企業会計…………………………………… 205

第10章　国内源泉所得と外国法人の税務
　1．は じ め に…………………………………………………………… 213
　2．国内源泉所得に係る規定の沿革…………………………………… 214
　3．1921年法の背景……………………………………………………… 220
　4．1928年歳入法における非居住者規定……………………………… 222
　5．1936年歳入法等における非居住者規定…………………………… 223
　6．1954年法……………………………………………………………… 224
　7．外国投資家課税法…………………………………………………… 229
　8．実質関連概念導入の意義…………………………………………… 235
　9．帰属主義導入に係る論点整理……………………………………… 237
　10．お わ り に…………………………………………………………… 240

第11章　米国内国歳入法典第482条
　1．は じ め に…………………………………………………………… 249
　2．1921年歳入法第240条(d)…………………………………………… 250
　3．1924年歳入法第240条(d)…………………………………………… 251
　4．1928年歳入法第45条………………………………………………… 252

5．1938年歳入法に係る財務省規則第101 ……………………… 253
  6．446条と482条の関連 ……………………………………… 257
  7．日本の移転価格税制の法的位置付け ……………………… 262
  8．ま　と　め……………………………………………………… 267

参 考 文 献 …………………………………………………………… 271
初出誌一覧 …………………………………………………………… 287

第 1 章

1954年前後の米国税務会計と企業会計

1. はじめに

　本書は，米国税制の歴史における，米国法人税の計算構造（以下「米国税務会計」という。）と企業会計の相互の関連性を検討することを主眼としている。1954年までの範囲については，すでに米国税務会計史としてまとめたことから[1]，本書は，基本的に，1954年以降の時期を対象とした米国税務会計と企業会計の交差を検討するものである。

　税法に関連した事項を最初にまとめることとする。

　米国の税法典である内国歳入法典（Internal Revenue Code）は，1939年，1954年及び1986年に全文改正が行われている。米国税法変遷の概略としては，1939年以前には，税法は，ほぼ各年における歳入法（Revenue Act）に規定されて改正を重ねてきたのであるが，各種の税法が内国歳入法典としてまとめられて，1939年以降各年の歳入法等は，1939年内国歳入法典の改正という形態となり，その後，1954年に内国歳入法典の第2次全文改正が行われ，1986年に第3次全文改正が行われたのである。

　本書が対象とする領域である1954年内国歳入法典から2009年までの期間における立法時の大統領等と主要な税制改正を一覧にしたものが以下である。

大統領（任期）等	主要な税制改正
34代　アイゼンハワー（1953.1.20～1961.1.20）（共和党）	○　1954年内国歳入法典

35代　ケネディ（1961.1.20～1963.11.22）（民主党）	○　1962年歳入法（投資税額控除を創設）
36代　ジョンソン（1963.11.22～1969.1.20）（民主党） （1964年8月：トンキン湾事件：北ベトナムによる米国艦船への攻撃） （1964年11月：ジョンソン大統領再選） （1965年2月：北爆拡大。同3月：地上軍事力として海兵隊の投入）	○　1964年歳入法（ケネディ政権による減税案がベース：第2次大戦後初めての一般減税）（Revenue Act of 1964：P. L. 88-272） ○　1966年租税調整法：ベトナム戦争戦費調達，インフレ対策，ドル防衛策（投資税額控除と加速度償却の停止） ○　1966年11月：外国人投資家課税法（Foreign Investors Tax Act of 1966）により非居住者課税の整備 ○　1968年6月：時限立法で所得税及び法人税の臨時付加税
37代　ニクソン（1969.1.20～1974.8.9）（共和党） （1974年5月：サイゴン陥落） （1974年8月：ウォーターゲート事件でニクソン大統領辞任）	○　1969年税制改革（1969年12月20日成立：①個人所得税の引き下げ，②ミニマムタックスの導入，③臨時付加税を1970年6月30日まで延長，投資税額控除を1969年4月19日に遡って廃止） ○　1971年：Asset Depreciation Range (ADR) System (Revenue Act of 1971) 導入
38代　フォード（1974.8.9～1977.1.20）（共和党）	○　1975年3月29日成立：1975年減税法（Tax Reduction Act of 1975：P. L. 94-12） ○　1975年12月22日成立：Revenue Adjustment Act of 1975．（低所得者層に対する特別税額控除の延長等：P. L. 94-164） ○　Tax Reform Act of 1976 (P. L. 94-455)
39代　カーター（1977.1.20～1981.1.20）（民主党）	○　1978年歳入法（Revenue Act of 1978：P. L. 95-600） 　法人税について，付加税を統合して最初の25,000ドルまでが17％，25,000ドル以上50,000ドル未満は20％，50,000ドル以上75,000ドル未満は30％，75,000ドル以上100,000ドル未満が40％，100,000ドル以上が46％とした。 ○　Energy Tax Act ○　Foreign Earned Income Act ○　Technical Corrections Act of 1979 ○　Crude Oil Windfall Profit Tax Act of 1980 ○　Installment Sales Revision Act of 1980

	○ Foreign Investment in Real Property Tax Act of 1980 (FIRPTA)（非居住者の不動産等の譲渡益課税の強化）
40代　レーガン（1981.1.20～1989.1.20）（共和党）	○ 1981年経済再建法（Economic Recovery Tax Act of 1981：ERTA：P. L. 97-34：投資税額控除と減価償却規定（Accelerated Cost Recovery System：ACRSの優遇措置） ⇒1980年代前半のタックスシェルターの増加：経済成長を促進するための優遇税制の増加が富裕層の個人納税者の租税回避に利用された。 ○ Tax Equity and Fiscal Responsibility Act of 1982 (TEFRA) ○ Tax Reform Act of 1984（Deficit Reduction Act of 1984の一部） ○ President's Tax Proposals to the Congress for Fairness, Growth and Simplicity, May 29, 1985 ○ 1986年税制改革法（Tax Reform Act of 1986：P. L. 99-514） ○ Revenue Act of 1987（P. L. 100-203） ○ 1988年 TAMRA (Technical and Miscellaneous Revenue Act of 1988) Nov. 10, 1988
41代　ブッシュ（1989.1.20～1993.1.20）（共和党）	○ 1989年包括財政調整法（Omnibus Budget Reconciliation Act of 1989）（Revenue Reconciliation Act of 1989） ○ 1990年包括財政調整法（個人所得税の最高税率28％⇒31％）（Revenue Reconciliation Act of 1990：P. L. 101-508） ○ 1991年租税延長法（Tax Extension Act of 1991：P. L. 102-227） ○ Emergency Unemployment Compensation Act of 1991 (P. L. 102-164) ○ Emergency Unemployment Compensation Amendments of 1992 (P. L. 102-318) ○ Energy Policy Act of 1992 (P. L. 102-486)
42代　クリントン（1993.1.20～2001.1.20）（民主党）	○ 1993年包括財政調整法（Omnibus Budget Reconciliation Act of 1993：P. L. 103-66）

	○ Social Domestic Employment Reform Act of 1994 (so called Nanny Tax) 1994年10月22日成立 ○ Self-Employed Health Insurance Act (P. L. 104-7) 1995年4月11日成立 ○ Taxpayer Bill of Right 2 (P. L. 104-168) 1996年6月30日成立 ○ Small Business Job Protection Act of 1996 (P. L. 104-188) 1996年8月20日成立 ○ Health Insurance Portability and Accountability Act of 1996 (P. L. 104-191) 1996年8月21日成立 ○ Personal Responsibility and Work Opportunity Reconciliation Act of 1996 (P. L. 104-193) 1996年8月22日成立 ○ 1997年納税者救済法 (Taxpayer Relief Act of 1997) ○ Tax and Trade Relief Extension Act of 1998 (P. L. 105-277) ○ Tax Relief Extension Act of 1999 (P. L. 106-170) 1999年12月17日成立 ○ 2000年納税者救済法 (Taxpayer Relief Act of 2000)
43代 ブッシュ (2001. 1. 20 ~ 2009. 1. 20) (共和党)	○ 2001年 Economic Growth and Tax Relief Reconciliation Act of 2001 (P. L. 107-16) ○ 2003年 Jobs and Growth Tax Relief Reconciliation Act of 2003 (P. L. 108-27) ○ 2004年 American Jobs Creation Act of 2004 (P. L. 108-357) ○ 2004年 Working Families Tax Relief Act of 2004 (P. L. 108-311) ○ 2007年 Small Business and Work Opportunity Tax Act of 2007 (P. L. 110-28) ○ 2008年 Heroes Earnings Assistance and Relief Tax Act of 2008 (P. L. 110-245)
44代 オバマ (2009. 1. 20 ~) (民主党)	○ 2009年 American Recovery and Reinvestment Act of 2009 (2009年2月17日成立) ○ 2009年 Foreign Account Tax Compliance Act of 2009 (2009年10月27日成立)

| | ○ 2009 年 Worker, Homeownership, and Business Assistance Act（2009 年 11 月 6 日成立：欠損金の繰戻し期間の延長） |

2．1954 年以降の税収等の変遷[2]

　米国の税収構造は，わが国における社会保険料に相当する社会保障税が税収に含まれていることから，2007 年の統計では，歳入合計から社会保険料を除いた構成比率によれば，個人所得税が約 69％，法人税が約 22％，その他が約 9％となっている。

　1954 年以降の個人所得税と法人税の税収の推移は，個人所得税の変動が少ないのに対して，法人税の構成比率が 1955 年から 1965 年までは比較的高い割合であったが，1970 年代後半から税収が落ち込み，2005 年以降税収が再び上昇傾向になっている。

　この期間における米国の法人税率の特徴は，1978 年歳入法による付加税の統合により法人税率が一元化されたことと，1986 年税制改正により，それまで最高税率が 46％であったが，34％に引き下げられたことである。

3．1954 年以降の企業会計との関連におけるポイント

　1954 年内国歳入法典制定時において，同法は，企業会計との調整を図る観点から，前受収益或いは引当金について企業会計の考え方を取り入れた改正を行ったのであるが，これらの改正事項は，改正直後に遡及して廃止され，結果として，税法から企業会計への接近は失敗に終わったのである[3]。

　1954 年以降の時期については，米国会計学会（American Accounting Association：以下「AAA」という。）では，会計原則としては，1957 年の「株式会社財務諸表の会計及び報告基準」[4] があり，理論的研究としては，1966 年の「基礎的会計理論」（A Statement Of Basic Accounting Theory：略称 ASOBAT）[5]，1977 年の

「会計理論及び理論承認」等がある[6]。また，個人的業績としては，リトルトン教授の「会計理論の構造」[7]等がある。

　米国会計士協会（American Institute of Certified Public Accountants：以下「AICPA」という。）の動向としては，AICPAの前身のAIA（American Institute of Accountants）[8]が1938年に会計手続委員会（Committee on Accounting Procedure：以下「CAP」という。）を設立したが，その委員会委員数の不足及びその目的が不透明であった[9]。CAPは，その後1959年に会計研究公報（Accounting Research Bulletin）51号を最後に活動を終え，1959年に設立された会計原則審議会（Accounting Principles Board：以下「APB」という。）にその役割を引き継いでいる。

　APBは，1973年まで活動を行い，その後，1973年に設立された財務会計基準審議会（Financial Accounting Standards Board：以下「FASB」という。）がその役割を担っている。

　米国国内における企業会計の動向とは別に，1990年代頃から次第に，国際会計基準（IFRS）に対する関心が高まり，21世紀以降は，2001年のエンロン事件等の影響もあって，国際会計基準とのコンバージェンス（すり合わせ）問題が焦点となっている。

　本書が対象とした1954年以降から現在までの期間における企業会計（財務会計）分野において変化を重ねた事項は2つある。1つは，取得原価主義から時価主義への傾斜である。他の1つは，従前では，損益計算重視の立場から収益と費用の算定が一義的であり，貸借対照表は損益計算書を繋ぐ連結環機能を有すると理解されていたが，近年では，貸借対照表の機能を重視する考え方（資産・負債アプローチ）が台頭していることである。

　以下では，1954年以降ではなく少し時間的に戻ることになるが，1952年にAIAの研究グループによりまとめられた「企業所得の研究」[10]（以下「AIA企業所得研究」という。）及び1953年12月に同じくAIAにより公表された「税務会計と一般に認められた会計諸原則のルール間における相違」[11]等の検討から始めて，その後に，税法に規定された納税義務者の適用する会計処理基準準拠（現行内国歳入法典第446条及びその前身となる規定）に関する各種の論稿を検討する。

個別問題としては，企業会計と税務会計の調整，税効果会計の展開，投資税額控除及び加速償却を含む減価償却に係る推移等が対象となる。

4．1950年前後の企業会計と税務会計の相違に関するAIA等の研究

(1) 1950年前後の背景

個人の論稿等は後述することとして，1950年代前後に企業会計と税務会計の関連について言及している公的団体の研究等には次のようなものがある。
① 1952年：AIA企業所得研究
② 1952年：AAA1948年会計原則付属報告書 No. 4,「会計諸原則と課税所得」[12]
③ 1953年：AIA「税務会計と一般に認められた会計諸原則のルール間における相違」（以下「1953年AIA勧告」という。）

米国会計士協会（AIA）は，1938年にSHM会計原則を公表し[13]，1939年以降CAPが会計研究公報（ARB）の公刊を始めた。1959年には，APBが設置されて，会計の理論的研究を行うことになる。

AAAによる会計原則は，1936年に「株式会社報告書に関する会計原則試案」を公表し[14]，1940年には，ペイトン，リトルトン両教授による「会社会計基準序説」[15]を挟んで，1941年に，「会社財務諸表の基礎をなす会計原則」，1948年には，1936年及び1941年会計原則[16]の改訂版として「会社の財務諸表の基礎をなす会計諸概念と諸基準」を公開し[17]，1957年の「株式会社財務諸表の会計及び報告基準」，1966年の「基礎的会計理論」となるのである。

税制の分野では，1954年の内国歳入法典において，企業会計と税務会計が一時的に接近する時期である。

また，第2次世界大戦を含む1940年代後半から1950年代初頭は，物価騰貴の時期でもある[18]。1947年から49年の平均を100とした卸売物価指数は，1939年に開始された第2次世界大戦の翌年の1940年には51.1であったが，第2次世界大戦終戦時の1945年には68.6，1948年には104.4と上昇して1940年

の約2倍になり，1950年代には，1945年の約2倍となっている。この物価騰貴と利益の決定は，取得原価主義に基づく企業会計において重要な問題であり，AIA企業所得研究では，序文のパラグラフ14においてこれを認めている[19]。

(2) 1950年前後の企業会計と税務会計に関連する公的機関による研究

1952年のAIA企業所得研究は，AIAがロックフェラー財団からの資金援助等を受けて行った理論研究の成果である。本研究によれば，1918年歳入法第212条(b)において初めて規定された次の規定の後段部分は，裁判所が通常適用されている会計処理方法を否認する根拠としているものであり，苛立たしさを感じるものであると同研究に記されている[20]。

「納税義務者の記帳に継続して使用されている会計方法に従って年次の会計期間（事業年度又は暦年）を基礎に計算されなければならない。しかし，そのような会計方法がない場合，又は使用されている会計方法が所得を明瞭にしない場合，内国歳入局長官の指示する方法により行われなければならない。」

これに関連して，税法が後入先出法（LIFO）を法定化したことは重要なことであると評価している[21]。本研究では，上記以外に税務と企業会計の関連に言及している箇所もあるが，税務会計史の観点から特筆すべき記述はない。

上記(1)②のAAAの報告書は，企業会計上の純利益と課税所得が相違している原因を2つに分けている。

第1は，課税所得の計算が，経費を控除することについて，経済政策或いは歳入確保の観点から制限していることである。第2は，所得と経費の認識時期の相違である。

これらの相違が生じる原因として，同報告書は，目的の相違が大きな理由としている。すなわち，税法は，租税の徴収のための実際的な方法を確立するこ

とであり，企業会計は，事業の成果を示す純利益の算定である。この目的の相違を除けば，企業会計の実務は，税法に従った方法で行われることもある。

同報告書は，以下に掲げた3つの設問を設けて検討を行っている。

（設問1）　所得税における純所得と財務諸表上の純利益の目的の相違を認識するとして，その相違の程度があるにしても，会計上の純利益と課税所得が相違することが必然なのかどうか[22]。

（設問2）　両者の相違が明らかである場合，所得税における課税所得の計算は，企業会計における純利益の算定との相違をどの程度認識しているのか。

（設問3）　企業会計の手続或いは報告方法はこれまで法律により命令されたことがあるのか。

同報告書は，上記3つの設問に対して検討した結果，次のような結論に至っている。

設問1の結論として，議会の権限として，立法政策上税法上の恩典を与え或いは経済的又は社会的な規律を課し若しくは所得を得るための諸控除を否認するということは疑う余地はないが，議会，行政或いは司法は，納税義務者により適用されていた一般に認められた会計諸原則（Generally Accepted Accounting Principles：以下「GAAP」という。）の修正を行ったことはなく，単独で税法上の所得或いは費用の認識の時期を変えることをしていない。税法における別段の定め（企業会計と異なる処理等）は，社会的，経済的，政治的な条件が原因となるものであり，議会等は，企業会計における諸概念を修正する提言をしたことはない。

設問2の結論としては，財務諸表作成のための会計実務は，税法における課税所得計算にかかわらず，GAAPに従うことになる。

設問3の結論としては，会計諸原則は，税法の指示を受けるものではなく，報告の方法も税法に規定されるものでもない。すなわち，会計諸原則の体系及び報告の方法は，一般的な利害関係者の必要性等によって進化するのである。

このAAAの報告書は，どのように両者を調整するのかが目的であったが，

企業会計と税務会計の相違についての分析はしているが，具体的な提言を行っていない。

(3) 1953年AIA勧告

この勧告は，AIAが議会（下院の歳入歳出委員会委員長宛）に対して企業会計と税務会計の相違を除去するために行ったものである[23]。したがって，この勧告は，AIAによる研究報告とは異なり，税法改正に影響を与えたことから，上述のAAA報告書とは異なりその影響力という点で，この勧告は重みがあるものといえる。

この勧告の意義は，1954年の内国歳入法典の全文改正が本勧告に沿った形で行われた結果，企業会計と税務会計の相違が一時的に解消したのであるが，1954年改正の一部（例えば，引当金，前受収益等）は，改正後即時に遡及して廃止されたことから，結果的に，企業会計と税務会計の調整は失敗に終わったのである。

本勧告におけるAIAによる基本的な主張は，GAAPに基づく処理を税務会計の基本的な基準とすることである。

1954年改正前では，1939年内国歳入法典第41条に，純所得の計算は，納税義務者に記帳において継続して使用されている会計処理基準に従って年次会計期間を基礎に計算する，と規定されている。この規定は，1918年歳入法第212条及び第232条において初めて規定され，1939年内国歳入法典第41条，1954年内国歳入法典第446条と変遷して，1954年に次いで行われた1986年全文改正後の内国歳入法典第446条に同じ条文として規定されて現在に至っているのである。

したがって，上記に引用した1953年当時の内国歳入法典第41条の規定に基づけば，税務会計とGAAPにおける差異はほとんどないことになる。さらに，この条文について，1934年制定の財務省規則86では[24]，標準的な会計処理基準として認められたものは，通常，所得を明瞭に反映するものとみなされる，と規定されているが，GAAPが税務上無視され，或いは，課税純所得がGAAP

とは異なる基準により決定されている例が多くあるというのが同勧告における認識である[25]。そして，同勧告は，その原因のほとんどが，収益と原価（費用）の対応と期間帰属であると分析している[26]。

結論として，同勧告は，GAAPと税務会計の相違点を排除するための税法の改正（前受収益と引当金等）と，GAAPを税務会計における基本的な基準として再確認することを提言している[27]。

5．企業会計と税務会計との一致に関する諸見解

本項は，上記4と異なり，企業会計と税務会計との一致に関する会計専門家の諸見解を時系列で検討するが，最初に，実体規定である1918年歳入法第212条等の解釈から始めることとする。

(1) 1918年歳入法に係る財務省規則45における解釈

所得税における純所得の計算は，納税義務者に記帳において継続して使用されている会計処理基準に従って年次会計期間を基礎に計算する，と初めて規定されたのは，前述の通り，1918年歳入法第212条及び第232条である。

この1918年歳入法における所得税等に関する財務省規則45（1919年版，1920年版，1921年版）は，第212条等についてより詳細な解釈を示している[28]。これらにおける会計処理の方法（Method of Accounting）について課税当局の解釈が次のように示されている[29]。なお，発生主義等の認識基準については，計算の基礎（Bases of computation）として別に説明されている[30]。

上記の財務省規則によれば，単一の会計処理の方法がすべての納税義務者を対象として規定されることはなく，税法の意図するところは，納税義務者が自らの判断により最適な会計の形式と処理方法を適用することである。そして，個々の納税義務者は，真実の所得を記載した納税申告書を作成することが義務付けられている。そのためには会計記録の保存義務が納税義務者に対して課されることになる。この会計処理の方法において重要なことは次の3点である。

①　製品の製造，購入又は販売が所得の獲得要因となるすべての場合において，製品の棚卸（完成品，仕掛品，原材料及び消耗品）は期首と期末で把握し，当該年度の純所得計算において使用する。

②　当該年度における支出は，資本的支出と収益的支出に分ける。設備或いは設備に対する支出は，耐用年数を延長する資本勘定であり，費用勘定ではない。

③　摩損及び破損，減耗，陳腐化がある場合，資本資産の原価は回収されることになる。耐用年数が延長される資本的支出は，財産勘定に加算されるか或いは償却され，当期の費用にはならない。

　また，計算の基礎に係る規定によれば，会計において認められた標準となる処理方法は，通常，所得を明瞭に反映するものとみなされる。しかしながら，所得を明瞭に反映する会計処理の方法となるためには，総所得及び諸控除が合理的な継続性を保つ必要があるとし，さらに，財産の評価益である未実現利益は所得ではないとしている。

　以上の事柄をまとめると，会計処理の基準の総括的な規定（1939年内国歳入法典第41条，1954年・1986年内国歳入法典第446条）は，その創設時の解釈に基づけば，2つの構成要素から成り立っていることになる。

　第1は，純所得計算の基礎といわれる部分であり，所得及び控除等の認識時期等に係る規定である。第2は，棚卸計算或いは減価償却という会計処理の方法に係る規定であり，会計記録の保存義務が課されている。

　また，前記の財務省規則は，課税当局側の企業会計に対する考え方を示したものといえるものであるが，企業会計上の純利益と課税所得の関連について何らの言及もしていない。企業会計上の純利益が株主目的或いは信用目的で計算されるのに対して，課税所得は税収の確保の観点から算定されることは明らかであるが，課税当局がこのような認識に立っていたかどうかは定かではない。前記の財務省規則から明らかなこととして判ることは，納税義務者が最適な会計方法等に基づく記帳を行い，真実の所得を記載した納税申告書を作成しなければならないということである。これは，企業会計と税務申告用の2つの帳簿

の作成を必要としないということである。

(2) 1940年代の見解

1913年に憲法修正第16条が1913年2月25日に確定したことを受けて，1913年10月に，所得税・法人税が制定された。

その後，1918年歳入法第203条（棚卸資産）において，納税義務者は，棚卸資産の計算において，最も所得を反映されるものと一致するものとして内国歳入局長官が最良の会計実務（best accounting practice）として定める基準に従う，と規定している。これは，当時の一般的な会計処理基準に従って事業所得の計算が行われていた例である，とした見解がある[31]。

税法と企業会計の相違としては，①前受収益，②製品保証費用，③現金割引，④コンテナにある商品の取扱い，⑤訴訟費用等，⑥請求権（claim of right）に基づき受領した金銭，⑦引当金，⑧連結納税制度が指摘されている[32]。

ここに掲げられた相違は，そのほとんどが所得と控除（企業会計上では収益と費用）の期間帰属に関する問題といえる。収益と費用の対応関係を重視して適正な期間損益算定を目的とする企業会計に対して，種々の理由から，所得の計上を早め或いは控除の計上を遅らせる税法の規定の対比である[33]。

また，1939年（第1次内国歳入法典制定）から1954年（第2次内国歳入法典制定）の間について，公認会計士又はその団体が，議会の租税に関する委員会に提言を行い，これが受け入れられたこと，又は個々の会計士が歳入に係る公聴会において証言を行う等して，税法の発展に彼らが貢献したという分析もある[34]。

(3) 1954年以降

1954年内国歳入法典は，前受収益及び引当金等の処理についてGAAPに接近したことはすでに述べた通りであるが[35]，1954年内国歳入法典改正後においても，営業権の償却，組織再編費用の処理等，企業会計と税務会計における

相違は残ったのである[36]。

1954年内国歳入法典第446条は，前出(1)の「1918年歳入法に係る財務省規則45における解釈」において述べたように，所得及び控除等の計上時期に関する部分，棚卸資産或いは減価償却等の会計処理に関する部分及び会計記録保存義務を含む内容である。

この第446条に関連した論文によれば，判例等の分析を行うことにより，同条に対して次のような見解が示されている[37]。

①　納税義務者が会計帳簿の記帳を怠った場合，或いは，その記帳内容が不適切である場合，発生主義の適用は認められない。また，発生主義の適用が十分に認められる会計帳簿を備えている場合，現金主義は所得を明瞭に反映しない方法となる。

②　1954年内国歳入法典第446条(c)(1)では，現金主義（正確には現金収支法：the cash receipts and disbursements method）が発生主義等と共に選択できる方法として規定された[38]。また，現金主義が大きく所得を歪めるような場合，発生主義が適用となる[39]。

③　割賦基準は，納税義務者の選択により認められる方法であるが，この基準を適用する場合，帳簿に記帳することは必要ではなく，課税所得を決定するための十分な情報が不可欠である。

④　長期請負工事については，内国歳入庁長官の承認を得た場合，納税義務者は，工事進行基準又は工事完成基準のいずれかにより申告することができる。

⑤　1の納税義務者が複数の会計処理方法を使用することをハイブリット方式（Hybrid Methods）というが，納税義務者が1以上の事業を行っている場合，事業が分離可能である場合等，この方式は認められている（1954年内国歳入法典第446条(d)）。

さらに，1954年内国歳入法典に係る財務省規則（§1. 451-1：所得等の計上時期に関する一般ルール）において，利得（gains），利益（profits）及び所得（income）が事業年度の総所得（gross income）に含まれるのは，納税義務者が実際又は解

釈上受領したとされる時期であり，納税義務者が適用している会計処理の方法により異なる事業年度の含まれる場合は除く，と規定され，さらに，会計における発生主義の下では，所得が総所得に含まれる場合とは，当該所得を受け取る権利が確定し，かつ，金額の的確な算定ができる，というすべての事象が生じたとき，と規定している。

また，同財務省規則では，費用（expense）に対する発生主義の適用についても，すべての事象は，債務が確定しており，かつ，金額の的確な算定ができる，と規定されている。

(4) 税務会計とGAAPの一致に関する検討

1954年以降においても，税務会計とGAAPの一致に関する多くの論稿がある[40]。

これらに共通して頻繁に使用されている用語は，一致（conformity）である。すなわち，税務会計とGAAPの一致について多くの論者が検討しているのである。

そこで，これらの論稿等を整理すると，共通する部分と不明瞭な部分があるように思われる。以下に掲げる共通する部分とは，これらの論者ばかりでなく，筆者が税務会計とGAAPの関連を考える場合に理解できる事項という意味である。

① 課税所得と企業会計における純利益は，企業の取引に基づく帳簿記録を基礎として算定される。
② 課税所得と企業会計における純利益の算定に使用される会計処理の方法等はほとんどが共通のものである。
③ 課税所得と企業会計における純利益を算定する目的は，前者が公平な課税に基づく税収の確保であるのに対して，後者が株主，債権者等の利害関係者に対する有用な会計情報の開示・伝達と異なっている。したがって，両者が一致することは望ましいことであるが，目的の相違等から完全に一致することは難しい[41]。この両者の目的の相違を認識するということは，日

本の法人税法に譬えるのであれば，日本の法人税法に「別段の定め」があるように，米国においても同様であると米国の公認会計士等は容認しているということである。

次に，不明瞭な部分であるが，税務会計とGAAPの一致に関する主張は，そのほとんどが公認会計士，会計学者或いはこれらの者が所属する団体（AICPA，AAA等）によって公表されたものである。

最初の点は，なぜ，公認会計士或いはその団体等が，税務会計とGAAPの一致を連綿と主張するのかということであるが，税理士制度のない米国の場合，公認会計士は，納税申告書と財務諸表の作成の双方に関与することがその理由であろう。内国歳入法典第446条には，課税所得の計算は，納税義務者に記帳において継続して使用されている会計処理基準に従って計算する，と規定されている。そこで，公認会計士が企業に対して記帳を指導する場合，税法基準に依るのか，或いはGAAPに依るのかという問題があり，場合によると，二元的な帳簿作成ということもあり得るのである。公認会計士の主張には，このようなある種の無駄をどのように排除するかという発想があるように思われる。

第2の点は，両者の一致という場合，何を一致させるのかが論者により異なり，一致を図る意義が不明瞭である。この論点は，次のように分析することができる。

① 企業会計における純利益と課税所得の一致に関する論稿はない。米国では，確定決算における企業利益を調整して課税所得を誘導するという制度はない[42]。

② 税法（税務会計）と企業会計の目的の相違はほとんどの論者が認識している事項であるが，その検討は，両者間における期間損益の認識の相違についてもっぱら行われている。

③ 米国では，税法に基づく税務会計が実務において行われた場合，これを一般に公正妥当な会計処理の基準とする，ある種の調整の発想が見られず，税法からGAAPの方に接近すべきであるという主張がほとんどであ

り，GAAP が税法に歩み寄るという意見はほとんどない[43]。

④ 1938年以降，棚卸資産の評価方法として後入先出法（LIFO）が税法に導入され，企業が税務会計において LIFO を適用するのであれば，企業会計も LIFO の適用を強制されるという一致の要件（conformity requirement）が課されたのである。したがって，前記 ② の論点とこの ④ の論点は異なることになる[44]。

すなわち，一致に関する争点が，税務会計と企業会計の間における会計処理の基準等の一致という争点から，税法による企業会計への記帳の強制という点に変化したのである。

1954年以降に限定しても，多くの論者が大学の紀要或いは会計専門誌等に幾度となく税務会計と企業会計の一致に関する見解を公表しているが[45]，両者が一致をするための具体的な提言は見当たらない。

(5) 小　　括

ここまで取り上げてきた資料は，会計処理方法等に関して，企業会計側から企業会計と税法（税務会計）を一致させるための分析及び検討である。税法側から企業会計への接近を図る試みは見られないのである。企業会計側である公認会計士等の発想は，会計実務が企業会計と税務会計に二元的となることに対する不満に根ざしたものと推測できる。したがって，公認会計士等が両者の一致を望むのであれば，税務会計に基づく処理を GAAP と認めれば大部分解消するものであろうが，1人としてこのような主張をする者はいない。なお，本書冒頭において述べた他の個別問題の検討は稿を改めることとする。

1) 拙稿「米国税務会計史(1)」『商学論纂』第50巻第1・2号，拙稿「米国税務会計史(2)」『商学論纂』第50巻第3・4号，拙稿「米国税務会計史(3)」『商学論纂』第50巻第5・6号，拙稿「米国税務会計史(4)」『商学論纂』第50巻第5・6号，拙稿「米国税務会計史(5)」『商学論纂』第51巻第1・2号，拙稿「米国税務会計史(6)」『商学論纂』第51巻第1・2号，拙稿「米国税務会計史(7)」『商学論纂』第51巻第3・4号，拙稿「米国税務会計史(8)」『商学論纂』第51巻第3・4号，拙稿「米国法

人税法の歴史的考察」『企業研究』第 15 号。拙稿「確定決算主義の再検討」『商学論纂』第 52 巻第 1・2 号，なお，以上の論文をまとめた著書として，拙著『米国税務会計史～確定決算主義再検討の視点から～』（中央大学出版部　2011 年）がある。

また，1954 年から 1978 年までの税制改正については，畠山教授（当時助教授）の論文（畠山武道「アメリカにおける税制改革の動向」『ジュリスト』685 号 1979 年 3 月 1 日）がある。この畠山論文の注記において，各改正に関連する文献の紹介がある。

2) 以下の表は，ほぼ 5 年周期での統計数値をまとめたものであるが，1980 年代は 1981 年と 1986 年に 2 度大きな税制改正が行われていることから，それを考慮した年分を対象としている。2000 年以降は，直近ということで 2～3 年おきとした。

[表 1：米国歳入における個人所得税と法人税の推移]　（単位：百万ドル）

（年分）	歳入金額	個人所得税（歳入比率）	法人税（歳入比率）
1955	60,209	28,747（47％）	17,861（29％）
1960	77,763	40,715（52％）	21,494（27％）
1965	91,200	47,000（51％）	25,600（28％）
1977	357,800	157,600（44％）	54,900（15％）
1980	517,100	244,100（47％）	64,600（12％）
1982	617,800	297,700（48％）	49,200（ 7％）
1987	854,100	392,600（45％）	83,900（ 9％）
1990	1,031,969	466,884（45％）	93,507（ 9％）
2000	2,025,500	1,004,500（49％）	207,300（10％）
2003	1,782,500	793,700（44％）	131,800（ 7％）
2005	2,153,900	927,200（43％）	278,300（12％）
2007	2,568,200	1,163,500（45％）	370,200（14％）

（参考資料：U. S. Department of Commerce, Statistical Abstract of the United States.）

[表 2：2007 年税収（歳入合計：2,568.2）の内訳]　（単位：十億ドル）

税　　目	金額（構成比率）	金額（構成比率）
個人所得税	1,163.5（45％）	1,163.5（68％）
法　人　税	370.2（14％）	370.2（21％）
社会保障税	869.6（33％）	社会保障税を除く

| その他 | 164.9（6％） | 164.9（9％） |

※歳入合計から社会保障税を控除した金額：1,698.6（単位：十億ドル）

3) 拙稿「米国税務会計史(7)」『商学論纂』第 51 巻第 3・4 号。
4) American Accounting Association, Accounting and Reporting Standards for Corporate Financial Statements, 1957.
5) American Accounting Association, A Statement of Basic Accounting Theory, 1966（飯野利夫訳『基礎的会計理論』国元書房　1969 年）.
6) Committee on Concepts and Standards for External Financial Reports, Statement on Accounting and Theory Acceptance, 1977（染谷恭次郎訳『会計理論及び理論承認』国元書房　1980 年）.
7) Littleton, A. C., Structure of Accounting Theory, American Accounting Association 1953（大塚俊郎訳『会計理論の構造』東洋経済新報社　1955 年）.
8) AIA は 1957 年に AICPA に改称している。
9) Previts, Gary John and Merino, Barbara Dubis, A History of Accounting in America, John Wiley and Sons, Inc. 1979, pp. 260-261（大野功一・岡村勝義・新谷典彦・中瀬忠和訳『プレビッツ＝メリノ　アメリカ会計史』同文舘出版　1983 年　279-280 頁）．上記の著書によれば，同委員会の研究能力不足を補うために，ペイトン教授，リトルトン教授，ケスター教授が後日委員に指名されている。なお，CAP は，1936 年に設立され，1938 年に改称されて CAP となり，会計研究公報第 1 号は，1939 年に作成されている。
10) AIA, Report of Study Group on Business Income, Changing Concepts of Business Income, New York, Macmillan Company, 1952（渡辺進・上村久雄訳『企業所得の研究』中央経済社　1956 年）.
11) AIA, "Divergences Between Rules of Tax Accounting And Generally Accepted Accounting Principles" The Journal of Accountancy, January, 1954.
12) AAA, "Accounting Principles and Taxable Income", Accounting Review Vol. 27, No 4.
13) Sanders, T. H., Hatfield, H. R., Moore U., A Statement of Accounting Principles, 1938.
14) AAA, A Tentative Statement of Accounting Principles affecting Corporate Reports, 1936.
15) Paton, W. A., Littleton, A. C., An Introduction to Corporate Accounting Standards, 1940.
16) AAA, Accounting Principles underlying Corporate Financial Statements, 1941.
17) AAA, Accounting Concepts and Standards underlying Corporate Financial State-

ment, 1948.
18) 米国の卸売物価指数（Wholesale price index）の推移は次の通りである。この指数は，1947年から49年の平均を100としたものである。

年	全商品の卸売物価指数	年	全商品の卸売物価指数
1940	51.1	1950	103.1
1942	64.2	1951	114.8
1944	67.6	1952	111.6
1945	68.8	1953	110.1
1946	78.7	1954	110.3
1947	96.4	1955	110.7
1948	104.4	1956	114.3
1949	99.2	1957	117.6

（資料：U. S. Department of Commerce, Statistical Abstract of the United States 1960.）

19) AIA, Report of Study Group on Business Income, Changing Concepts of Business Income, New York, Macmillan Company, 1952, p. 3（渡辺進・上村久雄訳『企業所得の研究』中央経済社　1956年6頁）．
20) Ibid., p. 39, para. 82.
21) Ibid., p. 39, para. 83.
22) 同報告書のパラ7において，1913年所得税法が発生概念の認識を怠って現金主義であったと説明されているが，このような認識がすでに学界において定着していたことを示すものである。
23) 同勧告の前文によれば，この勧告が公表された日付は1953年12月10日（The Journal of Accountancy には1954年1月号掲載）であるが，AIA連邦税検討委員会は2年余にわたり検討を行い，その結果を1954年1月に下院の歳入歳出委員会に提出している。
24) U. S. Treasury Department and Bureau of Internal Revenue, Regulation 86 relating to the Income Tax under the Revenue Act of 1934, 1935.
25) AIA, "Divergences Between Rules of Tax Accounting And Generally Accepted Accounting Principles" The Journal of Accountancy, January, 1954, p. 94.
26) Ibid., p. 95.
27) Ibid., p. 97.
28) Treasury Department, United States Internal Revenue, Regulation45 relating to the

Income Tax and War Profits and Excess Profits Tax under the Revenue Act of 1918, 1919. この改訂版が1920年と1921年 (1920年版) に発遣されている。本項は，これらを発遣された年度により1919年版，1920年版，1921年版とする。

29) Ibid., art. 24.
30) Ibid., art. 23.
31) Lasser, J. K. and Peloubet, Maurice E., "Tax Accounting v. Commercial Accounting" Tax Law Review Vol. 4, 1948-49, p. 344. 確かに，この著者の指摘するような側面はあるが，棚卸資産或いは減価償却という用語及び処理は企業会計から税務会計に導入されたものといえる。しかし，当時から両者の間に相違がすでに存在していたというのが筆者の見解である。また，この論文の著者は，企業会計と税務会計が相違した原因として，便宜性（convenience）と税の先取り（anticipation）の要因が両者の相違を広げたという分析をしている。
32) Ibid. pp. 347-357.
33) 所得の早期計上と諸控除の繰延べは，課税当局の意欲的な行政運営と司法における所得と収入（receipts），費用と支出間を区分することに失敗の原因があるという見解がある（Cohen Albert H., "Revenue Act of 1954 — Significant Accounting Change" Accounting Review, Vol. 38, No. 4, October, 1954, p. 544）。
34) McClure, Melvin Theodore, Historical critique of the development of the Federal Income Tax from 1939-1954 and its influence upon accounting theory and practice, University of Illinois, 1968, p. 452.
35) 1954年内国歳入法典において，GAAPに接近した処理となった規定は，①前受収益（同法452条），②引当金（同法第462条），③減価償却（同法167条），④試験研究費（同法248条），⑤創立費（同法248条），⑥償還差益（同法171条），⑦固定資産税（同法164条と461条），⑧割賦基準（同法453条），⑨事業年度を52週又は53週とすること（同法44条），である（Cohen Albert H., op. cit., pp. 544-551）。
36) Ibid. p. 551.
37) Anonymous, "Clearly Reflecting Income under §446 of the Internal Revenue code" Columbia Law Review Vol. 54, No. 8, December, 1954.
38) 現金による納税という観点からすると現金主義が優れているという見解もある（Hylton, Delmer P., "Disadvantages in conforming taxable income to good accounting concepts" The Journal of Taxation, Vol. 3, No. 5, November, 1955, p. 274）。
39) 日本の法人税法では，発生主義を基本としながらも，寄附金の支出については，所得計算においてその支払いがなされるまでの間，なかったものとするとして（法人税法施行令78条1項），現金主義を適用している。これは，寄附金の未払計上による恣意的な所得計算を排除するためのものである。

40) これに関しては，以下の論稿がある。
   ① Hylton, Delmer P., "Disadvantages in conforming taxable income to good accounting concepts" The Journal of Taxation, Vol. 3, No. 5, November, 1955.
   ② Bernauer, John F., "Tax Problems in Financial Reporting" TAXES Vol. 37, No. 12, December, 1959.
   ③ Richardson, Mark E., "The Accountant and the Tax Law" The Journal of Accountancy, February, 1962.
   ④ Lent, George E., "Accounting Principles and Taxable Income" Accounting Review, Vol. 37, No. 3, 1962.
   ⑤ Arnett, Harold E., "Taxable Income vs. Financial Income : How Much Uniformity Can We Stand?" Accounting Review, Vol. 44, No. 3, 1969.
   ⑥ Simonetti, Gilbert Jr., "Conformity of Tax and financial Accounting" The Journal of Accountancy, December, 1971.
41) Simonetti, Gilbert Jr., ibid., p. 76.
42) 米国における会社法（州法）とGAAPの関連については，カリフォルニア州のようにGAAPに法的効力を付与した州を例外として，GAAPは，一般にはその法的効力が明らかでない状態である（岸田雅雄「米国における一般に認められた会計原則の法的効力（下）」『商事法務』936巻，昭和57年4月5日　452頁）。わが国では，商法第19条及び会社法第431条並びに会社計算規則第3条に会計慣行に従う旨の規定がある。
43) 1970年9月に，大統領の事業課税に関する作業委員会は報告書を作成し，同報告書では，税務会計と企業会計の目的は同一であることから，連邦税法に対する遵法性は，GAAPと税法の調整がなされればより向上することから，税法の立法或いはその取扱いにおいて，よりGAAPに近づくように勧告したのである（Nolan, John S., "The Merit in Conformity of Tax to Financial Accounting" TAXES Vol. 50 No. 12, December, 1972, p. 761)。
44) 米国におけるLIFOの廃止論は，2006年に議会で議論され，財政危機の状況から2009年にも廃止論が提案されている。日本では，平成21年度の税制改正において，LIFOは廃止されている。日本の税制改正は，国際会計基準（IFRS）がLIFOを採用していないことに由来しており，LIFOを巡る一致の問題はやがて消えることになる。
45) 税法（税務会計）と企業会計（財務会計）の一致に関する論稿は次の通りである。
   ・Edelman, Chester, "Income Tax Accounting Good Accounting Practice?" TAXES, Vol. 24, No. 1, January, 1946.
   ・Lasser, J. K. and Peloubet, Maurice E., "Tax Accounting v. Commercial Accounting"

Tax Law Review, Vol. 4, 1948-49.
- Ludmer, Henry, "General Accounting vs. Tax Accounting" The Accounting Review Vol. 24, No. 4, October, 1949.
- Holland, Alfred E., "Accrual problems in tax accounting" Michigan Law Review, Vol. 48, No. 2, December, 1949.
- Mills, Leslie, "Tax Accounting v. Generally Accepted Accounting Procedures" The Journal of Accountancy, February, 1951.
- Cohen Albert H., "Revenue Act of 1954 — Significant Accounting Change" Accounting Review, Vol. 38, No. 4, October, 1954.
- Anonymous, "Clearly Reflecting Income under §446 of the Internal Revenue code" Columbia Law Review, Vol. 54, No. 8, December, 1954.
- Austin, Maurice, Stanley, Surrey, Warren, William and Winokur, Robert M., "The Internal Revenue Code of 1954 : Tax Accounting" Harvard Law Review, Vol. 68, No. 2, December, 1954.
- Hylton, Delmer P., "Disadvantages in conforming taxable income to good accounting concepts" The Journal of Taxation, Vol. 3, No. 5, November, 1955.
- Bernauer, John F., "Tax Problems in Financial Reporting" TAXES, Vol. 37, No. 12, December, 1959.
- Richardson, Mark E., "The Accountant and the Tax Law" The Journal of Accountancy, February, 1962.
- Lent, George E., "Accounting Principles and Taxable Income" Accounting Review, Vol. 37, No. 3, 1962.
- Surrey, Stanley S., "Tax changes and accounting concepts" The Journal of Accountancy, January, 1967.
- Arnett, Harold E., "Taxable Income vs. Financial Income : How Much Uniformity Can We Stand?" Accounting Review, Vol. 44, No. 3, 1969.
- Simonetti, Gilbert Jr., "Conformity of Tax and financial Accounting" The Journal of Accountancy, December, 1971.
- Nolan, John S., "The Merit in Conformity of Tax to Financial Accounting" TAXES Vol. 50, No. 12, December, 1972.
- AAA, Committee on Federal Income Taxes, Accounting Review Vol. 49, Supplemen, 1974.
- Raby William L. and Richter, Robert F., "conformity of tax and financial accounting" The Journal of Accountancy, March, 1975.
- McClure, Melvin T., "diverse tax interpretation of accounting concepts" The Journal of Accountancy, October, 1976.

・Gertzman, Stephen F. and Hunt, Mary-Ellen, "A basic guide to tax accounting opportunities" The Journal of Accountancy, February, 1984.

なお上記の期間中に，次のような判決がある。

① 1961年（米国自動車協会判決：American Automobile Association v. United States, 367 U. S. 687 (1961))．所得を明瞭に反映していないとされた事例。
② 1963年（シュルド判決：Schlude v. Commissioner, 372 U. S. 128 (1963).)．所得を明瞭に反映していないとされた事例。
③ 1979年（Thor Power Tool v. Commissioner (439 U. S. 522 (1979))．この判決では，納税義務者が企業会計において行った棚卸資産の評価減について，課税当局は，所得を明瞭に反映するものではないとして否認し，最高裁はこれを支持した。

第 2 章

減価償却の変遷と税効果会計の出現

1. はじめに

　前章において，1954年前後の時期を対象とした米国税務会計と企業会計の交差を検討したが，本章は，主として，1954年内国歳入法典（以下「1954年法」という。）前後からの米国税法における投資税額控除制度を含む減価償却制度の変遷と税効果会計の進展を通じて，税務会計と企業会計との関連がどのような状況に至ったのかを考察するものである。

2. 米国税法における減価償却制度の変遷

　米国の税務会計における減価償却の変遷は，これまでにすでに述べてきた部分もあるが[1]，本書における検討の前提として以下に述べることとする。

(1) 税務会計と企業会計における減価償却に係る思考

　減価償却という概念は，企業会計において発展したものである[2]。企業会計における減価償却概念が，税法における課税所得計算に示唆を与えたことは事実であるが，減価償却が税法に規定されたことで企業会計に普及したことも明らかである[3]。

　理論的な側面として，企業会計における減価償却は，適正な期間損益計算を目的としたものであり，税務会計における減価償却は，課税所得計算の正確性を追求したものである。また，企業会計は，固定資産に係る資産評価或いは原

価の費用配分という思考が根底にあるが，税務会計では，その目的が課税所得の計算という，企業会計でいうところの損益計算のみが目的といえることから，貸借対照表に関連する事項である資産の評価或いは原価の費用配分という発想はない。

では，税務会計における減価償却の基礎となる思考は何かということになる。

第1は，企業会計における減価償却と税法上の減価償却の相違であるが，前者は，減価償却を行う個々の企業がその特性を考慮し，さらに過去の経験等を踏まえて減価償却計算を行うのに対して，後者は，各企業公平に画一的に計算を行うことを目的としている。

第2は，設備等の固定資産に投下した資本の回収計算という側面である。回収した資本は，次の新資産購入の原資となるということである[4]。減価償却費は，消耗，摩損，破損或いは陳腐化等を原因として発生した損失見積額ということになる。

第3は，税務会計における減価償却が，政策的な意味合いが強いことである。例えば，第1次世界大戦及び第2次世界大戦終了後，余剰設備に関して特別償却を認める等の措置を講じ，加速償却の導入，投資税額控除の導入等，税法は，一定の政策課題実現のために，企業会計とは別に独自の処理方法を規定していることである。

第4は，修繕費或いは改良費に代表される収益的支出と資本的支出の区分である。税務会計では，前者は損金，後者は資産として減価償却という処理になるが，その区分を巡って微妙な問題もあり，実務上では検討対象となる点である。

(2) 米国税法における減価償却の沿革に関する重要事項

米国税法における減価償却に係る規定等は，幾多の変遷を経ているが，そのうち，重要と思われる事項を年代順に整理すると次のようになる。

① 1909年創設の法人免許税において減価償却に係る規定が初めて設定さ

② 1918年歳入法において戦時に使用した資産の減価償却の再計算（特別償却）が認められた。
③ 1927年の取扱い（I. T. 2369）において定率法の適用が認められた。
④ 1931年改訂されたブレティンＦにおいて課税当局より定額法の標準的な償却率が公表された。
⑤ 1934年財務省決定（T. D. 4422）により，挙証責任が納税義務者に移る。
⑥ 1940年第2次歳入法により1939年内国歳入法典に第124条が創設され，戦時緊急設備の加速償却が認められた。
⑦ 1942年ブレティンＦが改訂された。
⑧ 1946年の取扱い（I. T. 3818）において定率法を認める条件として，定率法が企業会計の方法と一致していることを条件とした。
⑨ 1954年内国歳入法典第167条に定率法，級数逓減法等が明記され，定率法の償却額は定額法の200％を上限とした。
⑩ 1962年投資税額控除が創設され，歳入手続62-21が制定（ブレティンＦを廃止）された。
⑪ 1971年ADR（Asset Depreciation Range System）が導入された。
⑫ 1981年ACRS（Accelerated Cost Recovery System）が創設された。
⑬ 1986年MACRS（Modified Accelerated Cost Recovery System）が創設された。

したがって，上記の沿革の概要は次のようにまとめることができる。

第1期は，1909年から1930年代までを区切りとして，米国税法への減価償却制度の導入期である。また，1920年代後半は，戦時の財政需要を原因とする増税期にあたり，課税所得を圧縮するという目的のために，税務上の減価償却が企業会計において重視された時期ともいえるのである。

第2期は，1940年代で，定率法の適用が税法上認められたが，帳簿上も定率法を適用することが条件となる一致の原則を条件とした。

第3期は，1940年第2次歳入法により戦時緊急設備の加速償却が認めら，1954年内国歳入法典における税法の全文改正において，定率法，級数逓減法

等が認められたことである。この第3期は，減価償却に関して，税務会計が企業会計から離れてゆく時期である。

　第4期は，1962年の投資税額控除の創設である。ブレティンFを廃止して新しい歳入手続62-21を発遣することにより資産の区分を簡略化して耐用年数が短縮された。

　第5期は，1971年歳入法によりADRの導入以降の時期である。

　第6期は，1981年税制改正により，ACRSの創設と投資税額控除が行われた時期である。

3. 加速償却の意義と企業会計との関連

(1) 加 速 償 却

　加速償却は，税法上の減価償却であり，企業実務において採用されている定額法に比して耐用年数の初期に資本回収を集中させる効果を持つ償却法である。その形態としては，定率法，級数逓減法のような本来的な加速効果を包含するものと，耐用年数の短縮により加速効果を生ずるものがある[5]。

　小森教授は，米国における加速償却の例として，第2次世界大戦及び朝鮮戦争における軍需生産設備の特別償却及び1954年内国歳入法典第167条に規定された200％定率法を挙げている[6]。

　米国税法における加速償却の沿革としては[7]，定率法等と軍需生産設備の特別償却に分けて論じると，その概要は次の通りである。

　イ　定 率 法 等

　定率法の適用が内国歳入局により了解されたのは，1927年公表の取扱い（I. T. 2369）であるが，これは，定率法を適用している企業に対して，内国歳入局が税務調査を行ってその実情を勘案して認めるか否かの判断を行うとしたものである。

　その後，1946年には，新しい取扱い（I. T. 3818）が定められ，税法において定率法が認められる条件として，通常の会計方法として定率法を採用している

ことを条件（一致の要件）とした。

そして，1954年内国歳入法典第167条において，定率法及び級数逓減法が条文に明記され，定率法に関しては，定額法の償却額の2倍を上限とする200％償却法が認められた。また，納税義務者が定率法を採用する場合，一致の要件が外され，会社計算と税務計算の調整のための補助記録を会計帳簿に付すことが要件となった[8]。

　ロ　戦時緊急設備に係る加速償却

戦時緊急設備に関する加速償却の沿革は次の通りである。

① 1940年第2次歳入法（1940年10月8日成立）第302条（1939年内国歳入法典第124条の創設）に所定の戦時緊急設備（1940年6月10日以降1945年9月29日までの間に使用することになった設備等）に係る加速償却の規定（戦時緊急設備の税務簿価を60ヵ月で償却）が創設された。

② 1942年歳入法（1942年10月21日成立）第155条では，従前の法人がすべての者（person）に改正され，適用範囲が拡大した。

(2)　企業会計における動向の概要

1954年内国歳入法典において，200％定率法と戦時緊急設備の償却に関する規定が置かれたのである。

税効果会計に関する問題を取り上げた文書は，1944年公表のARB（Accounting Research Bulletin：会計調査報告）の第23号「所得税等の会計」が最初である[9]。そして，戦時緊急設備の償却に関しては1950年歳入法から再開されたことから，AIAは，ARB第42号[10]において，戦時緊急設備の加速償却の要件は必要証明書の存在であるが，企業会計の観点からは，5年間という償却期間にかかわらず償却計算を行うことになることを示唆している。

税効果会計として，現在につながる理論的な検討は，1967年12月にAICPAのAPB（Accounting Principles Board：会計原則審議会（以下「APB」という。））が公表したAPB第11号である[11]。

⑶　ARB 第 23 号

　ARB 第 23 号「所得税の会計」が公表されたのは 1944 年 12 月である。この時期における法人税制等について，その特徴となる事項の一部を列挙すると次の通りである。

①　法人税（基本税率 24％）と超過利潤税が 90％の税率で課されるという戦時下の高税率の時期である。

②　1940 年第 2 次歳入法（1940 年 10 月 8 日成立）第 302 条（1939 年内国歳入法典第 124 条の創設）により所定の戦時緊急設備に係る加速償却の規定が創設された。

③　1939 年歳入法第 210 条により，1939 年内国歳入法典第 122 条に純損失の繰越控除 2 年と繰戻控除 1 年が規定された。

　以上のような事象が生じた結果，課税所得と企業会計における利益が乖離する結果となったのである。

　このような状況下において，AIA（American Institute of Accountants）の会計手続に関する委員会（the Committee on Accounting Procedure：以下「会計手続委員会」という。）は 1944 年 12 月に，前述の ARB 第 23 号を作成，公表したのである。

　会計手続委員会が検討した項目のうち，上記に掲げた 1944 年当時の税制との関連する事項として，所得税の配分[12]，戦時緊急設備に係る加速償却[13]等との関連を以下では取り上げる。

　イ　所得税の配分

　会計手続委員会の分析によれば，一般に認められた会計原則に基づく当期純利益（企業会計の利益）と課税所得との間に大きな相違が生じていることが指摘されている。企業会計の利益と課税所得が相違する原因は，準備金，控除項目或いは譲渡益等において，企業会計の計算と課税所得の計算が異なるためである。結果として，会計手続委員会は，所得税を期間配分することにしたのである。

　会計手続委員会は，所得税を他の一般の費用項目と同様に配分すべき費用であると考えたのであるが，損益計算書に配分されるべき所得税の金額は，該当

する取引が生じなかったならば納付されるであろう額とした。

ロ　戦時緊急設備に係る加速償却

戦時緊急設備に係る減価償却は，損益計算書では通常の償却率で計算され，所得税申告書では，特別償却で計算される。会計手続委員会の見解としては，税法上の特別償却額が企業会計上の通常の償却額を超過する部分について，追加的な減価償却等を行うとしている。なお，戦時緊急設備に係る加速償却については，この後，ARB 第 27 号及び第 42 号がこの問題の検討を行っている。

ハ　小　　括

1944 年 12 月に公表された ARB 第 23 号は，税務会計と企業会計における差異を調整して調和を図るという路線から離れて，所得税（超過利潤税を含む）の負担増を背景にして，所得税の期間対応を提言している。

このような事態に至った理由として考えられることは，税引前利益から控除される所得税等の金額の比重が増加したことにより，利害関係者の所得税額に対する関心が高まったことと，所得税額が損益計算書の利益額に大きな影響を及ぼしているからといえる。逆にいえば，税引後の当期純利益を大きくするためには，所得税等の控除額を適正に計算した金額にする必要があったものと思われる。

また，税効果会計の観点からいえば，1944 年の段階では，税効果会計の理論的な枠組みがこの段階では未完成な状態であったといえる。

ARB 第 23 号の検討において興味ある点は，企業会計における所得税の取扱いを問題として取り上げた主たる要因が所得税額の負担増であり，戦時緊急設備に係る加速償却等が主たるものではないということである。そして，所得の期間配分を行う理論的な根拠として，所得税が事業上の費用であるとしたことである[14]。

(4)　戦時緊急設備に係る加速償却

イ　戦時緊急設備に係る加速償却の概要

第 2 次世界大戦中に使用された所定の設備等[15]は，これらの設備の終了宣言

が出された日までの間(1940年6月10日～1945年9月29日)に使用したもので,所定の証明書の添付された資産について税務上60カ月で償却することが認められた。

実態としては,軍需産業108社の1942年の年次報告書を分析した結果,加速償却の方法を採用している社は56社あり,そのうち,損益計算書に記載してある社が41社,注記のみの社が12社,その他3社であった[16)]。

ロ　ARB第27号[17)]

このARB第27号は1946年11月にAIAの会計手続委員会より公表されている。

この戦時緊急設備に係る加速償却は,軍需産業等において使用した所定の設備等を5年間で特別償却する方式である。

会計手続委員会の見解としては,この加速償却は,耐用年数の見積過大又は過少により生じる事象と同様であり,これらの設備が戦時下で使用された期間或いは戦後におけるこれらの資産の価値も考慮されないという問題点はあるが,会計手続委員会はこの加速償却を適正と判断している[18)]。

ここにおいて指摘すべき点は,この加速償却が,企業会計における帳簿の記録と税務会計における課税所得計算の処理の一致を要件としていないにもかかわらず,会計手続委員会がこの税務上の加速償却を企業会計において適用することを認めたことである。

言い換えれば,企業会計では,通常の定額法に基づく減価償却を行い,税務会計では,加速償却を行うことは可能である。会計手続委員会は,この方式を勧告していない。このような結論に至った理由として,株主数の増加により財務諸表は,ビジネス経済における現状と傾向を示す重要な情報源であることから,戦時緊急設備の利用が戦後の事業活動における重要な要素であり,戦時緊急設備に係る償却の有無が戦後の活動成果の情報に大きな差異をもたらすことから,会計手続委員会は現状を示すという観点からこの会計処理を認めたのである[19)]。これは,すでに会計実務が加速償却を財務諸表に反映させていたものと考えられる。

ハ　ARB 第 42 号[20]

AIA の会計手続委員会により作成された ARB 第 42 号は 1953 年 1 月に専門誌上に公表されている。この ARB 第 42 号の取扱う内容は，ARB 第 27 号と同様に戦時緊急設備に係る加速償却であるが，第 42 号は，より実務的な問題点を対象としている。

問題点は，60 カ月償却後の時点で事業の用に供することができない設備の原価相当額を償却対象とする非償却額証明（percentage certificates）が発行されたことである。この問題点の前提としては，会計手続委員会は，前述の ARB 第 27 号において，戦時緊急設備に係る加速償却を企業会計においても認めて，財務諸表作成において同一の処理を行うという見解を公にしている。

しかし，非償却額証明の発行等により，課税所得計算における加速償却額と企業会計における減価償却額に大きな差異が生じる場合，同委員会は，財務諸表に関して，企業会計における減価償却額を使用するとしている[21]。

この第 42 号では，企業会計においては，通常の減価償却計算を行い，税効果の調整を行う方式を勧告している。例は次の通りとなる。

減価償却前の純所得を 1,000 として，取得原価 2,000 で耐用年数 10 年の資産があるとする（税率 50% とする）。

5 年間で加速償却を行う場合，減価償却費は年間 400 となり，税引前利益は 600，税額は 300，税引後純利益は 300 になる。通常の減価償却を行う場合，減価償却費は年間 200 となり，税引前利益は 800，税額は税効果を考慮して 400（実際の納付額は 300 であるが，税引前利益の 50% を税額とする。），税引後純利益は 400 になる[22]。

ニ　ARB 第 27 号と ARB 第 42 号の相違

戦時緊急設備に係る加速償却についての検討をまとめた第 27 号とそれ以前の第 23 号では，戦時緊急設備に係る加速償却が税効果に与える影響は大きなものではなく，第 23 号では，所得税の増加要因が税効果導入の最も大きな原因と分析され，第 27 号では，戦時緊急設備に係る加速償却を企業会計において適用することを認めたのであるが，第 42 号では，企業会計では通常の減価

償却を行い，税務上では加速償却を行う場合，財務諸表において控除される所得税額を調整する方式（税効果会計の考え方に基づく方式）に改めたのである。

(5) 定 率 法
イ　定率法導入の概要

定率法が米国の税法で適用が認められたのは1927年であるが，内国歳入法典の条文として規定されたのは，1954年内国歳入法典第167条（見出し：減価償却）が最初である。この第167条の規定では，定率法，級数逓減法（The Sum-of Year- digits Method）等は特別な承認を得ることなしに適用することができることになった。また，第167条に係る規定は，定額法の償却率の2倍（200％）を限度とした定率法の償却率を認めたのである。

したがって，戦時緊急設備に係る加速償却は期間限定の臨時的な措置に対する問題であるが，定率法等の問題は，企業会計と税務会計において相違が生じる大きな問題となった。この税法上認められた定率法を検討する場合，企業会計は，当期純利益を大きくするというインセンティブが働くことから定額法が採用されていることを念頭に置く必要があろう。

ロ　ARB第44号[23]

第44号では，課税所得の計算において定率法が適用され，企業会計がそれ以外の方法を適用している場合について，会計手続委員会の見解としては，税効果の認識を行わず，定率法適用による税額の減少が数年で調整される限り，別段の調整を行わないとしている。ただし，その差異が重要性の観点から多額である場合はこの限りではないことになっている。

(6) 税効果会計への理論的系譜

前述した事項をまとめると，所得税を費用として認識し，それ以外の費用項目と同様に期間配分することができることを表明したのは，1944年12月に公表されたARB第23号である[24]。ARB第23号では，所得税の増加により財務諸表に与える影響が大きくなったことを要因として，減価償却の影響は評価さ

れていなかった。

　しかし，ARB 第 23 号から約 10 年後に公表された ARB 第 42 号では，企業会計は通常の減価償却を行い，税務上は加速償却を行うとして，税効果の考え方を取り入れている。そして，ARB 第 42 号の作成後に，1954 年内国歳入法典の全文改正により定率法等が税法に規定された結果，会計手続委員会の見解としては，税効果の認識を行わず，定率法適用による税額の減少が数年で調整される限り，別段の調整を行わないとしている。

　この 1954 年以降，AICPA の APB が APB 第 11 号公表した 1967 年 12 月までの間に，税効果を巡り見解が公表されている[25]。例えば，ヒル准教授の論文では，永久差異と一時差異を分けて説明し[26]，ムーニッツ教授の税効果についてヒル准教授が反論しているが，これについてデビットソン教授は，両者の見解において税務会計では定率法が適用され，企業会計では，定額法が適用されることに基因していることにおいて共通していると述べている[27]。

　税効果会計とは，企業会計と税務会計との間の差異により，税引前利益と法人所得税等の期間対応を図るために，法人所得税等を期間配分する会計処理をいうが，企業会計と税務会計を統合しようとする考え方とは逆方向の企業会計と税務会計の分離を前提とした発想ということができる。

　したがって，すでに述べたように，税効果に係る会計処理が行われるのであれば，税務会計と企業会計において異なる処理（例えば，税務会計で定率法，企業会計で定額法，税務会計で純損失の繰延べ或いは繰戻し等）を適用しても，財務諸表上の所得税額等の調整を行うことにより，財務諸表における税引前利益と法人所得税額は対応することになる。

　結果として，税効果会計の採用は，企業会計側の対税務会計に対する調整方法の確立であり，税務会計は，内国歳入法典第 446 条により企業会計における会計処理に基本的に従うことを規定しているのである。

4. 投資税額控除の意義と企業会計との関連

　米国における投資税額控除は，1962年歳入法（The Revenue Act of 1962）[28]により創設されたものであるが，その会計上の処理方法についての考え方は，AICPA の APB 第 2 号に示されている[29]。なお，投資税額控除は，1969年税制改革法（Tax Reform Act of 1969）により 1969 年 4 月 18 日に一時廃止されたのである。

(1) 投資税額控除の背景

　ケネディ大統領は，1961年1月20日の就任から1963年11月22日に暗殺されるまでの間に，1962年歳入法（投資税額控除を創設）を成立させ，次期大統領となったジョンソン政権下において，ケネディ政権による減税案をベースにした1964年歳入法（第2次大戦後初めての一般減税）が制定された。

　米国の場合は，第2次世界大戦終了後に朝鮮戦争が起こり，1950年代までは，戦時下の税制の影響の継続とインフレーションという状況下にあった。投資税額控除は，福祉拡充策の推進との政治的なバランスが図られたものと評価されている[30]。

(2) 投資税額控除の概要

　投資税額控除は，政策減税の1種であり，投資した資産原価の一部を税額控除することにより，投資を促進する効果があり，法人税率の引き下げのように全般的な減税とは異なり，特定の産業等に限定的に効果を及ぼすものである。投資税額控除は，本来納付すべき税額を政策的に免除されることから，当該税額控除相当額は政府からの補助金を受け取ったのと同様の効果となる[31]。

　一般的な補助金は，法人税法の適用上益金とした課税となることから，法人にとって補助金の効果は減殺されることになる。投資税額控除は，税額控除として直接に納付税額の減少という効果をもたらすために，補助金よりもその受

領者にとって有利となる。ただし，投資税額控除は，その適用金額等に制限が設けられているのが一般的であり，また，適用に際する要件等が詳細に決められていることから，適用における手続等が煩雑になる傾向がある。

1962年歳入法に規定された投資税額控除の概要は次の通りである[32]。

① 投資税額控除は，選択適用ではなく，強制である。
② 投資税額控除の対象となる資産は，1962年以降に取得された資産（建物及び付属設備を除く）で，耐用年数4年以上のものである。なお，1事業年度における中古資産の取得価額の上限は，50,000ドルである。
③ 控除される税額は，適格資産（qualified investment）原価の7％，公益事業分では，適格資産原価の3％である。
④ 耐用年数4～5年の資産は資産原価の3分の1，耐用年数が6～7年の資産は資産原価の3分の2，耐用年数が8年以上の資産は資産原価の全額が適格資産原価となる。
⑤ 税額控除の限度額は，納付税額を上限として，納付税額が25,000ドルを超える場合，25,000ドルに超過額の25％を加算した金額以下，限度額を超過する部分については，3年間の繰戻し又は5年間の繰延べが認められる。
⑥ 投資税額控除は減価償却の要償却額から控除される。例えば，取得価額10,000ドルの適格資産の投資税額控除額は700ドル（10,000ドル×7％）であり，減価償却の要償却額は9,300ドルになる[33]。

(3) 投資税額控除の計算例

次のような計算例の場合，投資税額控除の計算は次のようになる[34]。

① 適格資産の取得価額：500,000ドル
② 納付見積税額　　　：30,000ドル
③ 税額控除限度額　　：25,000＋(30,000−25,000)×25％＝26,250ドル（上記(2)⑤参照）
④ 繰戻又は繰越額　　：500,000×7％−26,250＝8,750ドル

⑤　税引前利益　　　：　60,000 ドル
⑥　税引後利益　　　：　60,000 − (30,000 − 26,250) = 56,250 ドル

　このように，投資税額控除は，損益計算書上における法人税額等の金額を減少させる効果を持つことになる。また，前記(2)⑥に記載したように，投資税額控除は，減価償却の要償却額を減少させることになる。

(4)　投資税額控除と企業会計の関連

　投資税額控除は，加速償却と異なり，税務会計と企業会計における所得計算の相違という領域に入らない性格のものである。したがって，すでに述べたように，投資税額控除は，損益計算書上における法人税等の金額に影響するものである。

5．1954年以降の米国税法における減価償却

　1954年以降の米国税法における減価償却について述べる前に，以下は，本章2(2)において整理した事項のうち耐用年数と償却率に関するものを再確認する。

(1)　1934年財務省決定（T. D. 4422）

　1934年までは，納税義務者が耐用年数を比較的自由に見積ることができたが，1934年財務省決定（T. D. 4422）により減価償却に係る挙証責任は，納税義務者に移った結果，納税義務者は，自ら選択した減価償却における耐用年数を証明しなければならなくなり，これが無理である場合，長めの耐用年数を使用せざるを得なかったのである[35]。

(2)　1942年（3訂版）ブレティンF

　このブレティンFは，2訂版のブレティンFを改訂して，より詳細にガイドラインとしての耐用年数を公表した。

(3) 1953年歳入規則（Revenue Ruling）

1953年に発遣された2つの歳入規則（53-90, 53-91）において，米国内国歳入局の減価償却に対する方針が示された。

歳入規則53-90では，内国歳入局の基本方針として，減価償却費の計算を乱すことのないようにすることであり，税務調査官が減価償却費の金額を修正する場合とは，変更するための明瞭で，かつ妥当な根拠のある場合に限られるとした。この方針は，減価償却に関する課税当局と納税義務者間の対立を減らすことを目的としたものである[36]。

歳入規則53-91は，歳入手続53-90を執行するための各論部分が規定されている。

(4) 加速償却の導入

1954年内国歳入法典により，定率法等の加速償却が税法に規定された。

(5) 歳入手続62-21等

これまでの減価償却における耐用年数に関して，課税当局及び納税義務者の双方は，1942年改訂のブレティンFに頼ってきたのであるが，5,000の資産種類について規定したブレティンFに代わる新しいガイドラインとして，財務省は，1962年に歳入手続（Revenue Procedure）62-21（以下「新ガイドライン」という。）を減価償却に関する新しいガイドライン及び規則として規定した。

新ガイドラインは，償却資産を次の4つのグループに分類している。
① 一般の事業に使用される償却資産に係る耐用年数
② 運輸，通信，公益事業を除く非製造業に使用される償却資産に係る耐用年数
③ 製造業に使用される償却資産に係る耐用年数
④ 運輸，通信，公益事業に使用される償却資産に係る耐用年数

また，この新ガイドラインは，耐用年数を従前のものよりも30～40％短くしている[37]。

さらに，納税義務者が償却資産の取替えに際して過去の実務とは別に，新ガイドラインの耐用年数を使用することができるが，新ガイドラインに規定する耐用年数が，それ以前よりも長い場合，従来の耐用年数を使用することができた。そして，新ガイドラインが適用となる1962年7月12日以後の事業年度について3年間の経過期間が設定されていた[38]。

新ガイドラインは 客観的に耐用年数の合理性を判定するための引当率テスト（The reserve ratio test）を規定した。このテストの意義は，納税義務者が償却資産に関する取替を行う時点において，引当した積立額が，所定の比率に達しているか否かにより判定することであった[39]。この引当率テストは，納税義務者が短い耐用年数を使用する場合，その適用が適正か否かを判断するために償却資産の取替実務と引当率を対応させることにより，短い耐用年数の使用の適正性をチェックしていたことになる。なお，この引当率テストは，1970年度で廃止されている。

(6) ADR

前記の引当率テストに代わって1971年に規定されたのが，ADR（Asset Depreciation Range System）である。ADRは，財務省規則§1.167(a)-11に規定され，その細則は，歳入手続71-25に規定された。

ADRが創設された背景として，引当率テストが実務的ではなく，十分に機能しなかったことから，引当率テストに代わる方式としてADRが導入されたのである[40]。

ADRを創設した意義としては，減価償却に係る規制を減らし，単純化することにより投資を促進し，雇用を増加させることであった[41]。

ADRの特徴は次の通りである。

① ADRに適格な資産について，1962年制定の耐用年数より20％の幅で，増減が認められたことである。また，償却方法については，1954年内国歳入法典で規定されたように，定額法，200％定率法，級数法により償却することになる。

② 初年度償却において，取得年度において事業の用に供した日により，この日が事業年度の前半の場合は1年償却（full year convention），事業年度の後半の場合は，2分の1償却（half-year convention）が認められる[42]。
③ 納税義務者がADRを採用した場合は，すべての該当する償却資産に対してADRを適用することになる。

(7) ACRS

ADRに続いて，レーガン政権下において，減価償却に関する2つの改正が行われている。

第1は，1981年制定の経済復興税法（Economic Recovery Tax Act of 1981）におけるACRS（Accelerated Cost Recovery System）の創設と投資税額控除の改正であり，第2は，1986年制定の税制改革法（Tax Reform Act of 1986）におけるMACRS（Modified Accelerated Cost Recovery System）である。

米国財政は，これらレーガン政権下における2つの税制改正が，企業のリストラ，政府の歳出削減等と相まって，1990年代後半には，株式価格の高騰等による所得税の税収増も加わり，財政好転という結果になるのである。

ACRSは，1981年の経済復興税法において規定され，1984年の税制改革法（Tax Reform Act of 1984）により一部修正されているが，1981年から1986年までの間に事業の用に供した有形償却資産に対して適用された方式である。

ACRSにおける減価償却計算の特徴は，耐用年数が3年，5年，10年，15年に短縮されたことである[43]。また，減価償却費計算についても，残存価額を考慮せず，取得年度別に各年の償却率が定められている[44]。

(8) MACRS

MACRSは，1986年税制改革法により創設された減価償却の方法である。MACRCSとACRSとの相違であるが，ACRSは，資産の原価回収に力点があった方式である。したがって，減価償却という概念とは異なる内容のものであった[45]。

これに対して，MACRSでは，基本的な考え方に相違する点はないが，減価償却の概念を用いる方式に戻り，残存価額も考慮されている（ただし，残存価額は 0 である。）。

MACRS には，一般的形態の MACRS（以下「一般的 MACRS」という。）と選択的 MACRS（内国歳入法典第 168 条 (g)）の 2 つの形態がある[46]。一般的 MACRS では，償却方法が，200％定率法，150％定率法，定額法から選択できるが（内国歳入法典第 168 条 (b)），選択的 MACRS における償却法は，定額法である。

(9) 小　括

ここまで，1954 年以降の米国税法における減価償却に係る規定の変遷の概要をたどってきたが，1954 年以降，所得税額の増加に伴う財務諸表への影響と加速償却により，税務会計と企業会計はその距離を置くようになり，税効果会計の進展がこの状態を固定化することに拍車をかけた側面がある。

別の観点から見れば，1981 年の ACRS の創設等，投資促進税制を大胆に進めることができたのは，米国において，税務会計と企業会計が分離していたからともいえるのである。

6．お わ り に

1960 年代以降，税務会計と企業会計が分離し，その距離を開いていく中で，両者を調整しようとする動きがなかったわけではない[47]。

この問題について，留意すべき事項は，税務会計と企業会計間の距離が開いていく中で，内国歳入法典第 446 条において，会計帳簿における所得計算において通常適用されている会計処理の方法に基づいて課税所得が計算される，と規定され，この規定は，1954 年から現在に至るまでの間，改正されていないことである。

両者が相違する原因は，収益或いは費用を認識する時期の相違，税法上の別段の定めによる益金不算入或いは損金不算入等の項目の存在であるが，すでに

本章においても検討したように，減価償却のように政策性の強い領域では，両者を一致させることは無理である。したがって，両者を一致させることにより生ずる利点は，簡素化，確実性，公平性の向上等が考えられることであるが，会計帳簿における処理と税務上の処理を一致させるという動きまでには至っていない。

税務会計と企業会計は，内国歳入法典第446条において基本的に連携しているが，米国税法は，わが国における損金経理要件のような拘束性がない分，企業会計における処理を考慮することなしに自由に税法改正が行えるという利点を有しているものと思われる。

1) 拙稿「米国法人税法の歴史的考察」『企業研究』第15号，2009年8月，119-122頁。
2) 減価償却は，企業における固定資産の増加と，株式会社における配当計算の必要性から利益計算の精密化が要請された等の理由から19世紀に発展し，会計士が減価償却の考察を始めたのは19世紀末である（Chatfield Michael, A History of Accounting Thought, the Dryden Press, 1974, p. 97（津田正晃・加藤順介訳『チャットフィールド　会計思想史』文眞堂　1979年　124頁）。また，税法では，英国の1878年の関税・内国歳入法が世界で最初に減価償却を公式承認したものといわれている（高寺貞雄『明治減価償却史の研究』未来社　1974年　205頁）。
3) 1910年代後半に米国所得税及び超過利得税等では，第1次世界大戦のための財政需要から高率の課税を行うことになったが，これが一般企業（公益事業は遅れて導入）に減価償却が浸透した時期である（青柳文司『会計士会計学　改訂増補版』同文舘出版　1969年　112-113頁）。
4) 20世紀初頭において会計実務家の間では，減価償却は資産取替えのための準備金であると考えられていた（Previts, Gary John and Merino, Barbara Dubis, A History of Accounting in America, John Wiley and Sons, Inc. 1979, p. 173（大野功一・岡村勝義・新谷典彦・中瀬忠和訳『プレビッツ＝メリノ　アメリカ会計史』同文舘出版　1983年　184頁）。税法においても同様な思考が根底にあったものと思われる。企業会計は，1930年代以降，取得原価主義と費用配分に基づく損益法重視の会計に移行するが，すでに述べたように，このような発想は税法にはなく，投下資本の回収計算という考え方は，1981年の加速原価回収方式（Accelerated Cost Recovery System）にも表れるのである。
5) 小森瞭一『加速償却の研究―戦後アメリカにおける減価償却制度―』有斐閣

2002年 10頁。
6) 同上 4-7頁。
7) 拙稿「米国税務会計史(7)」『商学論纂』第51巻第3・4号 283-308頁。
8) Revenue Ruling, 59-389.
9) Accounting Research Bulletin No. 23, Accounting for Income Taxes, The Journal of Accountancy, Vol. 79, No. 6, June, 1945.
10) Accounting Research Bulletin No. 42, Emergency Facilities : Accounting for Depreciation And Taxes Under Certificates of Necessity, The Journal of Accountancy, January, 1953.
11) APB, APB opinion No. 11 : Accounting for Income Taxes, The Journal of Accountancy, February, 1968.
12) Accounting Research Bulletin No. 23, Accounting for Income Taxes, The Journal of Accountancy, Vol. 79, No. 6, June, 1945, pp. 69-71.
13) Ibid., p. 72.
14) 連邦所得税，州所得税及び超過利潤税は，事業を行う上での費用或いは利益の分配のいずれかであり，理論的には税は政府の持分である (Greer, Howard C., "Treatment of Income Taxes in Corporation Income Statements" The Accounting Review, Vol. 20, No. 1, January, 1945, pp. 96-97.)。
15) 1939年に始まった第2次世界大戦を受けて，1940年第2次歳入法（1940年10月8日成立）第302条（1939年内国歳入法典第124条の創設）に戦時緊急設備に係る加速償却の規定が創設された。この戦時緊急設備とは1940年6月10日以降から大統領が国防上これらの設備の利用を必要としないと宣言するまでの間（後日1945年9月29日となった。）に使用することになった所定の証明書の添付された土地，建物，機械，設備等のことである。同規定によれば，すべての法人（1942年歳入法によりすべての者に改正）は，選択により，戦時緊急設備の税務簿価 (adjusted basis) を60カ月で償却することになった。
16) Farrand, George N., "Accounting for Amortization of War Facilities" The Journal of Accountancy, Vol. 76, No. 5, November, 1943.
17) Accounting Research Bulletin No. 17, Postwar Refund of Excess Profits Tax, The Journal of Accountancy, Vol. 75, No. 1, January, 1943.
18) Ibid., p. 23.
19) Ibid., p. 24.
20) Accounting Research Bulletin No. 42, Emergency Facilities : Accounting for Depreciation And Taxes Under Certificates of Necessity, The Journal of Accountancy January, 1953.
21) Ibid., p. 50.

22) Webster, Paul K., "Method of Accounting for Emergency Facilities May Be a Major Factor in Income Determination" The Journal of Accountancy, May, 1953, p. 583.
23) Accounting Research Bulletin No. 44, Declining-Balance Depreciation, The Journal of Accountancy, Vol. 98, No. 6, December, 1954.
24) 所得税が，配当等と同様に利益処分であるならば，損益計算書の当期純利益の計算に影響しないことになる。所得税は，事業を行う上で他の費用項目と同様に費用であるとすれば，費用収益対応の原則が働くことになる。
25) 税効果を行うべきとするムーニッツ教授の見解（Moonitz, Maurice, "Income Taxes in Financial Statements" Accounting Review, Vol. 32, No. 2, April, 1957.）に対して，ヒル准教授はこれを批判している（Hill, Thomas M., "Some arguments against the inter-period allocation of income taxes" Accounting Review, Vol. 32, No. 3, July, 1957.）。また，この両者の見解をまとめたのがデビットソン教授の見解である（Davidson, Sidney, "Accelerated Depreciation and The Allocation of Income Taxes" Accounting Review, Vol. 33, No. 2, April, 1958.）。
26) Hill, ibid., p. 357.
27) Davidson, ibid., p. 173.
28) 1962年歳入法（P. L. 87-834）は，1962年10月16日に成立し，内国歳入法典第38条から第48条が改正された。
29) APB opinion No. 2, Accounting for the Investment Credit, The Journal of Accountancy, February, 1963. なお，次の論文は，このAPB第2号の具体的な処理を解説している（Ingalls, Edmond F., "Accounting Entities for the Investment Tax Credit" The Journal of Accountancy, May, 1963.）。APBは，第2号の補正のために，1964年にAPB No. 4を作成している。このNo. 4について論評している論文はThrockmorton, Jerry J., "Theoretical concepts for interpreting the investment credit" The Journal of Accountancy, April, 1970, p. 47, である。
30) 渋谷博史『現代アメリカ連邦税制史』丸善株式会社 1996年（第2刷）87頁。
31) 投資税額控除の性格については，①補助金概念（the subsidy concept），②所得税減額概念（the reduction of income tax concept），③適正税額概念（the correct concept）に分類され，前記の論稿（Throckmorton, Jerry J., ibid., p. 51）では，③が支持されている。
32) 1962年歳入法における投資税額控除に関しては，Berg, Kenneth B. and Mueller, Fred J., "Accounting for Investment Credit" Accounting Review, Vol. 38, No. 3, July, 1963, pp. 554-555. 宮島洋「戦後アメリカにおける減価償却政策と投資税額控除制度」信州大学『経済学論集』第10号（1976年）21頁，に説明がある。
33) Berg, Kenneth B. and Mueller, Fred J., ibid., p. 555.
34) Ibid., p. 556.

35) Commerce Clearing House, 1987 Depreciation Guide, Standard Federal Tax Reports, No. 25, June, 18, 1987, p. 9.
36) 1953年歳入規則が課税当局と納税義務者間の対立を解消したとは思われないという評価がある（Caplin, Mortimer M. and Klayman Robert A., "Depreciation-1965 Model" The Journal of Accountancy, April, 1965, p. 34）。
37) Ibid., p. 10.
38) Revenue Procedures 62-21, Sec., 5.
39) Revenue Procedures 65-13. 引当金比率については，小森瞭一『加速償却の研究—戦後アメリカにおける減価償却制度—』有斐閣 2002年 第6章参照．なお，小森教授は，引当金比率について準備金比率という用語を使用している．
40) CCH, op. cit., p. 10.
41) Bittker, Boris I., "Treasury Authority to Issue the Proposed" Asset Depreciation Range System "Regulations" TAXES, Vol. 49, No. 5, May, 1971, p. 265.
42) Ibid., p. 266.
43) 1984年税制改革法により，15年の耐用年数の適用分が18年，19年に一部改正されている（Commerce Clearing House, 1992 Depreciation Guide, Standard Federal Tax Reports, No. 32, July, 1, 1992, p. 173）。
44) 小森 前掲書 315頁。
45) Commerce Clearing House, 1992 Depreciation Guide, pp. 17-18.
46) 選択的MACRSの適用対象となる償却資産とは，当該事業年度において主として米国国外において使用された資産等が対象となる．
47) Nolan, John S., "The Merit in Conformity of Tax to Financial Accounting" TAXES Vol. 50, No. 12, December, 1972.

第 3 章

1970年代から1981年までの税制

1. はじめに

　本章は，1954年内国歳入法典（以下「1954年法」という。）全文改正以降，1981年に成立した経済再建税法（Economic Recovery Tax Act of 1981：以下「1981年法」という。）及び同法に関連する1982年法（Tax Equity and Fiscal Responsibility Act of 1982：TEFRA）までの期間を対象として，1954年法以降，米国の税務会計（法人税における所得計算構造）と企業会計が分離した状態[1]となった以降の米国税務会計の変遷を検討する。

　1954年から1981年までの間の米国大統領は，アイゼンハワー，ケネディ，ジョンソン，ニクソン，フォード，カーター，レーガンと変わるが，政治的には，東西冷戦構造が継続し，ベトナム戦争の開始と終結，経済的には，1971年8月15日のいわゆるドル・ショック（又は「ニクソン・ショック」ともいう。）により，ドルと金の交換停止が行われ，為替の変動相場制への移行等により象徴される米国経済の地位が低下した時期である。その背景には，第2次世界大戦後，国際経済において優位な立場にあった米国が，日本，ドイツ等の経済的発展による相対的な経済的地位の下落と，これらに基因した貿易赤字と財政赤字等がドルの価値に影響を及ぼしたといえるのである。また，1970年代の恒常的なインフレーションが，同年代後半には景気後退と重なってスタグフレーションの状況に至っている。

　この時期の米国税法の特徴としては，1954年法第446条により，課税所得は，企業の帳簿記録に基づいて算定されるという原則が維持されたのである

が，企業会計は，税務会計から離れて，企業利益と課税所得の乖離を税効果会計という手段により調整する方向になったのである。これに対して，税務会計は企業会計との調整に力を注ぐというよりも，企業会計とは別の論理で租税政策の目的を遂行する動きを見せた時期といえる。その典型例は1981年法における改正事項である。したがって，この時期は，税務会計と企業会計との間に第446条という繋がりがあったが，両者の理論上の距離は離れる状態にあったといえよう。

本書は，法人税の計算構造を中心とする税務会計に焦点を当てているが，この時期の法人税制に係る改正では，法人税本来の課税所得計算に係る分野以外に，国際税務の分野における外国法人課税の整備，タックスヘイブン税制の創設，移転価格税制に係る財務省規則の整備等があり，タックスシェルター等による租税回避に対する税制の整備が図られた時期といえる。

2. 1954年から1982年までの税制改正等

(1) 主たる税制改正の動向

1954年から2009年までの主たる税制改正については，第1章に記述したが，本章は，1954年から1982年までの期間に限ってその間の節目となる税制改正のうち，本章で取り上げる改正は次の通りである[2]。なお，カッコ書き部分は立法時の大統領名である。

① 1954年内国歳入法典（アイゼンハワー）
② 1962年歳入法（ケネディ）
③ 1964年歳入法（ジョンソン）
④ 1969年税制改革法（ニクソン）
⑤ 1971年歳入法（ニクソン）
⑥ 1975年租税削減法（フォード）
⑦ 1976年税制改革法（フォード）
⑧ 1978年歳入法（カーター）

⑨　1981年経済再建法（レーガン）
⑩　Tax Equity and Fiscal Responsibility Act of 1982（レーガン）

なお，1954年法から1981年法までの間における個別項目については，すでに検討を終えたものもある[3]。

(2)　1954年～1982年における政治動向

アイゼンハワー政権下では，1953年7月の朝鮮戦争休戦，1954年及び1955年に欧州におけるNATOとワルシャワ条約機構による軍事同盟成立の伴う東西冷戦構造体制の確立があった。

ケネディ政権では，1963年に軍事顧問のベトナム派遣を始め，次のジョンソン政権では，1964年の「トンキン湾事件」以降，米国はベトナムに本格的に介入し，ニクソン政権になった1973年にベトナム和平協定が締結された。なお，サイゴンが武力解放されたのは1975年4月である。この間の1971年8月に金・ドル交換を停止する新経済政策が発表された。

カーター政権下では，1979年2月のイランにおけるイスラム革命，同年3月にソ連がアフガニスタンに侵攻している。そして，カーター政権に続くレーガン政権は，軍備力増強を推進したが，貿易赤字と財政赤字という双子の赤字に苦しんだのである[4]。

(3)　1954年～1982年の米国財政

この1954年～1982年における米国財政は，1954年度から1970年度までは1968年度の252億ドルの赤字を除いて，黒字或いは赤字の金額が10億ドルの範囲であるが，1971年度から1982年度の財政赤字の額は次の通りである[5]。

［表1］　　　　　　　　　　　　　　　　　　　（単位：億ドル）

年　度	収支差額金額	年　度	収支差額金額
1971年度	△230	1977年度	△449
1972年度	△234	1978年度	△488
1973年度	△148	1979年度	△277

1974 年度	△ 47	1980 年度	△ 596
1975 年度	△ 452	1981 年度	△ 579
1976 年度	△ 664	1982 年度	△ 1,106

　この間,税収に占める個人所得税の割合は,40％台であるが,税額そのものは,次の［表2］のように大幅に増加している[6]。

［表2］　　　　　　　　　　　　　　　　　　　　　　（単位：億ドル）

年　度	個人所得税額	年　度	個人所得税額
1974 年度	1,190	1978 年度	1,810
1975 年度	1,224	1979 年度	2,178
1976 年度	1,316	1980 年度	2,441
1977 年度	1,576	1981 年度	2,859

この間における消費者物価指数は次の［表3］の通りである[7]。

［表3］

年　度	消費者物価上昇率	年　度	消費者物価上昇率
1974 年度	11％	1978 年度	7.7％
1975 年度	9.1％	1979 年度	11.3％
1976 年度	5.8％	1980 年度	13.5％
1977 年度	6.5％	1981 年度	10.4％

　上記の表1及び3によれば,1970年代は連邦政府の財政赤字とインフレが顕著であったことが分かる。

　この期間について,渋谷博史教授は,1970年代のスタグフレーションの中で,強インフレによって名目所得が増加し,個人所得税においてより高い税率区分が適用される（ブラケットクリープ）や,法人税における減価償却不足という税制上の矛盾が生じた,と分析している[8]。レーガン政権は,1981年法により,個人所得税率の引き下げ,加速償却等の導入を図ったのである。しかし,連邦準備制度による金融引き締めによりインフレが鎮静化し,加速償却等による租税優遇措置の効果が大きすぎたため,不平等是正の必要性が生じた結果,

1986年度税制改革法が租税優遇措置の廃止と縮小を図ることになったと同教授は述べている[9]。

(4) 個人所得税率と法人税率の変遷

前記の渋谷教授の見解を裏付けるために，1954年法以降の個人所得税率に関する税制改正ごとの税率（夫婦合算税率：1954年は夫婦個別の税率を調整）を表示すると次の［表4］の通りである[10]。

［表4］

年 分	所得金額・最低税率	3万ドルの適用税率	所得金額・最高税率
1954年	4,000ドル迄・20%	47%	400,000ドル超・91%
1964年	1,000ドル迄・16%	41%	400,000ドル超・77%
1965年	1,000ドル迄・14%	39%	200,000ドル超・70%
1977年	3,200ドル超～4,200ドル未満・14%	36%	203,200ドル超・70%
1979年	3,400ドル超～5,500ドル未満・14%	37%	215,400ドル超・70%
1982年	3,400ドル超～5,500ドル未満・12%	33%	85,000ドル・50%

また，この間における法人税の税率の変遷（内国歳入法典第11条）は次の通りである。

［表5：1954年以降の法人税率の変遷］

適用年度	法人税率
1954年～1963年	通常税率：30% 付加税（surtax）率：22%（控除額25,000ドル）
1964年7月1日後に開始となる事業年度	通常税率：22% 付加税率：28%（1964暦年） 付加税率：26%（1965年以降）
1975年租税削減法（P.L. 94-12）	通常税率 25,000ドル以下：20% 25,000ドル超：25%

	付加税（1976暦年） 25,000ドル超：13% 50,000ドル超：26%
1976年税制改革法（P.L.94-455）	通常税率：25%⇒22%に引き下げ
1979年1月1日以後（1978年歳入法）付加税を統合して法人税率を一元化した。	25,000ドル以下：17% 25,000ドル超〜50,000ドル以下：20% 50,000ドル超〜75,000ドル以下：30% 75,000ドル超〜100,000ドル以下：40% 100,000ドル超：46%
1982年に開始となる事業年度（1981年法）	25,000ドル以下：16% 25,000ドル超〜50,000ドル以下：19% 50,000ドル超〜75,000ドル以下：30% 75,000ドル超〜100,000ドル以下：40% 100,000ドル超：46%
1983年に開始となる事業年度（1981年：ERTA）	25,000ドル以下：15% 25,000ドル超〜50,000ドル以下：18% 50,000ドル超〜75,000ドル以下：30% 75,000ドル超〜100,000ドル以下：40% 100,000ドル超：46%
1984年に開始となる事業年度	100,000ドル超〜1,000,000ドル：46% 1,000,000ドル超〜1,405,000ドル：5%又は20,250ドルのいずれか少ない額
1987年6月30日後に開始となる事業年度	50,000ドル以下：15% 50,000ドル超〜75,000ドル以下：25% 75,000ドル超〜100,000ドル以下：34% 100,000ドル超〜335,000ドル以下：39% 335,000ドル超：34%
1993年1月1日以後	335,000ドル超：34% 10,000,000ドル超：35% 15,000,000ドル超：38% 18,333,333ドル超：35% 課税所得が150,000ドルを超える法人は課税所得に35%が適用。

なお，1955年から1983年までの歳入金額，個人所得税及び法人税の金額と

歳入比率は，第 1 章注 2) に記載がある。

　個人及び法人の税負担は，単に税率の変遷のみでは判断できず，個人の場合であれば控除等の金額，法人の場合であれば損金の範囲等にも影響されるのであるが，本章が対象とした 1954 年から 1981 年の間において，米国の歳入規模は，約 10 倍になっており，個人所得税の税収も約 10 倍以上になっているが，法人税収は，約 3 倍から 4 倍で，歳入における比率は大きく下落している。これは，社会保障税の歳入増加が比率を下げた一因である[11]。

　また，1960 年で個人所得税の税収は法人税の約 2 倍，1980 年で約 4 倍という歳入比率で判るように，米国の税制改正の多くは，法人税の改正に比して個人所得税に関する項目が多いことである。

3．1962 年歳入法

　1962 年歳入法（Revenue Act of 1962）は，1961 年 4 月 20 日付けの「連邦税制に関するケネディ大統領の特別教書」に基づく改正である[12]。

　1962 年歳入法案を審議した上院財政委員会資料によれば[13]，同法案における主たる改正点は次の通りである。なお，以下に掲げる改正事項は，法人税に関連する項目に限定したものである。

① 投資税額控除制度の創設
② 交際費の損金算入の制限
③ 外国税額控除に関連した改正
④ タックスヘイブン税制の創設
⑤ 所定の動産，株式等の譲渡益を通常所得に分類される。
⑥ 所定の無形資産の米国の者から外国法人への譲渡は，通常所得として扱われる。

4. 1964年歳入法

 1964年歳入法（Revenue Act of 1964：以下「1964年法」という。）の主たる改正点は，赤字財政になりながら大幅な減税を行ったことである[14]。その意図するところは，法人による投資の促進と個人消費の増加及び失業率の改善を目論んだものである[15]。
 この税制改正については，従来の租税制度に重大な変更を加えるものではなかったという評価があるが[16]，第2次世界大戦及び朝鮮戦争と続いた戦時体制時の税制の残滓（例えば，高率の個人所得税等）をなくすという意味もあったように思われる。
 1964年法による個人所得税率及び法人税率の引き下げはすでに述べた通りである。1964年法の適用により，1965年の歳入減少額は，個人所得税が92億ドル，法人税が24億ドルで計116億ドルである[17]。
 法人税の課税所得計算とは別の問題であるが，1964年法において，配当に係る二重課税に関連して，個人の受取配当の控除額は従前の50ドルから100ドルに引き上げられたが（内国歳入法典第116条），課税対象となる受取配当の配当控除が廃止された（内国歳入法典第34条）[18]。

5. 1969年税制改革法

 1969年税制改革法（Tax Reform Act of 1969：以下「1969年法」という。）は，1969年1月29日に下院歳入委員会で会議を開始し，1969年12月30日に同年1月に就任したニクソン大統領が署名して成立した。この税制改革については，本格的な税制改革立法として，高く評価する見解がある[19]。
 1969年法における改正では，ミニマムタックスの創設[20]，投資税額控除の廃止，個人の低所得者層の税負担の減少と高所得者の税負担増加が図られ，個人所得税としては，全体で10.6％の減税となっている[21]。しかし，本書の主題

である法人税の計算構造における大きな改正はない。

6. 1971年歳入法

1971年歳入法（Revenue Act of 1971：以下「1971年法」という。）の改正趣旨は，個人に対する減税と法人に対する税制面からの成長促進政策である。

1971年法における税務会計への影響としては，ADR（Asset Depreciation Range）の導入がある。1962年法により，投資税額控除が導入されたのであるが，それ以前の時期における米国減価償却制度の問題点についての分析がある。その要点はまとめると次の通りである[22]。

① 日本と比較して，米国は定額法が一般的であり，定率法の適用に対して制限的である。なお，この点に関しては，1954年法により定率法の適用が緩和された。

② 米国における減価償却の耐用年数は，日本のように法定耐用年数こそないが，ガイドラインとして公表されているブレティンF（1942年改訂）が実質的な拘束力を持つものとされている[23]。

③ 米国の特別償却制度はほとんど見るべきものがない。

④ 1954年法により加速償却制度が導入された。

以上のような背景の下で，1962年法により投資税額控除制度が創設されて，新規投資の促進を図ったのであるが，景気の過熱等を理由として[24]，1969年法により同制度は廃止されている。しかし，1971年法第101条では，1962年法において創設された投資税額控除（内国歳入法典第38条）が復活したのである。1986年以降その適用が廃止されている。

ADRは，内国歳入法典第167条(m)等を改正し，資産ごとの耐用年数の範囲については，歳入手続（Revenue Procedure 71-25）に規定されている。ADRにより従前の耐用年数は20％程度短縮されるが，特定の5年特別償却に該当する資産はこの対象にならない。また，取得初年度償却基準（first-year convention）により，1970年以降に取得した資産について，その取得して事業の用に

供した日が事業年度の前半の場合は1年償却，後半の場合は2分の1償却となる。

結果として，ADRを規定したことは，それまで固定化していた耐用年数について，一定の範囲内で選択できることになり，より自由化が進むと共に，税務会計が独自の展開を図ったということになろう。

7. 1976年税制改革法

1976年税制改革法（Tax Reform Act of 1976：以下「1976年法」という。）は，2年以上の検討を経て成立したもので[25]，その内容等は高い評価を受けている[26]。1976年法による改正目的等として次の6つが掲げられている[27]。

① 経済の効率化及び成長を損なうことのない税負担の公平
② 税制の簡素化
③ 個人等の減税
④ 投資税額控除の4年間延長に伴う投資促進等[28]
⑤ 税務行政の改善
⑥ 贈与税及び遺産税の減税と租税回避の防止

1976年法の主たる改正内容のうちの税制の改正について，本書と関係する分野では，さらに細分化して，次のような内容であった。

① タックスシェルターによる租税回避の防止
② ミニマム税と最高税率の決定
③ 個人所得税における事業経費
④ 国外所得の課税
⑤ 譲渡課税に係る改正等

この時期のタックスシェルターによる租税回避の防止は，個人の通常所得（ordinary income）を譲渡所得（キャピタルゲイン）に変換すること等により，課税時期の繰延べと譲渡所得に対する軽減税率の適用を利用する手法に対する規制である。

8. 1978年歳入法

1978年歳入法 (Revenue Act of 1978：以下「1978年法」という。) における法人課税に関連する項目は，1979年暦年から総額51億ドルの法人減税である[29]。

法人減税については，最高税率を48％から46％に引き下げ，法人税率は，所得25,000ドル未満に17％，25,000ドル以上50,000ドル未満に20％，50,000ドル以上75,000ドル未満に30％，75,000ドル以上100,000ドル未満40％，100,000ドル以上46％の累進税率に改正された。

1978年法は，上記以外に，投資税額控除等に関する改正を行っている。

9. 1981年経済再建税法 (Economic Recovery Tax Act of 1981)

(1) 1981年法と1982年法

1981年法は，1981年8月13日にレーガン大統領の署名により成立した（公法97-34）。この改正の特徴は，多額の減税を行ったことである[30]。この政策は，スタグフレーション下にあった米国経済を民間活力により甦らせることであった[31]。

1981年法に続いて成立した Tax Equity and Fiscal Responsibility Act of 1982 (TEFRA：以下「1982年法」という。) は，一転して増税を行ったのである[32]。したがって，1981年法による過度の減税等を1982年法が是正するという構図になっている。

(2) 1981年法における減価償却概念の放棄

1981年法における企業税制に係る改正において，理論面における大きな改正点は，従来からの減価償却の考え方と決別し，加速原価回収法 (Accelerated Cost Recovery System：以下「ACRS」という。) を導入したことである。

減価償却では，財産の消耗，摩損，破損或いは陳腐化等を原因とする資産の

減価に対して合理的な償却費を計算し，これを税務上控除することが認められてきたのである。減価償却は，所得を生み出すために事業の用に供した期間にわたり，資産の減価を当該期間に配分する概念である[33]。また，耐用年数のない資産或いは減価しない資産である土地等は減価償却対象とはならないのである。そして，減価償却の対象となる額は，当該財産の取得原価等から残存価額を控除したものである。

1981年法は，従前の課税所得計算に適用されていた減価償却の概念を放棄して，加速原価回収法を導入したことはすでに述べたことであるが，議会により検討された改正理由は，この新しい方式が経済発展に貢献することと，従前の方式が複雑すぎたことである[34]。

さらに，上記以外に理由として考えられることは，米国の法人課税所得が日本の方式とは異なり，企業会計と分離していることである。償却費等の内部取引に関する損金経理要件に拘束される日本の確定決算主義の下では，米国のように，企業会計との異なる概念を適用して課税所得を行うことはできないのである。

米国の経済事情との関連では，1970年後半のインフレーションと無関係とはいえないのである。米国における会計学の分野においても，インフレーション会計が第2次世界大戦終戦後に議論され，米国会計学会（AAA）の1948年会計基準付属説明書第2号（Supplementary Statement No. 2）として1951年に公表された「価格水準変動と財務諸表」以降，次第に取得原価主義から乖離するのである[35]。加速原価回収法は，インフレーション下において，設備等の実体資本を維持できないことと，経済活性化に対する刺激策として，原価の早期回収を目指したのである。

また，減価償却に関して複雑であるという指摘については，耐用年数と残存価額が不確定要素となって課税当局と納税義務者間で異なる見解を持つ結果となってきた。加速償却原価法は，減価償却計算における選択と各種の例外をなくし，耐用年数とは直接関連のない回収年数として従前以上に投下資本回収の加速化を図ったのである。

(3) ACRS の特徴

ACRS の特徴といえるものは，次の通りである。
① 回収期間が3年，5年，10年，15年に区分される。回収期間は，資産の耐用年数との関連はなく，実際の耐用年数よりも短く設定されているために，資産に投下した資本が早期に回収できることになった。
② 新規の資産，中古資産の区別はなく，回収期間及び回収計算は同じである。
③ 定められた回収期間の使用に代えて，選択的定額回収期間を使用することができる[36]。
④ 従前の減価償却における耐用年数という考え方に代わって回収期間が設定され，回収計算は，回収期間ごとに定められた所定の率（法定率）と資産の取得価額の積である[37]。この計算において，残存価額は考慮外となる。
⑤ 投資税額控除が見積耐用年数別ではなく回収期間別に改正され，控除率も引き上げられた[38]。

(4) ACRS による計算

減価償却において使用されていた用語は ACRS では，次のように変更されている[39]。
① 回収資産（減価償却資産）
② 回収控除額（減価償却累計額）
③ 回収期間（耐用年数）
④ 回収率（償却率）

資産の種類別による回収期間では，車両は3年，機械及び備品等は5年，従前の減価償却に係る耐用年数の規定である ADR の中間耐用年数が18.5年超25年以下の公益事業資産等は10年，15年は5年或いは10年の回収期間にならない不動産となる。以下は，回収期間と回収資産の区分である。

イ　回収期間3年

この区分には，1918年1月1日現在ADRにおける耐用年数が4年以下のすべての動産，試験研究費に関連する動産等が含まれる。

ロ 回収期間5年

この区分には，他の回収期間に含まれなかった有形動産が含まれる。したがって，ほとんどの機械，什器，備品等はこの区分となる[40]。農業及び園芸用構築物，石油及び石油製品用の貯蔵設備等，内国歳入法典第1245条に規定する資産が含まれる。

ハ 回収期間10年

この区分には，1981年1月1日現在でADRの中間耐用年数が18.5年から25年以下の公益事業資産（試験研究用公益事業資産を除く。）が含まれる。石炭を燃料とする等所定の燃焼器及びボイラーで，ADRの中間耐用年数が25年超のもの，鉄道タンク車両が含まれる。その他に，特定の居住用住宅，ADRの中間耐用年数が12.5年である遊園地の財産等が含まれる。

ニ 回収期間15年

この区分には，1981年1月1日現在ADRの中間耐用年数が25年超の公益事業資産が含まれる。

ホ 選択的定額回収期間（optional methods）

納税義務者の早期回収は，例えば3年の回収期間であれば，1年目25％，2年目38％，3年目37％となる。この方法に代えて，例えば3年の回収期間の資産であれば，3年，5年又は12年の定額回収を選択することができる。この選択回収期間法は，選択した年度に使用を開始した資産すべてに適用する。また，選択を以後変更することはできない。

この方法が選択される状況は，早期回収を行うほどに利益のない場合が想定できる。

ヘ 不動産

加速原価回収法（ACRS）の対象となる不動産は，ADRの中間耐用年数が1981年1月1日現在で13年以上のもの或いはADRの中間耐用年数がないものが含まれる。回収期間は，原則として15年で，選択回収期間は35年又は

45年ということになる。ただし，個々の資産別に方法を選択できることから，ある建物は15年，他の建物は35年ということも可能である。

10．1982年法

(1) 1982年法改正の背景

1982年法制定の目的は，次に掲げる4つであるといわれている[41]。

① 税収の増加
② 個人及び事業所得者における税負担の公平性の確保
③ 税法上の歪みの是正
④ 連邦政府の歳出でカバーする範囲の拡張

公的機関の推計によれば[42]，1981年法の改正を行わないとしたら，1983年に1,820億ドル，1984年に2,160億ドル，1985年に2,330億ドルの連邦財政赤字になることが予測された。この予測を受けて，議会は，1983財政年度において，1983年に209億ドル，1984年に360億ドル，1985年に414億ドルの計983億ドルの歳入増を図ったのである。

ちなみに，1981年法による税収減の予測値は，1981年が約16億ドル，1982年が約377億ドル，1983年が約927億ドル，1984年が1,499億ドル，1985年が1,992億ドル，1986年が2,677億ドルとなっている[43]。したがって，1983年から1985年の減税総額は4,418億ドルとなっている。

すでに述べたように，1982年法は，1981年法で行きすぎた減税による問題点を是正するための措置を講じたものといえる。

(2) 1982年法におけるACRSに係る改正

1981年法による加速償却を廃止することで，3年及び5年の回収期間に区分された資産について，費用化された額と回収額の差が拡大することがなくなるのである。特に，1985年における175％償却，1986年後の200％償却の適用が廃止されることになる[44]。その結果として，1985年，1986年及び1987年は増

収になるのである。

11. 1981年法の効果

　レーガン政権は，財政規模を縮小して減税を行い，民間投資を促進して経済成長を図り財政を改善するという図式を描いた政策を実施したのである。1981年法と1982年法との関連では，1982年法が1981年法の技術的修正であり，1981年法の骨格が修正されていないという見解がある[45]。

　租税政策という側面では，1981年法が減税を実施し，その行き過ぎた減税を1982年法が是正をした形になったが，本章における検討対象はこの点ではなく，企業会計と税務会計との関連である。その意味では，ACRSの意義がその焦点となる。ACRS導入の効果としては次のような諸点を挙げることができる。

① 米国の税務会計は，内国歳入法典第446条の規定により，企業会計における記帳に基づいて課税所得の計算を行う点ではこれを維持しているのであるが，1981年法におけるACRSは，従来の減価償却概念を放棄して投下資本回収という税務会計独自の観点からの方式を行ったのである。これは，企業会計が税効果会計により租税の期間配分計算を行うことで税務会計と一線を画したのに対して，税務会計は企業会計との別の論理を採用することで企業会計との距離を置いたことになる。結果として，企業会計と税務会計は双方からそれぞれ独自に展開することになったのである。

② ACRSの制定前のADR（1971年導入）は[46]，耐用年数の圧縮等，それまでの減価償却制度を維持しつつ，自由化と加速化を図ったことになるが[47]，従前の企業会計における減価償却制度と同様な計算方式である。ACRSは，ADR以上に固定資産の処理を簡素化して，課税当局と納税義務者間の同問題に対する意見の相違を解消しているといえる。

　さらに，1981年法の意義を，米国の1980年代の税制の変遷において位置付けると，1970年代のスタグフレーション下における企業投資等の停滞を解消

する目的で行われた改正といえるのであるが,その減税の規模等に行き過ぎがあり,1982年法で調整されたのである。

そして,1986年に制定された税制改革法（Tax Reform Act of 1986）により,再度の調整を受けることになるのであるが,1986年の税制改革法については,稿を改めることとする。

1) 1954年法については,拙稿「米国税務会計史(7)」『商学論纂』第51巻第4・5号合併号参照。
2) 畠山武道「アメリカにおける税制改革の動向」『ジュリスト』685号 1979年3月1日。金子宏「アメリカにおける最近の税制改革について」『アメリカ法』日米法学会 創刊号（1965年）。なお,1981年法迄が検討の対象となる期間であるが,1981年法と関連することから,1982年法（Tax Equity and Fiscal Responsibility Act of 1982：TEFRA）を表に掲げてある。
3) 以下の⑦を除いて,他は,本書に収録済みである。
  ① 「現代米国税務会計史(1)」（『商学論纂』第52巻第3・4号）は,企業会計と税務会計の一致等に係る検討を対象とした。
  ② 「現代米国税務会計史(2)」（『商学論纂』第52巻第3・4号）は,投資税額控除制度を含む減価償却制度の変遷と税効果会計の進展を通じて,税務会計と企業会計との関連がどのような状況に至ったのかを考察した。
  ③ 「現代米国税務会計史(3)」（『商学論纂』第52巻第5・6号）は,ミニマムタックスの変遷を対象とした。
  ④ 「米国内国歳入法典482条」（『経理研究』第54号）では,移転価格税制を規定している内国歳入法典第482条の創設時から現在までの変遷を検討した。
  ⑤ 「米国における国内源泉所得と外国法人の税務」（『企業研究』第17号）では,米国の国際税務の基幹となる部分である,所得源泉に係る規定と非居住者（主として外国法人）に対する課税を対象としている。
  ⑥ 「米国における連結納税制度の生成」（『経理研究』第53号）では,米国における連結納税制度について検討を行っている。
  ⑦ 米国における外国税額控除に係る規定の変遷については,矢内一好・高山政信『外国税額控除の理論と実際』（同文舘 2008年）20-21頁,48-65頁他で検討を行っている。
  ⑧ 「現代米国税務会計史(4)」（『商学論纂』第52巻第5・6号）は,E&Pの変遷を対象とした。
4) 野村達朗編著『アメリカ合衆国の歴史』ミネルヴァ書房 2004年 258-269頁。

5) U. S. Department of Commerce, Statistical Abstract of the United States 1984, p. 315.
6) Ibid., p. 318.
7) Ibid., p. 493. 米国経済自体に原因があったこともあろうが,米国以外の外的要因としては,1974年と1978年の原油価格の高騰も原因と考えられる。
8) 渋谷博史『20世紀アメリカ財政史』［Ⅲ］東京大学出版会　2005年　12頁。
9) 同上。
10) 同期間における付加税等の税率等は考慮していない。
11) U. S. Department of Commerce, Statistical Abstract of the United States. なお,この歳入比率は,社会保険税（米国では,日本の社会保険料に相当する金額を租税として徴収している。）の比率が多いことから,一概に日本との比較はできない,1980年の税収比を社会保険税を除いて再計算すると,個人所得税約67％,法人税約18％となる。
12) 金子教授は,1961年4月と1963年1月のケネディ大統領の連邦税制に関する特別教書について,両者は,密接な関係があり,前者は緊急に改正が必要な問題を取り上げ,後者は,長期的な改正問題を取り上げていると述べている（金子宏「アメリカにおける最近の税制改革について」『アメリカ法』日米法学会　創刊号　69頁　1965年）。
13) Senate, Revenue Act of 1962 Report of the Committee on Finance United States Senate to accompany H. R. 10650, August, 16, 1962.
14) 金子　前掲論文　74-76頁。畠山　前掲論文　108頁。1964年歳入法は,1963年のケネディ大統領の租税に関する特別教書に基づく改正であるが,議会が大統領の提言を大幅に削減したと評価されている（McDaniel, Paul R. (et. al.), Federal income taxation : cases and materials, Foundation Press, 1994, p. 9.）。
15) Senate, Revenue Act of 1964 Report of the Committee on Finance United States Senate to accompany H. R. 8363, p. 6, January, 28, 1964.
16) 畠山　前掲論文　108頁。
17) Senate, op. cit., p. 2.
18) 経過措置として1964年は2％が認められる。また,100ドルの控除も1964年から適用となる。
19) 畠山　前掲論文　109頁。1969年法は,ジョンソン政権時代に計画され,ジョンソン政権に続くニクソン政権が,1969年4月に税制改正の従前よりも絞り込んだ提案を行い,同年12月に法案が成立したのである（McDaniel, Paul R. (et. al.), op. cit., p. 10）。
20) ミニマムタックスに関しては,拙稿「現代米国税務会計史(3)」『商学論纂』第52巻第5・6号　2011年6月　参照。

21) Senate, op. cit., p. 2.
22) 田辺昇「アメリカにおける新投資税額控除制度の分析(1)」『租税研究』171号 1964年7月30日 3-7頁。
23) ブレティンFは, 1962年の歳入手続62-21により改正されている。
24) 小森瞭一『加速償却の研究―戦後アメリカにおける減価償却制度―』有斐閣 2002年 285頁。
25) Joint Committee on Taxation, Summary of the Tax Reform Act of 1976, October, 4, 1976, JCS-31-76, XI.
26) 畠山 前掲論文 110-111頁。
27) Joint Committee on Taxation, op. cit., p. 1.
28) 内国歳入法典第38条に規定する財産に対する適格投資に対して10%の税額控除を認めたもので, 1975年1月22日から1980年末まで適用された。
29) Joint Committee on Taxation, Summary of the Tax Reform Act of 1978, March. 12, 1979, JCS-1-79, pp. 9-10.
30) 1981年法全体については, 渋谷博史教授の前掲書（第7章）がその成立過程等を検討している。また, サプライサイド・エコノミックスの観点からは, 玉井教授の論文がある（玉井龍象「レーガン政権の租税政策の背景と意義」『租税研究』386号 1981年12月, 玉井龍象「サプライサイド経済学は米経済を甦らせるか」『租税研究』396号 1982年10月）。また, 1981年法の目的を7つに分けてシャウプ博士が分析している（カール・S.シャウプ「アメリカの1981年租税法（減税法）について」『租税研究』 384号 1981年10月）。

1981年法における主たる改正項目は次の通りである（Cf. Joint Committee on Taxation, Summary of the Tax Reform Act of 1981, December, 29, 1981, JCS-71-81, pp. 5-16）。
1 個人所得税関係
(1) 個人所得税率
　個人に対する所得税率の最高税率が50%（改正前70%）に引き下げられ, 長期譲渡所得に対する税率が20%となった。
(2) 物価調整インデックスの適用
　1985年より, 所得税率適用ブラケット, 人的控除金額について消費者物価指数（CPI）により調整が行われる。
(3) 控除額等の引き上げ等による軽減措置
　① 共稼ぎ夫婦への控除の創設
　② 扶養子弟保育費用税額控除の引き上げ
　③ 所得控除の定額控除者に対する寄付金控除限度額の引き上げ
　④ 特定の養子縁組に係る費用の実額控除の創設

⑤ 買換えのための居住用財産の譲渡益の非課税額の引き上げ
⑥ 海外勤務者の控除額の引き上げ
2 原価回収規定（Capital Cost Recovery Provisions）
(1) 機械・設備等の耐用年数
機械・設備等の資産の耐用年数は3年，5年，10年及び15年に区分された。
(2) 不動産の耐用年数
不動産の耐用年数は15年である。
(3) 少額資産の即時償却
少額資産（1982年及び1983年は5,000ドル，1984年及び1985年は7,500ドル，1986年以降10,000ドル）の即時償却が選択できる。
(4) 中古資産の投資税額控除適用額の引き上げ
投資税額控除を受けることができる中古資産の金額が，1981年から1984年まで改正前の100,000ドルから125,000ドルに引き上げ，1985年以降150,000ドルになる。
(5) 純損失と投資税額控除の繰越期限
これらについての繰越期限が7年から15年に延長された。
(6) 事業用建物修復の資本的支出に対する投資税額控除
事業用建物修復の資本的支出に対する投資税額控除について，30年から39年の使用期間のものは15％，40年以上使用期間のものは20％，認定された歴史的建造物の修復費については25％となる。

31) この経済再建計画の概要の項目はつぎのようなものであった。① 歳出削減，② 減税，③ 政府の規制緩和，④ 安定的な金融政策，である（宇田川璋仁「レーガン大統領の経済再建計画と減税政策」『租税研究』第379号 1981年2月）。また，米国における評価では，当初大統領が提案した個人の減税と減価償却方式の完全な改正が，民主党と共和党の減税合戦という様相を呈し，当初の大統領案よりも，貯蓄と投資を促進する盛り沢山な内容になったといわれている（McDaniel, Paul R. (et. al.), op. cit., p. 12.）。

32) 1981年法における減税額は，3年間で4,350億ドルであり，1982年法では，成立後3年間で983億ドルの増税となる。内訳は，企業から505億ドル，個人から478億ドルである（玉井龍象「サプライサイド経済学は米経済を甦らせるか」『租税研究』第396号 1982年10月 14頁）。

33) Joint Committee on Taxation, Summary of the Tax Reform Act of 1981, December, 29, 1981, JCS-71-81, p. 67.

34) Ibid., p. 75.

35) 1957年のAAA会計基準（株式会社財務諸表の会計及び報告―1957年改訂版：Accounting and Reporting Standards for Corporate Financial Statements ― 1957

Revision）をはじめとして，次第に時価主義が注目を集めるようになったのである。
36) 選択的定額回収期間は次の通りである。この選択的定額回収期間は，加速原価回収法による多額の回収額に見合う収益がない場合に適用される（ハードマン・メイン著　監査法人サンワ東京丸の内事務所訳『レーガンの経済再建税法―解釈と注釈―』財経詳報社　1982年2月　39頁）。
  ① 3年資産　⇒ 5年又は12年（選択的定額回収期間）
  ② 5年資産　⇒ 12年又は25年（選択的定額回収期間）
  ③ 10年資産 ⇒ 25年又は35年（選択的定額回収期間）
  ④ 15年資産 ⇒ 35年又は45年（選択的定額回収期間）
37) 1981年から1984年の間の回収期間3年の資産の法定率は，1年目：25％，2年目：38％，3年目：37％である。資産の取得価額が1,000とすると，1年目の回収額250，2年目380，3年目370となる。
38) 改正後の回収期間別の投資税額控除率は，次の通りである。
  ① 3年資産　　　：6％（改正前：$3\frac{1}{3}$％）
  ② 5年資産以上：10％（改正前：$6\frac{2}{3}$％）
39) ハードマン・メイン　前掲書　35頁。
40) 同上　37頁。
41) Joint Committee on Taxation, General Explanation of the Revenue Provisions of the Tax Equity and Fiscal Responsibility Act of 1982, December, 31, 1982, JCS-38-82, p13.
42) 議会予算事務局（Congressional Budget Office）他（Ibid., p. 13）。
43) Joint Committee on Taxation, Summary of the Tax Reform Act of 1981, December, 29, 1981, JCS-71-81, pp. 379-380.
44) 1982年法では，3年回収資産の1985年（175％），1986年以降（200％）を廃止して，1981年から1984年までの150％となる。
45) 玉井龍象「米国の税制改正の基本問題と今後の動向」『租税研究』1983年11月，17頁。
46) 拙稿「現代米国税務会計史(2)」『商学論纂』第52巻第3・4号参照。
47) 小森　前掲書　286頁。

第 4 章

1986 年税制改革法

1. 本章の範囲

本章は，前章において検討した1981年経済再建法（Economic Recovery Tax Act of 1981：以下「1981年法」という。）及び1982年法（Tax Equity and Fiscal Responsibility Act of 1982：略称 TEFRA）後から，1986年税制改革法（Tax Reform Act of 1986：以下「1986年法」という。）までの法人税を中心とした米国税制の変遷である。この期間の米国はレーガン大統領の時代である。以下は，レーガン大統領時代における税制改正等の変遷一覧である。

① 1981年経済再建法（Economic Recovery Tax Act of 1981）
② Tax Equity and Fiscal Responsibility Act of 1982（TEFRA）
③ 赤字削減法（Deficit Reduction Act of 1984：P. L. 98-369）
④ President's Tax Proposals to the Congress for Fairness, Growth and Simplicity, May, 29, 1985.
⑤ 1986年税制改革法（Tax Reform Act of 1986：P. L. 99-514）
⑥ Revenue Act of 1987（P. L. 100-203）
⑦ 1988年 TAMRA（Technical and Miscellaneous Revenue Act of 1988）Nov. 10, 1988.

1981年法においては，1970年代のインフレーション下における名目所得の上昇と米国経済の回復を目的として大幅な減税が実施されたのである。その結果生じた多額の財政赤字を解消するため，1982年法及び1984年成立の赤字削減法は，増税を図ったのである。そして，1986年法では，税制の公平，簡素

化,経済成長の観点から,租税優遇措置の廃止・縮小という課税ベースの拡大と共に,個人所得税及び法人税率が引き下げられたのである。その後,1988年のTAMRAは,1986年法の修正等を含む改正である。

1986年法は,現行の内国歳入法典であり,多方面にわたる大改正であるが,本章では,税務会計と企業会計の計算構造という観点に絞ってその検討を行うこととする。

2. 1984年の改正

(1) 1984年改正の概要

1984年7月18日にレーガン大統領が署名したことで,赤字削減法案(H. R. 4170)は成立した。赤字削減法案には,2つの税法関連法案(H. R. 2568, H. R. 5361)を含む1984年税制改革法(Tax Reform Act of 1984:以下では以上を包括して「1984年法」という。)が含まれていたが,これらは1984年10月31日に成立している[1]。

1984年法の改正を促した主たる理由は,財政赤字の縮小であるが,副次的に,タックスシェルターによる租税回避の防止もあった。この両者は関連があり,タックスシェルターの横行による租税回避が財政赤字を悪化させていたのである。さらに,納税義務者間の税負担の公平,国際課税分野の改正,税務行政における改善等がこの改正における追加的な目的となっている[2]。

(2) ACRS(加速原価回収法)の一部改正

1981年法において改正された減価償却について[3],1984年法では,建物等の不動産に係る項目が改正されている[4]。ここにおいて検討すべき点は,1981年法において,償却資産の耐用年数にその資産の原価を配分する減価償却費計算という概念を放棄して,税務会計独自に原価回収という考え方を用いたことである。結論から述べると,1984年法では,1981年法においてACRSとして規定された原価回収の考え方は改正されなかったのである。したがって,この

点に関する検討は，1986年法へと続くことになる。

建物等の不動産に係る減価償却については，1981年法まで資産の種類ごと（建物，建物付属物，構築物等）であり，耐用年数も30年を超えていたが，1981年法の改正により，建物等の不動産は15年の回収期間ということになり，改正前の耐用年数の約半分の期間になった。その結果，不動産投資を目的とするパートナーシップがパートナーシップによる申告件数の3分の1に達したのである。

パートナーシップの利用法の典型例がセール・アンド・リースバック取引であるが，建物等の不動産を所有している者は，その建物等をパートナーシップに売却する。当該パートナーシップは，当該建物等の貸手となってこれを元の所有者にリースすることになる。パートナーシップのパートナーは，資産購入のための借入金に係る支払利子と利子収入に対応する費用として多額の償却費を計上することで損失となり，当該損失をパートナーの他の所得と通算することにより節税効果を得たのである。

その対策として，1984年法は，不動産に適用される15年の回収期間を18年に延長する等の改正を行った。

3. 1986年法の概要と財務省提案

(1) 1986年法の概要

1986年法は，現行の内国歳入法典であり，米国の内国歳入法典を包括的に全文改正したものである。米国税法は，1939年内国歳入法典以前では，毎年の歳入法（Revenue Act）等により定められていたのであるが，1939年に内国歳入法典としてまとめられ，その後，基本的に，内国歳入法典の改正という形態により税法の改正が行われてきたのである。

1939年に続いて，1954年に内国歳入法典の全文改正が行われ，1986年法は，1954年法に続く全文改正ということになる。

1986年法の基礎データは次の通りである。

① 正式名称：Tax Reform Act of 1986（略称：TRA）[5]
② 法案　　：H. R. 3838
③ 公法番号：P. L. 99-514
④ 成立　　：1986年10月22日

(2) 1984年財務省報告
イ　1984年1月の一般教書演説（State of the Union Address）
　米国大統領は，議会の招きを受けて，毎年1月に議会で国の状態に関する大統領の見解を示す一般教書演説を行う。レーガン大統領は，1984年1月25日に行った演説において，税法を簡素化し，すべての納税義務者についてその規模等にかかわらず，より公平に扱えるようにリーガン（Donald Thomas Regan）財務長官に要請していることを述べている。
　ロ　財務省報告の概要
　米国財務省は，1984年1月のレーガン大統領の一般教書演説に応えて，1984年11月に「公平，簡素，経済成長のための税制改革」という大統領の要望に対する財務省報告を公表した[6]。この財務省報告は，時系列的には，1984年法と同時期におけるものということができる。
　同財務省報告にあるリーガン財務長官の「まえがき」によれば[7]，1984年5月に内国歳入法典全体を抜本的かつ包括的に改革するようにという大統領の指示があり，これに従って財務省が行った作業であることが記されている。その背景には，当時の米国税法が，簡素化と改革を必要とするほど，複雑，不公平で，貯蓄，投資及び経済成長を妨害しているという認識があったのである[8]。
　財務省が検討案としたのは，① 完全な均一税率（a pure flat tax），② 修正均一税率（a modified flat tax），③ 支出税（a tax on income that is consumed），④ 付加価値税及び小売税を含む一般売上税（a general sales tax）であり，その目的は，① 限度税率の引き下げ，② 経済に対する中立性，③ 簡素化，④ 現行と同じ歳入レベルの確保，⑤ 家族間における公平，⑥ すべての所得に対する均一な取扱い，⑦ 所得階層別の現行税負担の維持，⑧ 経済成長の促進，である。結果

として，これらの多面的な目的遂行に当たり，財務省は，修正均一税率を選択したのである[9]。この修正均一税率とは，税率の累進構造を緩和して，税率のフラット化を図るというものである。したがって，税収を減らすことなく税率を引き下げるためには，課税ベースの拡大を図ったのである。

ハ　財務省報告における主要項目

財務省報告の多くが個人所得税に関する事項であることから，個人所得税に関する事項としては，14段階にあった税率（最高税率50％を15％，25％，35％）を3段階に改正し，人的控除額の引き上げ，課税ベースの拡大等に関する提言がなされた。

法人税については，法人からの配当に対する二重課税が法人への投資を不利にしていると指摘している[10]。また，法人税率について，1984年当時は，15％から46％の税率であったが[11]，財務省提案における法人税率は33％の単一税率である。

投資税額控除及びACRSについて，インフレーションが鎮静化した状態で，この制度が設備産業に有利で，高技術産業が不利になっており，これらの制度について，新規の企業，急速に成長した企業及び経営難にある企業は，その恩典を十分に享受できないとしている。このような税の恩典の前倒しは，タックスシェルターの増加を招くことになることを指摘している。なお，ここにいうタックスシェルターは濫用型であり[12]，内国歳入庁は税務執行面において現在でも困難に直面しているものである。

財務省提案では，投資税額控除の廃止，償却資産の償却額に対する物価指数による調整，税務上の減価償却費を経済上の減価償却に近づけること等が提案されている[13]。

4. 大統領提案

(1) 大統領提案の概要

1984年11月の財務省提案に続いて，米国議会に対する大統領提案[14]が1985

年5月29日に公表された[15]。両者の比較については，前者が急進的で理想主義的な内容であり，ほとんどの租税優遇措置の廃止を検討したのに対して，後者では，租税優遇措置の廃止について改革の程度が弱められている[16]。

米国における税制関連法案は，下院歳入委員会（Ways and Means Committee），下院本会議，上院財政委員会（Finance Committee），上院本会議，大統領の署名という手続を要して公法となるのである。したがって，大統領提案は，議会に対する政府の提案であり，これが議会で審議されたのではなく，議会の下院歳入委員会が，1986年法法案（H. R. 3838）を提案したのは，1985年12月3日である。

(2) 1986年適用法，財務省提案，大統領提案の比較

以下の表1は，標記の3者の主要な点についてまとめたものである[17]。なお，1986年適用法とは，1986年法ではなく，同改正前の1986年当時適用されていた旧法である。

［表1］

項　　目	1986年適用法（1986年当時適用の旧法）	財務省提案	大統領提案
個人所得税率	11％から50％までの14段階（インフレ調整有）	15，25，35％の3段階（インフレ調整有）	同左（インフレ調整有）
定額所得控除（Zero bracket amount）夫婦合算	3,670ドル（インフレ調整有）	3,800ドル（インフレ調整有）	4,000ドル（インフレ調整有）
法人税率	最高税率46％までの累進税率	33％の均一税率	最高税率33％までの累進税率
パートナーシップの損失	パートナーに配分	パートナーへの配分不可	通算対象の損失額を出資の簿価額に制限

配当の二重課税の排除	単独申告は100ドル，共同申告200ドルの控除	支払配当の50％控除	支払配当の10％控除
減価償却	ACRS	経済的減価償却	ACRSの修正
投資税額控除	6～10％	廃止	廃止
譲渡収益	60％控除	通常所得とした課税	50％控除
後入先出法の一致要請	有	無	無
貸倒引当金の繰入額	有	無	無

　財務省提案から大統領提案までの期間は約6カ月であるが，大統領提案では財務省提案とは異なる項目が多くあることも事実である。しかし，両者の目的は同じであり，当時の税制（前記の1986年適用法）が複雑であり，不公平な税負担になっているという認識は共有されていた。財務省提案が理論的側面を強調した内容であるのに対して，大統領提案は，財務省提案の急進的内容を緩和している。

(3)　ACRSの修正

　ACRSは，1981年法により創設された制度であるが，ACRSに基づく計算は，実際の耐用年数よりも短くなっている。したがって，1970年代のように恒常的なインフレーション下で，償却資産の取得価額の償却では償却資産の時価が上昇して，資産の買い替えができなくなることから，設備の実体的な維持は難しくなる。しかし，インフレーションが鎮静化すれば，その必要はなくなるということである。

　租税政策或いは歳入という観点からみれば，ACRSが投資税額控除と連携して経済成長を促進する効果を持ったという長所の反面，ACRSは歳入を減らし，また，償却資産の短い回収期間を利用したタックスシェルターの増加を招くという短所もあったのである。

さらに，ACRS は，回収期間を 4 つに分けて単純化すると共に，従前の税法上の耐用年数を大幅に短縮したのである。その結果，従前の償却資産の耐用年数は，実際の供用期間を基礎としてきたのであるが，ACRS は，償却資産の耐用年数の実態（Economic Depreciation）とかけ離れたことになる[18]。

(4) 新方式の提案

大統領提案における資本原価回収法（Capital Cost Recovery System：以下「CCRS」という。）は ACRS を修正した方式であるが，ACRS の持つ原価回収計算という特徴を無くすものではなかった。

CCRS において改善された点は次の通りである[19]。

① 回収計算が物価指数調整後の原価を対象としている。
② CCRS は，償却資産の経済的実態を基礎として，償却資産に対して新しい回収期間を割当てている。
③ CCRS は，回収期間により有利不利がないような償却期間等を規定した。

ACRS が 5 つの回収期間の区分であったのに対して，CCRS は，6 つの区分で，定率法の償却率が適用されている。なお，CCRS における回収期間は，償却資産の実際の耐用年数の見積りではない[20]。

(5) CCRS の効果

大統領提案は，個人所得税及び法人税率の引き下げ，投資税額控除の廃止等を行いつつ，税率の引き下げが経済成長に対して効果を持つとする一方，CCRS が新しい償却資産に対する投資を刺激するとしている[21]。CCRS の規定されている償却率及び回収期間は，実際の耐用年数よりも短くなっている。

CCRS は，行き過ぎた ACRS における区分或いは回収期間を是正して，税収の増加を期しているのであるが，償却資産間における不合理な歪みを是正したことで，償却資産に対する投資の中立性を維持したといえるのである[22]。また，CCRS は，資産の耐用年数とかけ離れた ACRS における回収期間をその資産の耐用年数の実態に近づけたといえるのである。

5. 1986年法の概要

1986年法案（H. R. 3838）は，下院の歳入委員会の1985年12月3日における審議入りから，1986年10月22日の大統領の署名まで約1年を要して成立したことになる。

最初に，1986年法の概要として，個人所得税と法人税関係の2項目に限って改正された項目を列挙してその内容を簡記する[23]。

(1) 個人所得税

個人所得税に関連する主たる改正事項は次の通りである。

① 1987年における所得税率は11％から38.5％まで5段階，1988年以降は，15％と28％の2段階である。

② 長期譲渡所得は60％が控除となる。

③ 1988年からゼロブラケットに代わって標準控除（standard deduction）が認められ，夫婦合算申告で標準控除額は3,760ドルである。

④ 配当控除の100ドル（合算申告は200ドル）は1987年以降廃止された。

⑤ 項目別控除（itemized deductions）において，1987年以降，州及び市町村の売上税の控除が廃止された。

⑥ 支払利子控除のうち，主たる住居及び第2の住居に係る担保の利子は控除できるが，それ以外の利子の控除を認めないこととなった。

⑦ 1987年以降，所得平均法（Income Averaging）が廃止された。

(2) 法人税

法人税に関連する主たる改正事項は次の通りである。

① 1987年7月1日以降，法人税率の最高税率46％から34％に引き下げられた。

② 代替ミニマム税は20％の税率である。

③ 1987年以降，受取配当に係る控除の限度は85％から80％に改正された。
④ 事業活動に関連する交際費は，改正前では全額損金算入できたが，1987年1月以降，原則として，80％相当額が損金算入されることになった。

(3) 減価償却と投資税額控除等

1980年後に事業の用に供した有形償却資産に適用されていたACRSは，1986年法により修正された（Modified Accelerated Cost Recovery System：以下「MACRS」という。）。

MACRSにおける償却資産の分類では，3年，5年，7年，10年は200％定率償却資産，15年及び20年は150％定率償却資産である。居住用の賃貸住宅は27.5年定額償却資産，居住用以外の住宅は31.5年定額償却資産となった。

投資税額控除は原則とした廃止された。また，試験研究費に係る税額控除は，1986年から1989年の3年間に限り延長されたが，控除額は増加額の25％から20％に減額された。

(4) 税収との関連

1986年法は1987財政年度から1991財政年度までの間の税収見積りを明らかにしている。1986年法は，個人所得税及び法人税の税率を大幅に引き下げているが，租税上の優遇措置の廃止等により，税収の減少を伴う改正ではない。このことは1986年法が1981年法と異なる点である。表2は，1987財政年度から1991財政年度までの税収見積りである[24]。

[表2]　　　　　　　　　　　　　　　　　　　　　　　（単位：百万ドル）

財政年度	個人所得税	法人税	その他	総　計
1987	△ 13,950	25,310	178	11,538
1988	△ 41,048	23,941	402	△ 16,705
1989	△ 37,877	22,464	285	△ 15,128
1990	△ 15,610	23,398	260	8,048
1991	△ 13,462	25,187	265	11,990

| 1987-1991（総計） | △ 121,947 | 120,300 | 1,390 | △ 257 |

上記期間における個人所得税の税率引き下げ等による税収減は2,805億ドルであり，法人税の税率引き下げ等による税収減は1,088億ドルである。しかし，同期間における減価償却関連の税収増は1,535億ドル，タックスシェルターによる支払利子制限等による増収が528億ドル，税務会計処理に関する改正による増収が658億ドル等あり，これらを税目別に集計したものが表2となる。

この結果から判断すれば，個人及び法人において，税率の引き下げの効果を享受するのは，増税項目である償却資産がなく，タックスシェルターに関連せず，税務会計処理に係る改正関係しない者ということになる。

6. 1986年の改正理由

1986年法は，それ以前の税制が不公平で，過度に複雑であったという認識に立って，より公平で，効率的で，簡素な税体系を目指したものであるが[25]，その基本的な姿勢は1984年財務省報告，1985年大統領提案と同じものがあるといえる。

(1) 公　平

高所得者層はタックスシェルター等による租税回避を図り，より低所得階層の者よりも納税額が少ないという現実があった。1986年法では，その対策として消極的活動（passive activity）[26]からの損失は，同活動から生じた所得の範囲内でのみ控除できることとし，ミニマム税の課税により高額所得者の税制上の特典の利用を制限する等の改正を行った。

この原因として考えられることは，1970年代において続いたインフレーションにより，名目所得が増加して税率の改正がないにもかかわらず，適用される所得税率の階層が上がるというブラケットクリープが起こったこと，また，1981年法により資産の償却を大幅に短縮化したことによるタックスシェルタ

一の増加,各種の税法上の恩典を利用して納税額を減らす高額所得者及び大規模企業の存在である。この税制改正における主たる目的は,同一所得の個人が同一の税負担をすることである[27]。

(2) 効率化

この効率化の意味は,個人所得税及び法人税の税率を引き下げ,税制上の特典を廃止したことで,税制上の選択肢の幅が減り,投資或いは税引後の所得が増加することであった。

投資税額控除は廃止となったが,投資に対しては,税率の引き下げとACRSにより刺激されることになった[28]。

1986年法における法人税率の引き下げに伴い,従前では課税にならなかった法人から含み益のある資産の株主への分配は法人段階で課税しないというゼネラル・ユーティリティーズ原則 (General Utilities Rule)[29]が廃止された。

(3) 簡素化

簡素化の対象は,主として個人所得税の分野である。1986年法は,従前には14段階あった税率を1988年以降15%と28%の2段階に改正した。これにより,個人所得税の納税義務者の約80%は,税額なし又は15%の税率の適用となった[30]。また,項目別控除の選択者が減少していたことから,標準控除額の増額と人的控除の改正を行っている。これにより,項目別控除を選択する者は,納税義務者の約4分の1に減少することが予測された[31]。

7. 減価償却に係る改正の経緯

減価償却に係る改正は,個人及び法人の事業による所得に影響する事項であるが,資産の規模等から法人税に与える影響が大きかったのである。主として,減価償却及び投資税額控除の影響であるが,1987年から1991年までの期間で,個人は約284億ドルの増税,法人は約1,250億ドルの増税効果となって

いる[32]。

(1) 1981年法以降のACRSの動向

ACRSは，1981年法により創設された制度であり，1981年法では，償却資産の回収期間を3年，5年，10年，15年に区分して計算することになった。この制度は，1984年法等においてその一部が改正されたが，前出の1984年の財務省提案では，投資税額控除の廃止，償却資産の償却額を物価指数で調整し，税務上の減価償却費を経済上の減価償却に近づけることが提案され，さらに，1985年の大統領提案では，ACRSを修正したCCRSという方式が提案されたのである。

1986年法により改正されたACRSであるMACRS（修正ACRS）により，1986年法改正後において，償却資産は取得年度により次のように区分されて処理されたのである。

① 1980年12月31日以前に取得した資産：合理的な耐用年数或いはADR
（1971年から1980年の間に取得した資産に適用）
② 1981年1月以降1986年12月末までに取得した資産：ACRS
③ 1987年1月以降に取得した資産：MACRS

(2) 償却期間に関する下院案[33]

下院案は，ACRSに代えて，インセンティブ減価償却制度（Incentive Depreciation System）を提唱した。この制度では，償却資産は，ADRの標準耐用年数（midpoint lives）[34]に従って10区分され，3年から30年の区分については200%定率法が適用され，30年超の資産については基本的に定額法が適用となる。

(3) 償却期間に関する上院案[35]

上院案は，ACRSの修正を次のように提案した。
① ACRSの区分ごとに償却方法を規定
② 定額法が適用となる別の3年区分を創設

③ ADRの標準耐用年数を基礎として資産の再区分
④ ACRSの5年から10年区分の資産に対して200％定率法の適用
⑤ 居住用賃貸住宅に対しては27.5年，他の不動産については31.5年の回収期間を設定し，定額法の適用

(4) 償却期間に関する合意案[36]
償却期間は，次のように合意された。
① 3年，5年，7年，10年の償却資産は，200％定率法（double declining balance method）により償却
② 15年及び20年の償却資産は，150％定率法により償却
③ 不動産は，27.5年或いは31.5年の償却となり，定額法が適用となる。
償却資産の償却期間別の区分は次の8通りである。
① 3年償却資産：ADRの標準耐用年数が4年以下の動産（乗用車と軽トラックを除く）。
② 5年償却資産：ADRの標準耐用年数が4年超10年未満の動産で，乗用車，軽トラック，コンピュータ等の適格な技術用設備等を含む。
③ 7年償却資産：ADRの標準耐用年数が10年以上16年未満の動産等と償却期間が定められていない動産。
④ 10年償却資産：ADRの標準耐用年数が16年以上20年未満の動産。
⑤ 15年償却資産：ADRの標準耐用年数が20年以上25年未満の動産で，自治体の汚水処理施設等。
⑥ 20年償却資産：ADRの標準耐用年数が25年超の動産。ADRの標準耐用年数が27.5年の不動産を除く。
⑦ 27.5年償却資産：賃貸用住宅
⑧ 31.5年償却資産：非居住用住宅

8. MACRS の概要

(1) ACRS の修正

ACRS の修正事項は次の通りである[37]。

第1は，償却期間別に償却方法が規定されたことである。

第2は，ADR の標準耐用年数を基礎として資産の償却期間が再分類され，7年，20年，27.5年及び31.5年の区分が新設された。

第3は，不動産について定額法が適用となった。

第4は，ACRS が法定償却率を定められていたのに対して，MACRS にはそのような規定がない。

(2) MACRS の適用とならない資産

償却資産から除かれている資産は次の通りである[38]。

① 生産高比例法等の規定のない償却方法が選択された資産
② 標準会計基準を適用していない公共用設備
③ 映画フィルムとビデオテープ
④ 音声を記録したディスク等
⑤ 特許権，著作権，商標等の無形固定資産

(3) MACRS の特徴

MACRS の適用において留意すべき主たる改正点は次の通りである[39]。

① MACRS の償却対象となる金額は，償却資産の取得価額全額である。
② 期中に取得又は処分した償却資産（居住用賃貸住宅及び非居住用住宅を除く。）は，期央に取得又は処分したとみなす半年基準（half-year-convention）が適用され，年間償却額の 50％ が償却費となる。なお，期末に償却資産を購入して半年基準を濫用することを防止するために，償却資産の 40％ 超が期末前3カ月以内に事業の用に供された場合，当該資産は，取得した

日の属する4半期の中間において取得したものとみなされる（mid-quarter convention）。
③ 居住用賃貸住宅及び非居住用住宅の取引には，中間日基準（mid-month convention）が適用となる。この基準では，取引日を含む月の償却費の50％が当該月の償却費となる。
④ 代替する償却方法として，定額法を選択できるが，1度選択するとこれを変更することはできない。
⑤ 代替償却方法が強制される資産としては，米国国外で使用される資産，免税団体等に貸付けられる動産（非居住用不動産を除く。），非課税債券で調達した資金で購入した資産，貿易制限のある国からの輸入した資産，すでに代替償却方法が適用されている資産がある。

9．割賦販売（Installment Sales）に係る税務上の取扱い

　1986年法は，税務会計関連事項（Tax Accounting Provisions）として，割賦販売，統一資産化規定（Uniform capitalization rules），長期請負工事，小規模企業に対する簡素化，ドル価値後入先出法の改正，貸倒引当金，現金主義適用の制限，債務免除益に係る改正，パートナーシップ及びS法人等の事業年度等の改正を行っている。このうち，統一資産化規定とは，改正前には原価計算において間接費として費用化していたもの（例えば，事業目的或いは販売目的の不動産に係る建設期間中に生じた支払利子等）が，1986年法により資産化を強制されたのである。
　本章は，ここまで減価償却に関連する事項を中心として検討してきたが，それ以外の領域における企業会計と税務会計との接点という点では，割賦販売に関する処理もその一例といえる[40]。現行の内国歳入法典（2012年）では第453条等にその規定はあるが，どのような沿革を経て現在に至ったのかを以下で述べる。

(1) 1921年歳入法第202条(f)

1921年歳入法は，1921年11月23日に成立し，1922年1月1日から施行されている。同法第202条(f)に割賦販売に係る規定が創設された。

第202条の見出しは，「損益認識の基準」であり，同条(f)は，回収基準により収益を認識することを規定している。

(2) 1928年歳入法第44条

同法は，1928年5月29日に成立して，1928年1月1日から施行されている。同法第44条に独立した条文として「割賦基準」に係る規定があり，財務省規則74にその処理に係る規定がある。

1928年歳入法第44条(a)の規定によれば，割賦販売業者（経常的に割賦契約により商品販売を行っている者）は，売上総利益に，その課税年度における受取金額に対する契約価額の割合を乗じた金額を所得として申告することができる，としている[41]。

そして，財務省規則74にその処理に係る規定は次の通りとなる[42]。

販売業者は，現金販売，信用販売或いは割賦販売のいずれかの方法を採用するのであるが，売掛債権の回収が不能になることから販売業者を保護するために，次の4つの方法のいずれかを適用することが認められたのである。

① 買手が取引におけるその責任を完全に果たすまで，権原は売手に残るという契約によること。
② 売却価額の未払部分についての抵当権は残ることを条件として，契約上，権原は買手に移転する契約によること。
③ 買手に権原が移転すると同時に，売り手に動産抵当権を引き渡すこと。
④ 契約の未履行分を受託者に引き渡し，かつ，その規定に従うこと。

この上記の規定は，1939年内国歳入法典第44条にも引き継がれている。

(3) 1954年内国歳入法典第453条

1939年内国歳入法典第44条の規定は，1954年内国歳入法典第453条に移行

している。1954年内国歳入法典第453条に係る財務省規則（§1.453-1）に具体的な内容が規定されている。

(4) 歳入規則67-147

割賦販売業者は，企業会計と税務会計の双方において割賦基準を適用している場合が通常であるが，企業会計において販売基準を採用し，税務会計では割賦基準を採用することを望んだ場合の処理について，歳入規則67-147が規定している。

歳入手続67-147は，結論として，企業会計と税務会計の基準が異なったとしても，その処理が認められるとしている。ただし，納税義務者は，両者の差額調整を記録した恒久的補助簿を保持することが要件となっている。

(5) 1986年法による規制

1986年法における割賦販売に係る規制は，3項目である[43]。

第1は，リボルビング販売に対する割賦基準の適用が禁止された[44]。第2は，上場株式等の販売に対する割賦基準の不適用である。第3は，割賦販売業者による割賦販売，販売用不動産の割賦販売，15万ドルを超える販売価格となる事業用不動産の割賦販売については，課税繰延べが認められないことになった。

10. MACRSの検討

1981年法では，ADRにより規定された耐用年数を短縮する加速償却と償却資産の回収期間別区分の簡素化が行われたのであるが，最も特徴となる事項は，資産の経済的な耐用年数を無視して，投下した原価の回収計算を行ったことである。1981年法における原価回収計算は，耐用年数を回収期間，償却率を回収率と表記する等の改正を行ったのである。

1981年法以前でも，企業会計における減価償却費計算と税務会計上の減価

償却費計算が同じであったとはいえない。1971年以降に取得した資産に適用されるADRは，耐用年数のガイドラインの整備としての役割だけではなく，税務会計計算における減価償却計算の総合的な改正である[45]。

したがって，税務会計における減価償却費計算は，企業会計における適正な期間損益計算のための費用配分という考え方に基づいていたとはいえないが，償却資産をその事業の用に供した期間で損金として処理するという点では，両者は多くの点で類似していたのである。ただし，税務上の耐用年数は，必ずしも，その資産の実際の使用可能な期間と一致していなかったことも事実である。

1981年法から1986年法における変遷の過程において，1981年法において確立した償却資産の加速償却と原価回収計算の特徴は連綿と継続していたことが本章における検討においても明らかになった。

税務会計上の減価償却費計算は，ADR以前の期間，それ以前の問題点を解消するためのADRへの改正，経済成長等を目的としてACRSの創設，ACRSにおける欠陥を補正したMACRSへの改正と，企業会計とは別の理由により変遷したのである。

1) Joint Committee on Taxation, General Explanation of the Revenue Provisions of the Deficit Reduction Act of 1984, December, 31, 1984, JCS-41-84, p. 4. なお，H. R. 2568はP. L. 98-611，H. R. 5361はP. L. 98-612になっている。
2) Ibid., p. 5. なお，タックスシェルターについては，米国内国歳入庁は，濫用型タックスシェルター（abusive tax shelter）を規制の対象としているが，この濫用型タックスシェルターのプロモーター等に対する規制については，歳入手続83-78等が発遣されている。また，議会の予算局（Congressional Budget Office）による財政赤字の推計では，1983財政年度で1,950億ドル，1989年には3,260億ドルになると予測している（Ibid., p. 5）。
3) 1981年経済再建法におけるACRS（加速原価回収法）では，減価償却という用語ではなく原価回収計算という用語が使用されているが，Joint Committee on Taxationの資料（前記注1）では，減価償却（depreciation）という用語が使用されているので，本書でもこの用語を使用する。
4) この改正は，内国歳入法典第168条，赤字削減法第111条（Joint Committee on

Taxation, op. cit., pp. 325-332) の規定である。
5) Tax Reform Act という名称は，1986 年法以外で使用されているが，現在では，TRA という略称は 1986 年法を指すことが一般的となっている。
6) 財務省報告の概要は次の通りである。
   ① 正式名称：Office of the Secretary Department of the Treasury, Tax Reform for Fairness, Simplicity, and Economic Growth, The Treasury Department Report to the President.
   ② 公表日：第 1 分冊の公表は 1984 年 11 月 27 日，第 2 分冊及び第 3 分冊の公表は同年 12 月 3 日である。
   ③ 報告書の体裁：全 3 分冊で，第 1 分冊は概要（Overview），第 2 分冊は財務省提案の解説（General Explanations of the Treasury Department Proposals），第 3 分冊は付加価値税（Value-Added Tax）である。
   ④ 翻訳書：『公平・簡素及び経済成長のための"税制改革"―レーガン大統領に対する財務省報告』編：アメリカ財務省 訳：塩崎潤 出版社：（有）今日社 1985 年。
7) Ibid., p. iii.
8) Ibid., p. vii.
9) Ibid., p. iv.
10) Ibid., p. xii. 財務省提案では，配当に係る二重課税を他の先進諸国と同様に部分的に救済するように提言している。
11) 5 段階の税率であるが，100 万ドル超 140 万 5 千ドル以下については，100 万ドル超の部分に 5％或いは 2 万 250 ドルのいずれか小さな額という付加税の課税があった。
12) 濫用型タックスシェルター（abusive tax shelter）という用語は，内国歳入庁がその使用を始めたもので，事業体等が税負担の減免のみを目的とした取引等を行うことを意味している。
13) Office of the Secretary Department of the Treasury, op. cit., p. xiii.
14) 大統領提案の正式名称は，The White House, The President's Tax Proposals to the Congress for Fairness, Growth, and Simplicity, May, 1985. この資料としては，1985 TAX REFORM, President's Tax Proposals to the Congress for Fairness, Growth, and Simplicity, May, 29, 1985, CCH を使用した。
15) 当時米国の財務長官は，ジェームズ・アディソン・ベーカー（James Addison Baker）である。なおその任期は，1985 年 2 月 4 日から 1988 年 4 月 17 日である。
16) 渋谷博史『20 世紀アメリカ財政史［Ⅲ］』東京大学出版会 2005 年 6 月 50-51 頁。
17) 1985 TAX REFORM, pp. 26-30.

18) Ibid., pp. 134-135.
19) Ibid., p. 138.
20) Ibid., p. 138.
21) Ibid., p. 148.
22) Ibid., p. 149.
23) CCH (ed.), Explanation of Tax Reform Act of 1986. CCH, October, 1986, pp. 5-11.
24) Joint Committee on Taxation, General Explanation of the Tax Reform Act of 1986, May, 4, 1986, JCS-10-87, pp. 1354-1358.
25) Ibid., p. 6. なお，国際税務における外国税額控除の分野においても，1986年法は，控除限度額を所得の種類ごとに区分するバスケット方式を採用している。これについては，拙稿「外国税額控除の一考察」『税務大学校論叢』18巻（1987年）参照。
26) 消極的活動（passive activity）は，事業活動或いは役務提供という積極的な活動と対比されるもので，投資家等が積極的に自ら活動しない行為をいい，積極的活動から生じる所得を積極所得（active income），消極的活動から生じる所得を消極所得（passive income）という。タックスシェルター対策として，消極的活動からの損失（passive activity losses）の控除が制限されたのである。
27) Joint Committee on Taxation, General Explanation of the Tax Reform Act of 1986, May, 4, 1986, JCS-10-87, p. 7.
28) Ibid., p. 10.
29) この原則は，1935年の最高裁判決（General Utilities & Operating Co. v. Helvering : 296 U. S. 200）により確立されたものである。この事案は，第1審が原告の訴えが認められたが，高裁で逆転し，最高裁は，第1審の判決を支持したのである。事案の概要は，1927年1月にデラウエア法人のGeneral Utilities社（以下「GU社」という。）が，Islands Edison社（以下「I社」という。）の公開普通株式の50%である無額面株式20,000株を2,000ドルで購入した。なお，残りの50%はGillet社（以下「G社」という。）が所有している。1928年1月に，Southern Cities Utilities社（以下「S社」という。）の代表のウェットストーン（Whetstone）は，I社がその株式を所有しているSanto Domingo社の支配権獲得のために，GU社所有のI社株式のすべての取得を目論んだのである。1928年2月に，S社代表は，GU社とG社にI社株式の買収を打診し両社はこれを承諾した（契約書の作成なし）。しかし，GU社は，株式をS社に譲渡すると法人段階の課税が生じ，その株式売却代金を配当すると株主段階で課税が生じるという専門家からの助言を得た。GU社が当該株式の譲渡を検討した役員会を開始した1928年3月22日の時点で，I社株式の時価は1,122,500ドル（1株当たり56.125ドル：I社の純財産2,245,000ドルを40,000株で除した金額）であった。GU社は，I社株式の評価益を剰余金として帳簿に記

帳し，それを原資として19,090株を配当し910株を手許に残したのである。GU社は，株主に対してI社株式による配当を行い，株主がその株式をS社に譲渡することとなった。課税当局は，I社株式の評価益は株式配当の時点で実現した所得であるとして，19,090株の時価（1株当たり56.125ドル）から取得価額を差し引いた金額を所得として課税したのである。最高裁は，高裁の判決を破棄して，法人による株主に対する含み益のある資産の分配について法人に課税が生じないという判決を下したのである。これがゼネラル・ユーティリティーズ原則といわれるものである。しかし，この原則が1986年法により廃止されたことにより，米国の連結納税制度では新たな租税回避が生じたことが述べられている（井上久彌『企業集団税制の研究』中央経済社，1996年，231-242頁）。

30) Joint Committee on Taxation, General Explanation of the Tax Reform Act of 1986, May, 4, 1986, JCS-10-87, p. 11.
31) Ibid., p. 11.
32) Ibid., p. 1354.
33) Tax Reform Act of 1986, Conference Report to accompany H. R. 3838, Vol. II, p. 38.
34) ADR制度では，資産の耐用年数の上限と下限の年数の他に，その中間点である標準耐用年数が定められている（Revenue Procedure 83-35）。
35) Tax Reform Act of 1986, Conference Report to accompany H. R. 3838, Vol. II, pp. 38-39.
36) Ibid., pp. 39-40.
37) CCH (ed.), Explanation of Tax Reform Act of 1986, pp. 303-304.
38) Ibid., pp. 304-305.
39) Ibid., pp. 309-310.
40) 割賦基準とは，その賦払日が到来した部分について売上利益を計上する基準である。会計上の処理の方法としては，①賦払日ごとにその受取額を売上として計上する方法（回収基準）と，②商品引渡時に売上を計上する方法（販売基準）がある。前者①の場合，期末に売上の未計上部分の商品原価の棚卸が必要となり，後者②の場合，期末に賦払日未到来部分に対応する利益の調整が必要となる。
41) 例えば，販売金額が100であり，その期の受取額が30であるとすると，当該売上に係る総利益の30％が所得となる。
42) U. S. Treasury Department, Bureau of Internal Revenue, Regulations 74 relating to the Income Tax under the Revenue Act of 1928, December, 1, 1931, Art. 351.
43) CCH, Explanation of Tax Reform Act of 1986, October, 1986, p. 445.
44) リボルビング方式とは，クレジット会社の発行したクレジットカード等により商品を購入し，その代金の合計額をあらかじめ定められた時期及び方法によりクレジット会社に支払う方式をいう。

45) 拙稿「現代米国税務会計史(2)」『商学論纂』第 52 巻第 3・4 号, 2011 年 3 月。

第 5 章

ミニマム税

1. 検討対象

　本章は，わが国と米国税制の相違点の1つであるミニマム・タックス（minimum tax：以下「ミニマム税」という。）を検討対象とする。

　米国のミニマム税の創設は，1969年であり[1]，その創設時において，同税は，通常の個人所得税額或いは法人税額に別枠の税額として加算されることから税額加算型ミニマム税（add-on minimum tax）といわれた。

　その後，ミニマム税は幾多の変遷を経て，1978年歳入法（The Revenue Act of 1978）において，代替型ミニマム税（Alternative Minimum Tax：以下「AMT」という。）が個人に対して導入され，1986年税制改正によりその範囲が法人に拡大する等の改正を経て現在に至っている。また，AMTは，1986年以降，カナダにおいても施行されている。米国，カナダ以外としては，インド，台湾に同税制がある[2]。

　米国がミニマム税を創設した理由として，同税は，租税優遇措置（tax preference items）の適用（タックスシェルター等としての利用）により生じる不公平の除去と[3]，課税所得の減少に伴う税収減を補う機能を持つからである。

　本章がミニマム税を対象とした理由は，ミニマム税の変遷のうち，1987年から1989年までの3年間，企業利益をベースとして租税優遇措置を利用した金額等により修正してミニマム税を課税したことがあるからである。この方式は，3年間で廃止されて現行の方式に変更されているが，その改正の理由を検討する必要がある。それは，次に述べるような事情があるからである。

すなわち，米国とカナダは，わが国の法人税制のように企業利益から課税所得を誘導する方式（以下「統合型」という。）とは異なり，税務会計（課税所得計算）と企業会計が分離した方式（以下「分離型」という。）を採用している。国際会計基準（IFRS）の強制適用が近い現在，わが国の法人税制が統合型から分離型に改正される可能性もある。

仮に，わが国の法人税制が分離型に移行することとなった場合，法人は，企業会計では財務諸表上の当期利益の極大化を志向し，課税所得については極小化を図ることになる可能性もある。このような状況下において，ミニマム税の持つ機能が，税収を増加させるための措置であるのか，或いは，分離型の欠陥を補完する装置なのか，という視点から，本章は，米国のミニマム税を再検討するものである。言い換えれば，仮に，わが国の法人税制が分離型に改正された場合，ミニマム税或いはこれに類する税制をある種の補完税制として導入する必要があるのかということである。

また，前述とは異なる視点になるが，米国は，1986年の税制改革法（Tax Reform Act of 1986：以下「1986年法」という。）では，従前の法人税最高税率46%を34%に改正し，租税優遇措置をできる限り廃止して課税ベースの拡大を図ったのであるが，ミニマム税は廃止されず，法人に対してAMTが適用されることになった。今後，日本において，法人税率引き下げが浮上するにつれて，租税特別措置等の改廃との関連でミニマム税の論議が必要になるのではないかと考えている。

2．ミニマム税の創設（1969年）

1969年12月30日に成立した1969年税制改革法（Tax Reform Act of 1969：以下「1969年法」という。）は，1969年に新しく就任したニクソン大統領の下で制定された改正税法であり，当時の米国財政が，ベトナム戦争による軍需支出の重い負担を負っていた時期である[4]。

(1) 下 院 案

1969年法に関する下院における法案 (H. R. 13270) の概要は次の通りである[5]。

下院案の特徴は、ミニマム税の対象が、個人、遺産財団 (estate) 及び信託に限定されている。そして、ミニマム税導入の理由としては、個人の取得する所得の種類により、税負担が異なることを是正することがその趣旨である[6]。例えば、役務提供所得の場合は、免税等の措置がないので税負担が重く、免税利子所得の取得、譲渡所得の非課税控除額の適用、加速償却分を経費とできる場合等では税負担が軽くなる。このように、租税優遇措置の有無により、税負担に相違があり納税義務者間で不平等となっていた。

個人に対するミニマム税の課税方法は、総所得から各種の調整項目を控除した調整総所得 (adjusted gross income：以下「AGI」という。) に租税優遇措置を加えた金額 (租税優遇措置がないとした場合の調整総所得) の50％を上限とするのである。これは、租税優遇措置の合計額は租税優遇措置がない場合の調整総所得の50％を超えることがなければ、その租税優遇措置による控除等は認められるということである。また、租税優遇措置の合計が10,000ドルを超えない場合はミニマム税の適用はないことになる。

具体的な例によると、50,000ドルの給与所得と150,000ドルの租税優遇措置 (免税等) がある納税義務者がいるとする[7]。ミニマム税の規定がなければ、当該納税義務者は、50,000ドルの所得について課税を受けるだけである。ミニマム税の適用を受ける場合は、合計200,000ドルの50％である100,000ドルが課税対象となる。

ミニマム税の課税対象となる租税優遇措置には次の項目が含まれている。
① 地方債の免税利子
② 長期譲渡所得の純額の2分の1相当額 (所得から除かれた部分に相当する金額)
③ 寄付金控除の対象となった寄付した財産の価値の増額分で所得に含まれていない金額

④　定額法に基づく減価償却費の額を超える減価償却費の額
　⑤　農業所得の純損失額

　この改正の施行日は，1969年12月31日後に開始となる課税年度から適用となり，税収増の見込額は，初年度（1970年）が4,000万ドル，平年度において8,500万ドルである。

(2) 上　院　案

　前述の下院案は上院に送られて一部修正されている。上院の財政委員会のミニマム税に関する報告の概要は次の通りである[8]。

　上院案は，下院案と異なり，法人もミニマム税の対象に含めていることである。法人は，個人と同様に，長期譲渡所得，加速償却等の租税優遇措置を受けていることから同税の対象に加えられたのである。

　また，上院案は，ミニマム税の計算方法を改正し，租税優遇措置を受けた合計金額から30,000ドルを控除し，その残額に5％の比例税率（下院案は累進税率）を乗じて税額を算定し，この税額は，通常の個人所得税或いは法人税に加算されることになる。さらに，上院案は，簡素であると共に，人的控除の金額を課税所得と租税優遇措置所得（非課税所得）に配分するという下院案の欠陥を解消したものである。

　ミニマム税の課税対象となる租税優遇措置について，上院案は下院案と大きく異なり，次の項目が含まれている。
　①　投資所得（利子，配当，賃貸収入，使用料，投資目的の資産の譲渡所得等）に係る超過利子
　②　リースの動産に係る加速償却額
　③　不動産に係る加速償却額
　④　改良費の償却費で定額法に基づく償却費を超過する部分
　⑤　所定の汚染防止設備の償却費で加速償却費を超える部分
　⑥　鉄道車両の償却費で加速償却を超える部分
　⑦　適格ストックオプション等において，オプション行使時に株式時価がオ

プション価格を超過する部分
⑧　金融機関の貸倒引当金控除差額（法定繰入率による引当額－実績繰入率による引当額）
⑨　減耗償却と開発費等
⑩　譲渡所得（法人の場合は，1971年以降，30％の軽減税率が長期譲渡所得に適用され，法人の基本税率48％であることから，法人の長期譲渡所得の8分の3が課税なしということになる。）

　上記のうち，③，⑨及び⑩は，下院案と同様であるが，それ以外は新規の項目である。

　ミニマム税は，米国国内源泉所得に対してのみ課税となるのが原則であるが，ストックオプションと譲渡所得が国外源泉所得である場合で，所得源泉地国がこれらの所得を課税しない場合或いはこれらの所得に軽減税率を適用する場合，ミニマム税の課税対象となる。上記に掲げたそれ以外の租税優遇措置は，米国国外源泉所得に帰属する部分のうち，米国国内源泉所得を減少させる国外損失に係る部分についてはミニマム税の対象となる[9]。

　外国税額控除との関連では，1969年当時の米国の同制度では，控除限度額に関して1960年以降一括控除方式と国別控除方式の選択適用が認められていた時期であるが[10]，租税優遇措置と国外損失は国別に算定される。

　上院案が法人にまで適用範囲を拡大したことについて，上院は，金融機関の貸倒引当金の控除差額（上記⑧）に対してもミニマム税が課されることになったことが法人まで拡大した理由の1つとしている。

　また逆に，下院案の租税優遇措置の項目として掲げられたもののうち，上院案に含まれなかったものが3項目ある。

　第1は，地方債の免税利子について，地方政府の財政状況等が厳しいことを受けて，地方債の利子に係る課税を強化することは，地方債による資金調達を難しくすることから上院案ではこれを除いたのである。

　第2は，下院案では寄付金控除の対象となった寄付した財産の価値の増額分で所得に含まれていない金額をミニマム税の対象金額としたのであるが，これ

に課税することは寄付の効果を減じることになるので，上院案はこれを除いている。

第3は，農業所得の損失である。これは農業に適用される特別な税制上の措置が廃止されたことにより，農業所得の損失を租税優遇措置とする意義が失われたからである。

税収への影響は，下院案よりも増収となり，初年度 (1970年) は，6億5,000万ドル，平年度は7億ドルと下院案より増加している。

(3) 1969年法

ミニマム税の控除額は30,000ドル又は通常税額であり，ミニマム税の税額は，それを超過する所定の租税優遇措置の金額に税率を乗じた額であるが，1969年法は，上院案の5%ではなく，10%になっている。したがって，税収予測では，上院案を上回ることになる。また，租税優遇措置の項目は，上院案と本法規定ではその規定の順序等が異なるが，ほぼ同一の内容である。なお，所定の租税優遇措置の金額と相殺されなかった通常税額（通常税額が所定の租税優遇措置の金額を超過した額）は，7年間繰越しとなる。

3. 1971年改正

ミニマム税が創設された1969年から，米国の景気は下降局面になったが，1970年末より上昇局面となり，1973年まで景気拡大傾向であった。

1971年歳入法（Revenue Act of 1971：以下「1971年法」という。）[11]により，租税優遇措置（内国歳入法典第57条第10項）が追加された。その規定の見出しは，「職業訓練及び児童保育設備の償却」で，この見出しに該当する設備の特別償却相当額（通常の減価償却額を超過する額）が租税優遇措置に該当することになった。

上記の他に，1971年法では，内国歳入法典第57条(b)の投資所得の超過利子に係る規定及び同法典第57条(c)のネットリースに係る規定の一部が改正さ

れている。

4. 1976年税制改革法

1976年税制改革法（Tax Reform Act of 1976）[12]は，フォード政権が制定した改正税法である。ミニマム税に関する規定は，1976年法第301条に規定されている。

(1) 個　　人
当該条項における個人に係る改正点は次の通りである[13]。
① ミニマム税の税率が10％から15％に改正された。
② 控除額が10,000ドル又は通常税額の2分の1のいずれか大きな金額に改正された。
③ 通常税額の未使用分の繰越制度は廃止された。
④ 医療費控除と雑損控除を除いた項目別所得控除（itemized deductions）がAGI（調整所得金額）の60％を超過する部分の金額（新規の租税優遇措置項目）
⑤ 掘削費用の10年以上の期間にわたる償却費を上回る金額（新規の租税優遇措置項目）
⑥ ADR（Asset Depreciation Range：1971年法により導入）に基づく償却費を含むリース資産の加速減価償却費（新規の租税優遇措置項目）

(2) 法　　人
当該条項における法人に係る改正点は次の通りである[14]。
① ミニマム税の税率が10％から15％に改正された。
② 控除額が10,000ドル又は通常税額のいずれか大きな金額に改正された。
③ 通常税額の未使用分の繰越制度は廃止された。
④ S法人及び同族持株法人（personal holding companies）は個人と同様に扱われる。

⑤ 法人に関しては，木材に係る所得に関連する租税優遇措置を除いて，課税対象となる租税優遇措置の改正はない。

5. 1978年改正

1978年歳入法（Revenue Act of 1978：以下「1978年法」という。）[15]には，ミニマム税関連の条文として，第421条（法人を除く納税義務者に対する代替ミニマム税）等の規定がある[16]。

ミニマム税は，1969年に税額加算型ミニマム税（add-on minimum tax）として創設され，1971年及び1976年にその一部が改正されて1978年に至ったのである。1978年法では，法人を除く適用であるが，課税対象となる租税優遇措置の内容により税額加算型（アドオン方式）と代替型（AMT）という新しい方式に区分されて適用されるようになったのである。

(1) 改正理由

租税合同委員会報告[17]によれば，改正された理由は，議会が，譲渡所得の場合にこれまでの税額加算型方式では資本形成に逆効果であり，AMTであれば個人の通常税額を超える範囲でのみ課税されることから資本形成に好影響をもたらすと判断したためである[18]。

1978年法では，税額加算型ミニマム税の課税対象となる租税優遇措置の項目から譲渡所得が除外されて，AMTの対象とすることに改正されたのである。結果として，資本形成が容易になり，多額の譲渡所得を取得する個人は，最低限度の税負担をすることになるという議会の予測である。

また，AMTの導入により，すべての課税対象となる租税優遇措置に係る改正が行われたのではなく，譲渡所得と項目別控除だけがAMTの対象となるべく改正されたのである。

その結果，個人納税義務者の改正後の税額加算ミニマム税を含む通常税額がAMTを超える場合のみ課税という事態になる。なお，AMTの税率は，その課

税対象金額に応じて最低10％から20％，25％（100,000ドル超）の累進税率である。

この改正の結果，個人に係るミニマム税のみが改正され，個人については，税額加算型ミニマム税とAMTがその対象となる租税優遇措置別に区別され，法人は，税額加算型ミニマム税のみが継続されて適用されることとなった。

(2) AMTの計算

通常税額の計算は，保険年金（内国歳入法典第72条(m)(5)(B)）に係る税額を除き，源泉徴収税額を除く外国税額控除等を控除して計算する。例えば，各種の税額控除を行う前の通常税額が10,000ドルで，投資税額控除額が5,000ドル，通常税額相殺前のAMTが8,000ドル（5,000ドルの通常税額とAMTが3,000ドル）とする[19]。この場合，投資税額5,000ドルを控除すると，差引の通常税額は5,000ドル（10,000ドル－5,000ドル）となるので，5,000ドルの税額控除のうち，2,000ドルのみを使用して，差引の通常税額を8,000ドル（10,000ドル－2,000ドル）として通常税額相殺前のAMT 8,000ドルと相殺して0とした後に，税額控除の残額3,000ドルを繰り越すことになる。

(3) 課税対象租税優遇措置の金額

租税合同委員会報告に記載のある例[20]によれば，納税義務者のAGI（調整所得金額）が50,000ドルであり，項目別控除額は45,000ドル（10,000ドルの地方税を含み，医療費控除及び雑損控除の金額はなし）は，租税優遇措置の額として35,000ドルとすると，租税優遇措置の額は，AGI（50,000ドル）から地方税（10,000ドル）を控除した40,000ドルの60％である24,000ドルの超過額ということになる。したがって，課税対象となる租税優遇措置の額は11,000ドル（35,000ドル－24,000ドル）である。

また，ミニマム税は，外国税額控除等の前に通常税額とミニマム税として算出されることから，ミニマム税の計算に国外源泉所得が含まれる場合，外国税額控除に係る計算が必要になる[21]。

6. 1982年の改正

(1) 改正の概要

1982年9月3日に成立した改正法 (Tax Equity and Fiscal Responsibility Act of 1982：略称 TEFRA というが，以下「1982年法」とする。)[22]により，個人に対する税額加算型ミニマム税が廃止され，AMTの課税対象となる租税優遇措置の範囲が拡大し，AMTの税率も従前の10％から25％の累進税率から20％の比例税率に改正され，個人の控除額も，20,000ドルから30,000ドル（未婚者）と40,000ドル（夫婦）に改正された。また，項目別所得控除の超過額に関する租税優遇措置は廃止された[23]。

(2) 改正の理由

個人に対する税額加算型ミニマム税が廃止された理由として，同税制の簡素化が図られたこと，ミニマム税を納税している中堅所得者層等に対する減税効果が挙げられている。また，AMTの課税対象となる租税優遇措置の範囲の拡大等により，50,000ドルの所得を超える納税義務者にとって増税となった[24]。

(3) 税額加算型と代替型（AMT）の比較

1982年法の場合，ミニマム税改正の理由が税収のためであるのかどうか不明である。前述の1978年法における改正理由として，代替型の方が税額加算型よりも資本形成に良い影響を及ぼすと説明されていたが，両者の比較についての立法者側からの説明が十分に行われていないように思われる。

ここで両者を整理すると，税額加算型ミニマム税の場合は次のようになる。

① 課税対象となる租税優遇措置の金額を合計する。

② ①の合計額から所定の控除額（法人の場合は10,000ドル又は通常税額のいずれか大きな金額）を差し引く。

③ ②により算定された金額がある場合，その金額にミニマム税の税率を

乗じて税額を算出する。
④ ③の税額を通常税額に加算する。

これに対して，AMT の場合は次のようになる。
① 通常税額は，租税優遇措置を適用後の所得に課される税額である。
② AMT の課税対象となる金額は租税優遇措置を適用しない所得の額である。
③ AMT は②の金額に通常税額算定とは異なる AMT に係る税率を適用して算定する。

ミニマム税は，1969 年に税額加算型として創設され，1978 年法では，法人以外の者に対して，所定の項目（譲渡所得等）に関して AMT が適用されるようになった。1978 年法以降では，個人は，税額加算型と AMT の併用，法人は，税額加算型ミニマム税が適用されてきたのであるが，1982 年法により，個人の税額加算型は廃止されたのである。結果として，1982 年から 1986 年の改正までの間，個人は AMT，法人は税額加算型の適用ということになった。

1969 年法以降，ミニマム税の課税方法が，税額加算型から代替型である AMT に移行するという全体的な流れはあるが，では，AMT が税額加算型よりも優れているとされる点或いは税額加算型が代替型に取って代わられた理由は何かということになる。

ミニマム税全体にいえることであるが，課税対象となる租税優遇措置の範囲，税額加算型における控除額等は増減税を行うための課税技術的な項目であり，これらの規定範囲等の拡大又は縮小が税額加算型から代替型への移行の原因にはならないといえよう。

したがって，想定できることは，多額の租税優遇措置という経済的所得（economic income）を受けている者が最低限の租税負担をするという考え方に関して，税額加算型と代替型のいずれがよりこの考え方に基づくものなのかということであろう。

税額加算型は，控除対象となる通常税額の金額の大小によりミニマム税の課税標準に相違が生じるのである。これに対して，代替型は，納税義務者の通常

税額の大小に関わらず，基本的に租税優遇措置を受けないとして調整した所得に対して課税（税率はAMTの税率適用）することにより最小限度の課税を行う趣旨が生かされることになる。代替型は1986年以降もその内容が改正されるのであるが，代替型が税額加算型よりもミニマム税の趣旨からして適切な形態ということになろう。

7. 1986年改正

1986年税制改革法（1986年法）[25]によりミニマム税は改正されている。以下では，煩雑になることを避けるために，法人に関するミニマム税について検討を行うこととする[26]。

1986年法におけるミニマム税に係る主たる改正点は，法人に対するAMTの導入及び税率の改正（20%の単一税率），個人に対するAMTの適用範囲の拡大及び税率の改正（21%の単一税率）である。

(1) 改正前の法人に係るミニマム税

法人の1986年法改正前のミニマム税に関する概要は，次の通りである。
① 法人は，AMTではなく，税額加算型のままである。
② 控除額は10,000ドルで税率は15%である。
③ 課税対象となる租税優遇措置は，定額法を上回る加速償却の超過額等である。

(2) 改正の理由

ミニマム税の主たる目的は，実際に所得のある者が租税優遇措置を利用することによる租税回避をできないようにすることと，租税優遇措置の利用により高額所得者の税負担が軽く，或いはなくなるということは課税上の不公平となるのでその是正である。

議会は改正前のミニマム税について2つの問題があると考えていた[27]。

第1は，改正前の法人のミニマム税がAMTではなく，税額加算型であった点について，包括的な課税ベース（comprehensive income base）を定義する考え方がなかったのがその理由とされている[28]。

第2は，改正前のミニマム税が，経済的所得（economic income）の測定を十分行っていなかった点である。すなわち，重要な租税優遇措置を課税対象外としたり，課税対象となる租税優遇措置の範囲を狭くしたりした結果，実際には多額の金額を受け取っていながら（経済的所得がありながら），税負担が軽くなり，或いは課税のない状態となっている。

(3) 法人へのAMTの導入

1986年法は，これまで税額加算型であった法人のミニマム税をAMTに改正したのである。AMTの計算過程は次の通りである。

① 法人の通常税率適用の課税所得に，租税優遇措置の金額を加算し，所得繰延項目等を調整する。この結果の金額はAMT課税所得である。
② AMT課税所得から基礎控除等の金額を差し引いた金額にAMTの税率20％を乗じてAMTの税額（tentative minimum tax：以下「AMT仮税額」という。）が算定される。なお，基礎控除額は上限40,000ドルであるが，AMT課税所得が150,000ドルを超える場合，その超過額の25％相当額を40,000ドルから減額する。
③ AMT仮税額から通常法人税額を差し引いた額が真のAMTの税額となる。

(4) AMT算定に係る調整

イ　上　院　案

1986年法におけるミニマム税に係る改正では，法人を対象としてAMTが導入されたが，改正前では，企業会計と特定項目の課税上の処理の相違があった場合，ミニマム税の対象となる租税優遇措置の問題は生じなかったのである[29]。すなわち，企業会計における財務諸表上の当期利益と課税所得の金額に

大きな開きがあっても，米国は，日本のように企業会計の利益から課税所得を誘導するという統合型ではなく，企業会計と税務会計が別々に計算を行う分離型であることから，この金額上の相違をミニマム税の対象とはしていなかったのである。

　1986年法の立法過程では，企業利益のうち課税されない部分（business untaxed reported profits：以下「非課税企業利益」という。）について，下院案では法案に盛り込まれず，上院案において，企業会計上の税引前利益がAMT課税所得を超過する場合，その超過額の50％をAMTの課税対象金額に加算することとした。なお，企業会計上の利益（book income）とは，証券取引委員会等の提出される財務諸表に記載される公表利益のことである。

　ロ　1987年から1989年までの処理

　非課税企業利益の処理に関して，1987年から1989年に開始となる事業年度とそれ以降ではその内容が異なっている。1990年以降の改正は，上院案にはない事項であり，議会における協議により立法されたものである。

　1987年から1989年における内容は，上院案と同様のものである。すなわち，企業利益に外国税額を含む米国法人税等を加算した金額（adjusted pre-tax book income：以下「調整税引前利益」）がAMT課税所得を超過する場合，その超過額の50％相当額をAMT課税所得に加算する（以下この方式を「企業利益修正方式」という。）のである。

　この方法が，多額の企業利益があるにもかかわらず，租税優遇措置を活用して課税所得を少額にする法人に対するものであることは明らかである。

　ハ　1990年以降（ACE修正）

　1990年以降は，従前の方式が改正され，AMT課税所得を算定する場合，次のような計算過程となった。

　①　通常課税所得（純損失控除前）
　②　AMT調整額（1987年以降に使用を始めた資産の減価償却等）の加減算
　③　租税優遇措置の加算
　④　調整当期利潤修正（Adjusted current earnings adjustment：以下「ACE修正」

という。)の加減算

　ACE 修正とは，調整当期利潤（以下「ACE」という。）の金額と AMT 課税所得の差額の 75％を上記 ④ の金額として調整する。この ACE 修正は，法人独自の調整項目である。ACE とは，ACE 修正と AMT 純損失の控除前で，かつ，各種の修正後の AMT 課税所得である（内国歳入法典第 56 条(g)(3)）。なお，ACE 修正により減額となる金額は，過去において AMT 調整額が ACE 修正の差額として増額された金額を上限とする。

　米国税法では，利益配当の原資となる所得の部分を法人利潤（earnings and profits：以下「E&P」という。）というが，ACE は，税引前の金額である。以下は，その例である[30]。

① ACE の各暦年における金額は，1990 年（400 ドル），1991 年（300 ドル），1992 年（200 ドル）である。

② 1990 年，1991 年，1992 年，各年の AMT 課税所得は 300 ドルである。

③ 1990 年では，75 ドル［(400−300)×75％］が加算となる。1992 年では，逆に，75 ドル減算となる。

　ここにおける問題は，1987 年から 1989 年までの処理では，企業利益の極大化と課税所得の極小化を行っている場合，AMT を適用することにより，このような法人の会計処理を規制することになったが，1990 年以降の ACE 修正の意味は[31]，1989 年までの処理と比較してどのような意義があるのであろうか。そのためには，次の項で，E&P と企業利益の比較を行う必要がある。

　繰り返しになるが，1987 年から 1989 年までの処理は，企業利益を基礎とした調整税引前利益が AMT 課税所得を超過する部分の金額の 50％相当額を AMT 課税所得に加算する企業利益修正方式であった。すなわち，この方式は，企業会計における利益を基礎として算定するものであり，企業会計の利益と課税所得との差異を焦点とするものある。

　これに対して，1990 年以降は，企業利益に代わって ACE 修正を行うというもので，企業会計上の企業利益（企業の公表利益）に代わって税法上の概念である E&P 等を基礎とする方式に変更されたのである。E&P という概念は，米国

税法における概念であり，わが国の法人税法における利益積立金に類似するものであるが，当期の事業年度における利潤と過年度の留保利潤から構成されている[32]。ACE 修正は，そのうち，当期（current）の事業年度における利潤を対象としている。

　ニ　E&P の算定

　E&P の概念は，企業会計における利益剰余金の増減との関連ではなく，法人税法における税務上の純資産の増減に関わるものである。その目的は，配当原資となる正確な経済的利益の算定である[33]。

　E&P の算定は，本法（内国歳入法典第 312 条）ではなく財務省規則に規定がある[34]。

　E&P は，当期の課税所得（欠損金額）に加算（E&P の増加項目）又は減算（E&P の減算項目）して算出することになる[35]。

　加算項目は，原則として，すべての免税項目であり，具体的には，地方債の非課税利子，生命保険金の非課税給付金，債務免除益及び関連会社間非課税配当等である。なお，ACE 修正が E&P の算定と同様の内容でないことは，米国法人税申告書の Form4626 に係る ACE ワークシートにおける計算過程を見れば明らかである[36]。

8．1990 年以降の AMT に係る主たる改正

　1990 年に成立した包括財政調整法（Omnibus Budget Reconciliation Act of 1990：P. L. 101-508）に含まれている歳入調整法（Revenue Reconciliation Act of 1990）では個人のミニマム税の税率が 21％ から 24％ に改正され，法人に関する改正は行われなかった。

　1993 年に成立した包括財政調整法（Omnibus Budget Reconciliation Act of 1993：P. L. 103-66）個人に対するミニマム税の税率を改正し，175,000 ドルまでは 26％，175,000 ドル超の部分は 28％ に改正した。なお，この税率は 1993 年 1 月 1 日から適用となっている。なお，法人に対するミニマム税の税率は 20％ と改

正されていない。

1997年に成立した納税者救済法（Taxpayer's Relief Act of 1997）は，1998年1月1日以降，それ以前の1994年1月以降3事業年度の平均売上高が500万ドル未満である法人は，小規模法人としてAMTの課税が行われないことになった。

9. 企業利益修正方式

(1) 企業利益修正方式からACE修正へ改正された理由

すでに述べたように，1987年から1989年までは，企業利益を使用したAMTの算定する企業利益修正方式であり，1990年以降は，ACEによる修正を中心としたAMTである。この両者を対比することは，それ以前の税額加算型と代替型の比較以上に，AMTの本質に関わる事項と思われる。

検討対象となる第1の点は，1986年の立法時に，当初からACEの方式を適用せず，3年間だけAMT算定に企業利益修正方式を使用したのかということである。

最初に確認すべき点は，1986年法において，最初の適用の3年間である1987年から1989年まで，企業利益をベースとしたAMTであり，1990年以降はACEに移行することになっていたことである。1986年法が1987年以降の3年間を規定し，1990年に改正が行われたのではないということである。両者は，1つのパッケージとしての改正ということである。

これについて，ACE修正は，議会において企業利益ベースの算定方法を緩和するために改正されたという見解がある[37]。これは前述したように1つのパッケージとしての改正であることを前提にすると，企業利益ベース方式が上院案で初めて示されたことを勘案すれば，上院案を3年間だけ許容し，その後は，上院案を緩和するACEに移行したということになる。この分析の裏付けかどうかは定かではないが，法人に関するミニマム税の税収予測では，1987年（30億8,700万ドル），1988年（53億7,800万ドル），1989年（50億7,200万ドル），

1990 年（44 億 6,600 万ドル）と ACE 修正に改正された 1990 年に税収が減少していることである[38]。

企業利益修正方式は，上記の税収予測では，3 年間に約 135 億ドルの税収をもたらすのであるが，企業利益修正方式を 3 年間で終了して ACE 修正に代えたことは，議会における妥協であるとする見解もある[39]。

この件に関する租税合同委員会の見解は，AMT による公平性において国民の信頼を取り戻すことに成功することを確実にするため，企業利益ベースにより算定方式を 1987 年から 3 年間行ったというものである[40]。この見解は，解釈として，ある種の準備期間として 3 年間があったことになるが，ACE 修正が課税の緩和策であるという見解ほどに説得力があるものとは思われない。

(2) 企業利益修正方式の背景と特徴

前項において，なぜ 3 年間で企業利益修正方式が ACE 修正に改正されたのかという背景は判明したのであるが，企業利益修正方式がどのような背景から生まれたものであるのかという点，そして，改正せざるを得なくなった直接の原因等については，まだ検討が済んでいない。

企業利益修正方式を採用するにあたりその導入推進を図ったのは，共和党オレゴン州選出のパックウッド（Robert William Packwood）上院議員であり，同議員にこの方式のアイデアを提供したのは，エール大学のグレーツ教授（Michael J. Graetz）である[41]。下院は，企業利益修正方式に反対をしている。その反対する理由は，企業利益の含まれる租税優遇措置が会計基準の統一性を損なうことを懸念したのである[42]。

企業利益修正方式は，調整税引前利益が AMT 課税所得を超過する場合，その超過額の 50％相当額を AMT 課税所得に加算する方式である。このことは，企業利益と AMT 課税所得の差額を少なくしようとする動機が納税義務者に働くものである。そのため，本来であれば，企業利益を少なくするような会計上の判断が働くところであるが，この方式はこのような判断を阻止することを意図したものと思われる[43]。

企業利益修正方式は，税法の企業会計への介入を意味する逆基準性の問題が生じることになる。米国における先例として，後入先出法（LIFO）の適用に関して，1938年歳入法において税法が一致の要件を課して，LIFOを課税所得計算に使用するのであれば，企業会計もLIFOの適用を強制されたのであるが，米国会計学会等から税法の企業会計への介入として強く非難されたことがある[44]。

また，企業利益修正方式と改正後のACE修正では，前者の計算等が比較的容易ではないかと思われる[45]。他方，ACE修正のうち，特に減価償却に係る部分の計算が複雑であるという指摘がある[46]。

10. 日本へのAMT導入の可能性

本章冒頭に述べたように，わが国が法人税の税率の引き下げを行うとした場合，その税収減相当分を租税優遇措置の縮小で補うことは十分に考えられることである。しかし，1986年の米国における税制改革法においても，法人税率を引き下げて課税ベースを拡大しても，租税優遇措置のすべてを廃止することはできず，AMTが存置されたのである。

もう1つのAMTの機能としては，例えば，減価償却等を利用した課税繰延効果をなくすことができるということである[47]。

わが国の法人税法は，米国とは異なり統合型として，企業利益から課税所得を誘導する方式である。したがって，米国のAMTにおいて一時導入された企業利益修正方式をわが国が採用したとしても，米国のような企業会計（公認会計士等）側からの反発はそれほどではないものと思われる。この問題は，今後の検討課題である。

1) 1969年12月30日に成立した税制改革法（Tax Reform Act of 1969 : P. L. 91-172）の第301条に「租税優遇措置に係るミニマム税（Minimum tax for tax preferences）」という見出しで規定された。なお，ミニマム税は，1969年以前，1968年に

財務省から提案されており，この当初の提案では，1969年に創設された税額加算型ではなく，代替型が提唱されたのである（吉牟田勲「租税特別措置縮減の方法としてのミニマム・タックスの研究」『日本税法学界創立30周年記念祝賀税法学論文集：税法学の基本問題』所収　482頁）。
2) 井上徹二「カナダの税制の構造と特徴」『埼玉学園大学紀要』2004年12月, 66-68頁。台湾のAMTに関しては，羽床正秀（監修），林家慧（著）「台湾における代替ミニマムタックス税制の概要」『国際税務』Vol.27, No.6, 2007. がある。
3) 米国の長期譲渡所得課税の優遇措置等の変遷は次の通りである。

[長期譲渡所得課税の優遇措置等]

1913年法	通常所得と同じ税率
1921年法	12.5%の比例税率（個人のみ）
1934年法	均一税率から一定割合算入方式に改正
第2次大戦中	6カ月未満の短期保有を除き，控除率50%，税率25%
1976年	長期保有期間が1年に改正
1978年	控除率が60%に引き上げられた。最高税率は28%（40%×70%）
1981年	最高税率20%（50%×40%）
1986年	課税ベースの拡大により税率28%（28%×100%）
1990年	最高税率31%，キャピタルゲイン税率据え置き
1993年	最高税率39.6%，キャピタルゲイン税率据え置き
1997年	最高税率20%に引き下げ
2003年	最高税率15%
2006年	2010年末まで延長。2011年には20%に戻る。

出典：渡瀬義男「租税優遇措置—米国におけるその実態と統制を中心として—」『レファレンス』2008年12月，大塚正民『キャピタル・ゲイン課税制度』有斐閣　2007年2月

4) 1969年法の所得税の税率（夫婦合算の場合）は，14%から20万ドル超に適用となる最高70%までの税率である。
5) Committee on Ways and Means House of Representatives, House Report, No. 91-413, August, 2, 1969.
6) Ibid., p. 78.
7) Ibid., p. 79.
8) Committee on Finance, Senate Report, No. 91-552, November, 21, 1969.
9) 具体例で説明すると，加速償却額が全体で50あり，国外源泉所得に帰属する金

額がそのうちの 20 とする。国外源泉所得が 10 とすると，国外損失額は △10 (10 − 20) となる。国内源泉所得の金額は，国内源泉所得 100 とすると加速償却額 30 を控除して 70 になるが，国外損失を通算すると米国で課税となる所得総額は 60 (70 − 10) となる。したがって，米国課税所得の減少に関連した国外源泉所得に係る租税優遇措置は 10 であり，国外損失 10 を上回る額を対象とすることにはならない。

10) 矢内一好・高山政信『外国税額控除の理論と実際』同文舘出版　2008 年　21 頁。
11) 1971 年 12 月 10 日に成立した 1971 年歳入法 (P. L. 92-178) により，ミニマム税に係る内国歳入法典第 57 条が改正された。1971 年法の条文は，第 303 条 (b)，第 304 条 (a)，第 304 条 (b)，第 304 条 (d) である。
12) 1976 年法は，1976 年 10 月 4 日に成立した (P. L. 94-455)。
13) Joint Committee on Taxation, Summary of the Tax Reform Act of 1976, October, 4, 1976, JCS-31-76, p. 16.
14) Ibid., p. 17.
15) 1978 年法は，1978 年 11 月 6 日に成立した (P. L. 95-600)。
16) 1978 年法では，第 401 条に個人の譲渡所得に対するミニマム税課税の廃止，第 422 条にミニマム税の適用上の掘削費用の取扱い，がある。また，1978 年法第 421 条は，内国歳入法典第 55 条から第 58 条に規定された。
17) Joint Committee on Taxation, General Explanation of the Revenue Act of 1978, March, 12, 1979, JCS-1-79, pp. 261-262.
18) 1978 年法第 402 条 (a) により内国歳入法典第 1202 条が改正され，個人の場合，原則として，譲渡所得 (net capital gain) の 60％ (改正前は 50％) を控除することが認められている。
19) Joint Committee on Taxation, General Explanation of the Revenue Act of 1978, March, 12, 1979, JCS-1-79, p. 263.
20) Ibid., p. 264.
21) ミニマム税の外国税額控除については，次のような例がある (Ibid., p. 266)。最初は，通常税額に係る外国税額控除である。
① 米国納税義務者の譲渡所得 200,000 ドル (国内源泉所得と国外源泉所得各 50％)，米国国内源泉の純損失 30,000 ドル。
② 譲渡所得の控除は所得の 60％ であることから，控除額を差し引いた額は 80,000 ドル (200,000 ドル×40％)，そして，純損失 30,000 を差し引いて所得金額は 50,000 ドルである。
③ 米国の法人税額 (税率 30％) は 15,000 ドル，外国税額は 20,000 ドルである。
④ 控除限度額は，15,000×40,000／50,000＝12,000 ドルである。
　分子の 40,000 ドルは，国外源泉所得 100,000 ドルの 40％ 相当額である。この結果，外国税額控除となる金額は 12,000 ドルである。

⑤　納付額は 15,000 − 12,000 = 3,000 ドルである。

AMT に係る外国税額控除の計算は次のようになる。

　①　譲渡所得 200,000 ドルから純損失 30,000 ドルを差し引いた額 170,000 ドルが，AMT の課税対象で，最初の 20,000 ドルは税額 0 であることから税額計算は 40,000 × 10% + 40,000 × 20% + 70,000 × 25% = 29,500 ドルとなる。

　②　AMT の外国税額控除控除前の税額は 29,500 − 3,000 = 26,500 ドルである。

　③　AMT の外国税額の控除限度額は，29,500 × 100,000 / 170,000 = 17,353 ドルである。

　④　外国税額 20,000 ドルのうち，12,000 ドルは使用済みであることから，残額は 8,000 ドルであるが，上記 ② の 26,500 ドル又は 12,000 ドルのいずれか小さい金額である 12,000 ドルを AMT において控除対象外国税額として支払ったものとみなすのである。

　⑤　AMT から外国税額控除を控除した後の税額は 9,147 ドル（26,500 ドル − 17,353 ドル）である。

　⑥　納付税額は 3,000 + 9,147 = 12,147 ドルで，20,000 − 17,353 = 2,647 ドルは翌期以降へ繰越しとなる。

22）1982 年法（TEFRA）は，第 97 議会で成立した（P. L. 97-248）。

23）Joint Committee on Taxation, General Explanation of the Revenue Provisions of the Tax Equity and Fiscal Responsibility Act of 1982, December, 31, 1982, JCS-38-82, p. 7.

24）Ibid., p. 18.

25）P. L. 99-514.

26）Joint Committee on Taxation, General Explanation of the Tax Reform Act of 1986, May, 4, 1987, JCS-10-87.

27）Ibid., p. 433.

28）1986 年法では，租税優遇措置の廃止による課税ベースの拡大が図られたが，財務省案から，大統領案を経て 1986 年法という立法の過程ではミニマム税が増額されたのであるが，それは租税優遇措置の改廃が次第に緩和されたことがその理由である（関口智「アメリカ法人税制におけるミニマム・タックスの政策意図と現実」『立教経済学研究』第 59 巻第 2 号，2005 年 10 月　103 頁）。

29）CCH, Standard Federal Tax Reports, Tax Reform Bill of 1986, Vol. 73, No. 41 September, 21, 1986, p. 272.

30）Ibid., p. 274.

31）現行（2011 年）の法人税申告書における AMT の計算は，Form4626 において行われている（ACE 修正については，内国歳入法典第 56 条（g）に規定がある。）。さらに，ACE については，ワークシートがあり，このワークシートにおいて算出した ACE を Form4626 の所定の欄に記載するのである。そのワークシートの概要は

次の通りである。
(ACE ワークシート)
(1) AMT 課税所得の仮計 (Form4626 のライン 3 に記載の金額)
(2) ACE 減価償却調整額
(3) E&P に含まれる ACE 項目の金額の合計
(4) E&P から控除できない項目の非控除額
(5) E&P 算定ルールに基づくその他の調整額
(6) 債務の交換から生じる損失の非控除額
(7) 適格外国保険契約に係る生命保険会社の取得費用
(8) 減耗償却費
(9) 1994 年以前から所有の財産の処分に係る損益算定の簿価調整額
(10) ACE の金額は，上記(1)から(9)までの総計額
　上記の項目のうち，(2)の詳細は次の通りである。
(2) ACE 減価償却調整額
　① AMT 減価償却費
　② 1993 年後に使用開始された財産
　③ 1989 年後 1994 年前に使用開始された財産で ADS（代替減価償却制度：国外資産等の償却に強制される制度）を使用した財産
　④ 1990 年前に使用を開始した修正加速原価回収法（modified accelerated cost recovery system：MACRS）適用の財産
　⑤ 1990 年前に ACRS（accelerated cost recovery system：1981 年導入）適用となった財産
　⑥ 内国歳入法典第 168 条(f)(1)から(4)までに規定された財産
　⑦ その他の財産
　上記 ① から ⑦ までは，ACE 減価償却費としてその合計額を ① から差し引いた額が ACE 減価償却調整額である。

32) CCH, 2008 Master Tax Guide, p. 266.
33) 配当原資に係る規定として内国歳入法典第 316 条(a)に E&P の規定がある。なお，E&P については，当期利潤と留保利潤に分けている見解もある（伊藤公哉『アメリカ連邦税法　第 3 版』中央経済社　2005 年　369-370 頁）。
34) 財務省規則（Income Tax Regulations）§1.312-6〜11。
35) CCH, ibid., pp. 265-266.
36) 詳細については 31) 参照。
37) Craig, Caroline Kern, "The ACE Adjustment to AMTI : Preparing for 1990 "TAXES-The Tax Magazin., June, 1989, p. 370.
38) Joint Committee on Taxation, General Explanation of the Tax Reform Act of 1986,

May, 4, 1987, JCS-10-87, p. 473.
39) Rosenthal, Ellin, "Changes sought in AMT Adjusted Current Earnings Preference" Tax Notes, July, 11, 1988, Vol. 40, p. 118.
40) Joint Committee on Taxation, General Explanation of the Tax Reform Act of 1986, May, 4, 1987, JCS-10-87, p. 434.
41) Duxbury, Peggy and Grafmeyer, Rick, "The minimum tax and adjusted current earnings" Tax Notes, July, 11, 1988, Vol. 40, p. 196. この文献からの引用は，次の文献にもある（関口智　前掲論文　104頁）。また，グレッツ教授のAMTに関する論文としては，Graetz, Michael J., "The 1982 minimum tax amendments as a first step in the transition to a 2 Flat-rate" tax "Southern California Law Review Vol. 56 (1983), pp. 527-571. がある。
42) Duxbury, Peggy and Grafmeyer, Rick, ibid., p. 196.
43) 保守主義の原則に代表される会計処理方法が課税計算に悪影響を与えたことが指摘されている（渡辺徹也「租税優遇の規制と法人ミニマム・タックス」『税法学』第538号　1997年11月　86頁）。
44) 拙稿「米国法人税法の歴史的考察」『企業研究』第15号　122-124頁。
45) 企業利益修正方式の計算が複雑であることを主張している論文もある（Wiesner, Philip, "The TRA's alternative minimum tax (part 1) : how book income can increase tax liability" The Journal of Accountancy, January, 1988. Wiesner, Philip, "The TRA's alternative minimum tax (part 2) : more headaches than aspirin" The Journal of Accountancy, February, 1988.)。
46) Starr, Samuel P. and Solether, Rebecca A., "The corporate AMT : Is Adjusted current earnings an ACE in the hole?" Tax Notes, March, 20, 1989. Vol. 42, p. 1497.
47) 関口　前掲論文　124頁。

第 6 章

Earnings and Profits

1. 本章の対象

　配当に係る課税は，所得税法及び法人税法という税法規定，会社法における配当規制，企業会計における資本と利益の区分等の交差している領域である。

　米国は，州法として会社法が規定されており，1つの会社法が全国で適用される日本の状況とは異なっている。

　本章の目的の第1は，配当との関連において米国内国歳入法典（特に法人税関連条項）に規定のあるアーニングス＆プロフィット（Earnings and Profits：以下「E&P」という。）の果たす役割である[1]。米国税法上の配当は，法人の当期E&P及び過去に留保されたE&Pを原資としたものであるが，現行の内国歳入法典におけるE&Pを直接に規定したものは，同法典第312条（1954年内国歳入法典において創設）の規定のみである。本章は，このE&Pに係る規定の意義と沿革を検討するものである。

　そして，第2の目的は，配当に関する米国における会社法，企業会計と税法の関連である。米国は，州別に異なる会社法を基礎として米国連邦税法が規定を置く制度的な特徴を有しており，日本と異なることはすでに述べた通りである。

2. 日本の法人税法における利益積立金

(1) 利益積立金の概要

　日本の法人税法における利益積立金（以下「利益積立金」という。）の概念は，配当との関連により米国のE&Pの概念に類似するものと思われるが，米国におけるE&Pの性格を比較検討するために，最初に利益積立金の概要を簡記する。

　利益積立金に関する法人税法の規定は，法人税法第2条第18号，法人税法施行令第9条，同第9条の2（連結利益積立金）及び同第9条の3（連結個別利益積立金）にある。なお，法人税申告書において，別表五（一）が利益積立金の計算明細書となる。

　利益積立金における法人税法における規定（法人税法第2条第18号）は，「法人（連結申告法人を除く。）の所得の金額（第81条の18第1項（連結法人税の個別帰属額の計算）に規定する個別所得金額を含む。）で留保している金額として政令で定める金額をいう。」というものである。

　要するに，利益積立金は，法人の所得等から留保した所定の金額ということになるが，具体的な計算過程の概要は，次の通りである。

　（期首現在利益積立金額）±（当期留保金額）＝（翌期首現在利益積立金額）

　当期留保金額は，当期所得金額を含む留保所得金額の基礎金額から社外流出（配当，未納法人税等）を控除した金額である。したがって，当期所得金額と当期留保金額は同じものではなく，所定の調整を行った金額ということができる。

　以上のことをまとめると，利益積立金は，企業会計における利益剰余金に申告調整による資産の増加又は負債の減少を加算調整した金額で，社外流出せずに純財産の増加としての効果を持つ金額ということになる。

　上記の利益積立金に係る規定は，会社法の制定に伴い，平成18年度税制改正において整備され，受取配当についても改正が行われた。

(2) 平成18年度改正

この改正における立法担当者による説明によると[2]，平成18年度改正前と改正後について次のような変更があった。

イ　平成18年度改正前

この時期の法人税法は，次に掲げる払戻しの手続の違いに応じて，利益のみの払戻し或いはそれ以外の払戻しを区分していた。

① 資本の減少による会社財産の流出は，資本の払戻し部分と配当部分に比例計算により区分していた。

② 配当による会社財産の流出は，配当となる。

ロ　平成18年度改正後

この改正により，従前の払戻しの手続の違いではなく，払戻し原資による区分が行われるようになった。平成18年度改正後は，会社法により，株式会社の株主に対する会社財産の払戻しは，剰余金の配当となり，この剰余金の配当には次の①と②が含まれる。

① 利益剰余金を原資とする剰余金の配当（従前の利益の配当と中間配当）は，利益部分の払戻しである配当となる。

② 資本剰余金を原資とする剰余金の配当（資本の払戻し部分と配当部分）は，資本部分の払戻しと利益部分の払戻しに区分され，後者は，みなし配当となる。

そして，配当等に係る規定（法人税法第23条第1項）における剰余金の配当（法人税法第23条第1項第1号）は，株式会社及び協同組合等の剰余金の配当を意味し，資本剰余金の減少に伴うものはみなし配当となる。また，利益の配当（法人税法第23条第1項第1号）は，持分会社及び特定目的会社の利益の配当の意味である。

平成18年度改正前では，利益の払戻しとそれ以外を区分していたのであるが，平成18年度改正後では，利益剰余金を原資とする剰余金の配当と資本剰余金を原資とする剰余金の配当の双方が，剰余金の配当に含まれることになったことから，その原資により前者を配当，後者のうち利益部分の払戻しをみな

し配当と区分したのであるが，課税上ではいずれも配当として課税となることに変わりはない。

(3) 米国内国歳入法典における法人による株主への分配

現行の米国内国歳入法典では，内国歳入法典第301条から第318条に規定する「法人による株主への分配」に以下のような配当の定義（同法第316条）がある[3]。

① 1913年2月28日後から累積したE&P（以下「1913年後E&P」という。）
② 当期のE&P（以下「当期分E&P」という。）

配当としての分配は，E&Pを原資として，直近のE&Pから支払われたものとする，と規定されている。

法人による株主への分配のうち，分配額がE&Pを超過する部分については，資本の払戻しとなる。この資本払戻し相当額は，株式の税務簿価（adjusted basis）の減額として処理される。なお，資本払戻し額が株式の税務簿価を超過する場合，当該超過額は，財産の譲渡或いは交換に伴う利得（gain）として処理され（同法301条(c)(3)）として処理される。

米国の場合，配当に関しては，配当原資に基づく区分といえるが，これについては，配当に係る米国州法における会社法との規定の関連の検討が必要となる。

3. 米国会社法における配当規制

米国の会社法は，州法であることはすでに述べたところであるが，この会社法における配当規制には大別して2つの方法がある[4]。

1つは純利益基準（net profit test）というもので，配当は利益のみから払うというもので，損益計算書上の純利益を配当可能金額とするものである[5]。他の1つは，貸借対照表上の純財産から法定資本を控除した差額の剰余金を算出し，これを法定の配当源泉とする，貸借対照表剰余金基準（balance sheet surplus test) である[6]。後者の方式は，資本からの配当を否定し，資本の減損を禁止する趣旨を含むことから資本減損基準 (capital impairment test) ともいわれている。

この両者の特徴は，純利益基準の場合，資本の欠損が過年度にあっても当期の利益があれば配当可能となるのに対して，貸借対照表剰余金基準は，資本の欠損があると，当期に利益があっても配当できないのである[7]。

結果として，米国における会社法の配当規制については，純利益基準によるものと，貸借対照表剰余金基準によるものに区分され，後者は，剰余金（利益剰余金及び資本剰余金の双方から配当可能）による規制と利益剰余金による規制に分かれている[8]。

税法の立場から，米国では，各州の会社法の規定により，一般に利益剰余金を超える配当は債権者保護の観点から規制されているので[9]，配当は，利益剰余金を原資とする方法が規定されたものと考えられる。

この利益剰余金による配当規制は，純利益基準と貸借対照表剰余金基準の両者の長所を結合したもので，1947年のイリノイ法，1950年に米国法曹協会による模範法に見ることができ，これらはウィスコンシン州等における立法に影響を及ぼしたのである[10]。

次に米国税法における E&P の変遷を検討するのであるが，米国では，伝統的に純利益基準が支配的であり，貸借対照表剰余金基準の整備は，1926年のオハイオ法と1928年の統一法によるということであるので[11]，このような州会社法の配当規制の変遷と税法における配当等の規定及び E&P について注目して検討を行うこととする。

4．配当及び E&P に係る規定の沿革

米国法人税法における配当に係る規定の沿革は次の通りである。

(1) 1909年法人免許税
同法は，1909年関税法第38条に規定されたもので，5,000ドルを超える法

人の純所得に対して1%の税率で課税する間接税であり個人に対する課税ではない。したがって，個人株主に対する規定はなく，法人間の二重課税排除ための措置として課税済所得からの受取配当は法人の純所得計算において控除することが認められた。

(2) 1913年所得税法・法人税法

同法において，個人所得税及び法人税の基本税率は1%であり，個人所得に対する付加税は1%から6%の税率である。1909年の法人免許税では，他の法人からの課税済受取配当は非課税として扱ったが，1913年法では，法人から個人株主への配当に関しては二重課税の調整を行っているが，法人間配当についての規定はない。1913年所得税法・法人税法において，法人間配当を課税とした理由は，持株会社設立等を阻止しようとする政策である[12]。

また，付加税の課税を回避するために法人に利益を留保した場合は，その法人の未処分利益の個人持分相当額を，配当の有無にかかわらず課税されることが規定されている（同法第2条(A)(2)）。

(3) 1916年歳入法

1916年歳入法（1916年9月8日成立）では，個人所得税及び法人税は2%の基本税率であり，個人所得に対する付加税は，1%から13%の税率である。

同法第2条(a)は配当について次のように規定している。

「所得税法において使用される「配当」という用語は，法人，ジョイントストック企業，団体或いは保険会社によりなされる分配を意味し，その原資は，1913年3月1日以降に発生したE&Pであり，配当はその株主に支払われる。その形態は，法人，ジョイントストック企業，団体或いは保険会社により現金又は株式のいずれかで支払われ，株式配当は，その現金価値の金額について所得とみなされる。」

同法は，上記の第2条(a)において，E&P（正確には，Earnings or Profitsと表記されている。）という概念を初めて使用している[13]。また，個人株主の受取配

当に対する課税は，二重課税の調整が行われている（同法第5条(b)）。法人間の受取配当については，1913年所得税法・法人税法と同様に課税となっている。

(4) 1918年歳入法

同法における個人所得税の税率は1918年適用分が6％と12％，1919年適用分が4％と8％であり，個人付加税の税率は1％から65％である。法人税の基本税率は1918年適用分が12％，1919年適用分が10％である。なお，1918年歳入法は，1919年2月24日に成立している。

1918年歳入法は，第201条に配当に係る規定がある。1918年歳入法における配当関連の規定は，1916年歳入法における配当関連規定よりも相当に詳細なものとなり，同法第201条に配当に関して独立した条項となった点で，同法以降における配当関連条項の原型となったものである。以下は，同法第201条(a)から(e)までのそれぞれの特徴をまとめる。

201条(a)は，配当を定義した規定であり，人的役務提供法人（personal service corporation）に係る規定が新設された以外では，現物配当が規定されている。

201条(b)は，配当の原資に係る規定で，E&Pについて規定されている。

201条(c)は，株式配当に係る規定で，E&Pの分配相当額の金額までを所得とみなすと規定している[14]。

201条(d)は，1918年の1月1日から11月1日までの間に納税義務者が受け取った株式配当又は同期間中に配当が確定し，記帳され，かつ，納税義務者に1918年11月1日後等に受け取られる場合で本法の可決後30日以前である場合，配当の受領者に適用される税率は，当該配当の原資となった法人のE&Pを留保した年分の法律に規定した税率が適用されることを規定している。なお，配当は直近のE&Pを原資としたものとみなされる。このような規定を置いた理由は，第1次世界大戦の戦費を調達するために，1914年以降，1914年及び1916年に各1回，1917年に2回，1919年（1918年歳入法）1回と税制が改正されたからである。

201条(e)は，(d)と同様に，配当の支払われた時期と適用される税率に係る規定である。

なお，1918年歳入法では，個人株主の受取配当については二重課税の調整が行われ（同法第216条(a)），法人間の受取配当については，控除が認められている（同法第234条(a)(6)）。個人の付加税の課税を回避するために，法人を設立して利益を留保した場合，当該法人は，法人税の課税を受けることなく，パートナーシップと同様に株主個人に所得を帰属させて課税することになる（1918年歳入法第220条）。

前述の第201条(c)の規定は，株式配当について，E&Pを分配した部分に相当するまでを所得とするとしている。例えば，E&Pを資本に組み入れて株式配当を行うのであれば，資本組入相当額のE&Pは減少したことになるので，この減少相当額は所得という理論構成である。

(5) 1913年から1918年までの所得税率・法人税率の推移

法人の所得が法人税課税後に法人内に留保されずに配当として流出して，個人株主段階で課税を受けるのであれば問題はないが，個人株主段階において受取配当に対する累進税率による高率な所得税課税を回避するために，同族会社等においては配当を行わずに所得を法人内に留保して所得税の課税を遅らせることが行われる。

米国の場合は，1913年の所得税法以降，所得税率と法人税率が同じ時期が続き，1917年戦時所得税法以降，両者の税率に相違が生じることになる。また，個人所得税は，基本税率による課税以外に，付加税の賦課が1913年以降行われ，1913年所得税法では1％から6％，1916年歳入法では1％から13％，1917年戦時所得税法では1％から50％，1918年歳入法では1％から65％と次第に税率が高くなり，法人に所得を留保するという動機が強く働く状況になったのである。

(6) 1921年歳入法

同法第201条（配当）の規定は次の通りである。

201条(a)は，配当に係る定義規定である。

201条(b)では，法人によるすべての分配は，1913年2月28日後に留保したE&Pの範囲でE&Pを原資としたものとみなすとして，その分配は直近の留保したE&Pから払われたものとする。

201条(c)は，現金或いは現物配当等に係る規定である。

201条(d)は，株式配当は原則非課税という規定である。ただし，株式配当の取消し或いは買戻しによる受取額は課税となる。この規定は，米国最高裁において1920年に判決の出たマコンバー事案における株式配当非課税の影響であろう[15]。

201条(e)は，分配額は受取者の総所得に含まれることを規定している。

201条(f)は，配当原資の帰属する事業年度に係る規定である。

配当に係る規定が整備された1939年内国歳入法典第115条と比較すると，1918年歳入法以降，配当に係る規定が独立した条項になったのであるが，1921年歳入法における規定が配当という見出しの付く最後の条文である。

(7) 1924年歳入法

同法第201条は，1921年歳入法までの見出しが「配当」であったのに対して，「法人からの分配」に改正され，その規定は次の通りである。

201条(a)の規定は，1921年歳入法と同様である。

201条(b)の規定は，法人によるすべての分配は，1913年2月28日後に留保したE&Pの範囲でE&Pを原資としたものとみなすとして，その分配は直近の留保したE&Pから払われたものとする。そして，1913年3月1日前に留保されたE&Pは分配されても受領した株主においては課税を免除されるが，これはある種の資本の払戻しと同種の扱いとなり，株主がその所有する当該株式を譲渡する際に，その株式の税務簿価が資本の払戻し相当額減額されることになる。

この後段の処理については，下院の委員会における立法時の文書に例示がある[16]。

A法人の現在の資本金は100,000ドル，E&Pは50,000ドル（1913年3月1日前に留保されたE&P）である。株主Xは，150,000ドルで株式を購入し，その市場価額は150,000ドルである。A法人は，Xに対して50,000ドルの分配を行ったがこれは課税にならない。後に，A法人の剰余金は75,000ドルになり，Xは，所有する株式を175,000ドルで譲渡した。従前の規定によれば，175,000 - 150,000 = 25,000ドルの譲渡益という計算になるが，上記の税務簿価の修正計算を行うと，175,000 - (150,000 - 50,000) = 75,000ドルの譲渡益となる。

すでに述べたように，1924年歳入法から「法人からの分配」と規定の範囲が拡大したことに伴い，資本の払戻しを含めて規定が置かれるようになったのである。

前記3において述べたように，米国会社法において，貸借対照表剰余金基準の整備は，1926年のオハイオ法と1928年の統一法によるものであった。歳入法では，1918年歳入法及び1924年歳入法の規定が資本の払戻しを認識した規定になっているが，両者を直接関連づける議会記録等は見当たらない。

201条(c)は，新設された規定である。完全清算及び部分清算における分配の規定である。日本の所得税法或いは法人税法では，株主が清算時に資本金等以上の金額の交付を受けた場合，個人株主はみなし配当所得（所得税法第25条第1項第3号），法人株主も同様にみなし配当所得（法人税法第24条第1項第3号）になる。

この項についても，(b)と同様に，法律案の段階における例示がある[17]。

A法人は，資本金100,000ドルで，50,000ドルが普通株式，50,000ドルが優先株式である。A法人は，1913年3月1日前のE&Pが25,000ドルあり，それ以降のE&Pが50,000ドルある。A法人が優先株式50,000ドルを償還して，その後に25,000ドルの現金配当を行った。前記の201条(b)の規定によれば，法人によるすべての分配は，1913年2月28日後に留保したE&Pの範囲でE&Pを原資としたものとみなすとして，その分配は直近の留保したE&Pから

払われたものとする，と規定されていたことから，優先株式の償還金額がE&Pを原資とする法人からの分配と解される恐れがある。この201条(c)は，資本取引（capital transaction）であり，E&Pに影響しない。

201条(d)は，1913年3月1日前の財産価値の増加及びE&Pに基づく分配でないものに関する規定である。なお，この規定は，資本の払戻しに係る規定で，1928年歳入法になって，資本の払戻しに係る規定であることが明白になる。

201条(e)は，人的役務提供法人（personal service corporation）の分配に係る規定である。

201条(f)は，株式配当に係る規定で1921年歳入法と同様の規定である。

201条(g)は，部分的清算の定義である。

(8) 1928年歳入法及び1930年代前半の歳入法

これまで，改正ごとに変遷を重ねてきた配当（法人からの分配）条項であるが，配当に係る規定は1928年歳入法（以下「1928年法」という。）において第115条（法人による分配）として規定され，その後は，1930年代の歳入法等を経て1939年の内国歳入法典にこの形態が引き継がれることになる。なお，1928年法第115条は，各号に見出しが初めて付けられている。

(a)は，配当の定義に係る規定である。

(b)は，分配の原資に係る規定である。

(c)は，清算における分配に係る規定である。

(d)は，資本の払戻しに係る規定である。

(e)は，人的役務提供法人の分配に係る規定である。

(f)は，株式配当に係る規定である。

(g)は，株式の買戻しに係る規定である。

(h)は，部分清算の定義に係る規定である。

前述のように，1928年法は，形式的には整備されたのであるが，規定は，1924年歳入法から引き継いだ部分が多いことが判る。1928年以降では，1932

年歳入法の第115条（法人による分配）が1928年法と同様の内容である。1934年歳入法（1934年5月10日成立）は，第115条(h)に組織再編に係る株式の分配の規定を新設している。

(9) 小　括

1921年歳入法以降，配当と資本の払戻しを区分する規定が増加し，規定上は，E&Pを原資とする分配を配当と定義し，その例外として，資本の払戻しに係る規定を設けて，1924年歳入法以降，法人からの分配は，配当を含めて一括して規定されている。

その背景には，1912年に始まる無額面株式制度の採用に伴う払込剰余金に係る配当規制と，損益計算を重視する企業会計の発展である[18]。また，これ以外に，法人から分配された金額が配当か或いは資本の払戻しかを争点として1925年の最高裁判決（ダグラス事案）がある[19]。

ダグラス事案における判示として，剰余金勘定は，資本金勘定を含むすべての債務を法人の純資産が超過する額であり，剰余金は，発行価額が額面額を超過するときに生じる払込剰余金，そのすべてが未分配利益からなる利益剰余金，資産再評価による剰余金がある，としている。要するに，1925年の判決の時点において，資本と利益の区分が明確になっていたと判断できるのである。

1916年歳入法第2条(a)において，E&Pという概念を初めて使用したのであるが，ダグラス事案では，1917年10月成立の歳入法（1917年は3月にも別の歳入法が成立している。）第31条(b)において，累積した未分割利益又は剰余金 (accumulated undivided profits or surplus) と規定されたことから，この未分割利益等の解釈を巡って争われたのである。この文言の解釈としては，同じ条文の後段においてE&Pという文言が使用されていることから，裁判官は，これらは同一であると判断している。

⑽ 1936年歳入法

1936年歳入法（1936年6月22日成立：以下「1936年法」という。）の第115条は，次の諸点で1928年法と異なっている。

イ 株式配当に係る規定（第115条(f)）

1928年法から1934年歳入法までの株式配当に係る規定は，株式配当が課税とならないことのみを規定している。これに対して，1936年法の第115条(f)は，株式配当について，(1)原則，(2)株主による支払手段に関する選択，の2つの規定に分けられて規定されている。

株式配当に係る原則としては，株式又は新株引受権の形態による法人から株主への分配は，配当とはしない。ただし，それは，株主に対して憲法修正第16条の意味における所得を構成しない範囲とする，としている[20]。

原則に対する例外として，株主による支払手段に関する選択として，株式又は新株引受権の形態による場合と，現金又はその他財産（原則において非課税にならない種類の株式又は新株引受権の形態による分配を含む。）によるときは課税である。

ロ 株式による分配におけるE&Pの効果（1936年法第115条(h)）

自社株式或いは有価証券，他社株式或いは有価証券による法人又はその代理人からの分配は，次の場合，法人のE&Pからの分配とはみなされない。

① 当該株式或いは有価証券の受領から生じる利得が法律により認められない場合，或いは，

② 株主に対して憲法修正第16条の意味における所得を構成しない理由，或いは，1934年歳入法第115条(f)若しくはそれ以前の歳入法における類似する規定により免税となることにより，当該分配がその受領者の段階で課税とならない場合

なお，本項において「株式或いは有価証券」という用語は，株式或いは有価証券の引受権を含むものである。

(11) コシュランド事案

本事案は，1936年5月18日に米国連邦最高裁において判決が出されたものであるが，本事案の判決が1936年法の第115条に影響のあったことは事実である[21]。

イ　事　実　関　係[22]

本事案の事実関係は，被上告人である納税義務者がコロンビア・スティール社（以下「C社」という。）の優先株式（1924年及び1926年に取得し，取得価額14,996.11ドル）165株を所有していた。C社の定款によれば，優先株式の株主は，1株当たり年7ドルの配当，或いは法人の選択により優先株1株に普通株式1株の配当を受け取ることもできた。

1925年から1928年までの各年において，C社は，優先株式に対して支払う利潤がありながら普通株式による配当を行い，原告は，524.5株の普通株式を受領した。1930年に，C社は優先株式を1株105ドルで償還した。原告は，165株分の17,325ドルを得た。原告は，2,328.89ドル（17,325－14,996.11）を申告したが，課税当局は，5,819.20ドル（17,325－11,505.80）を所得と計算した[23]。1審（The Board of Tax Appeal）は原告側を支持した。

ロ　高　裁　判　決

1924年歳入法，1926年歳入法，1928年歳入法に規定されている株式配当は，優先株主を保有する株主に対して普通株式を交付することを含むものであると裁判所は判断したのである。先例となっているマコンバー事案の最高裁判決（1920年）は普通株式の株主に対する普通株式の株式配当を免税としたもので，同判決以降の歳入法における規定においても，株式の種類による区分を行っていない。したがって，課税当局の処分が支持される結果となった。この判決では，優先株式の株主に対する普通株式の配当は，株式配当として非課税であり，譲渡した優先株式の取得価額の税務簿価は調整されるということである。

ハ　最高裁判決

最高裁判決は，高裁判決を覆し，課税当局による優先株式の税務簿価の調整を認めなかった。最高裁は，従前の株式所有と異なる利益を与える株式配当は

課税と判示し，当該事案における普通株式による配当を課税とし，資本の払戻しではないという判断をしたのである[24]。

⑿　1939年内国歳入法典と財務省規則103
イ　1939年内国歳入法典第115条の概要
1939年内国歳入法典（以下「1939年法」という。）における法人からの分配に係る規定は，1936年法の同規定を引き継いだものである。
1936年法第115条の各項は次の通りである。
①a項：配当の定義に係る規定，②b項：分配の原資に係る規定，③c項：清算における分配に係る規定，④d項：資本の払戻しに係る規定，⑤e項：人的役務提供法人の分配に係る規定，⑥f項：株式配当に係る規定，⑦g項：株式の買戻しに係る規定，⑧h項：株式による分配に係るE&Pの効果に係る規定，⑨i項：部分清算の定義に係る規定，⑩j項：配当の評価に係る規定，⑪k項：同意済分配に係る規定，である。
したがって，1939年法が法人からの分配について，新たに追加した規定は，⑨～⑪までである。
また，1939年法とは別に立法された1939年歳入法では，第214条に「株式配当及び新株引受権の簿価」の規定が創設されている。
ロ　財務省規則103における法人からの分配に係る規定
1940年に制定された財務省規則103の法人からの分配に係る規定の概要は次の通りである。
（イ）　配当の定義（§19.115-1）
配当は，1913年2月28日以降に累積したE&P或いは分配時点におけるE&Pの有高を考慮せずに計算した当期のE&P，のいずれかからの分配と定義されている。例えば，1939年初に200,000ドルの欠損であった法人が，E&Pを100,000ドル有している場合，4半期ごとに25,000ドルずつの配当をした場合，E&P 100,000ドルの金額を超過していないことから，課税対象の配当となる。

(ロ) 分配の原資 (§19.115-2)

課税対象となる分配は，E&Pを原資とするもの及び直近に留保したE&Pから行われたものとする。配当原資に充てる順序は，① 当期のE&P（以下「当期分E&P」という。），② 1913年2月28日後から累積したE&P（以下「1913年後E&P」という。），③ 1913年3月1日前に累積したE&P（以下「1913年前E&P」という。），④ E&Pの分配後にE&P以外の源泉，である。

(ハ) E&P (§19.115-3)

E&Pの額の決定は，簿記上の利益剰余金の増減だけで決定できない。この決定については，税法上の免税所得，憲法により課税対象とならない所得，総所得に含まれるすべての項目を考慮することになる。課税対象となる譲渡収益はE&Pの額に算入される。

過年度分の欠損金額は，現年分のE&Pに影響を及ぼさない。1913年2月28日後から累積したE&Pの決定に際して，1913年2月28日後の事業年度の欠損の超過額は，1913年2月28日後から累積したE&Pを超過する額で，その欠損超過額を1913年3月1日の利益剰余金で相殺できる場合には，欠損年度後の株主への分配は，欠損年度後に累積したE&Pを原資としたものとする。

⒀ 小　括

1916年歳入法は，同法第2条(a)において，E&Pという概念を初めて使用している。また，1918年歳入法第201条(c)の規定は，株式配当について，E&Pを分配した部分に相当するまでを所得とするとしている。

個人株主の段階において課税対象となる配当について，E&Pを原資とする法人からの分配を課税対象となる配当とする考え方は，米国税法の比較的早い時期から存在していたことが判る。また，配当原資となるE&Pについて，直近の事業年度において発生した金額を充てるというルールも確立していた。

しかしながら，E&Pの金額を算定する詳細については，前述の財務省規則103においてその一部が規定されているが，計算の細則の類の規定はない。結果として，E&Pについて，1954年内国歳入法典第312条（E&Pの効果）が創

設されるまでの間，E&P の金額の算定に係る規定は内国歳入法典等になかったことになる。

また，財務省規則 103 が前記ロ（イ）に記述した配当の定義において，欠損を有する法人が E&P を有していた場合，現行ではこれらは相殺されることになっており[25]，その取扱いが当時と現在では異なっている。

5．1954 年内国歳入法典

(1) 第 312 条の条文構成と性格

第 312 条（E&P の効果）は，1954 年内国歳入法典（以下「1954 年法」という。）において創設された規定であるが，この規定のうちのいくつかは，先行する歳入法等において部分的に規定されていたものである。以下は，第 312 条各項の見出しである。

第 312 条(a) 一般ルール

第 312 条(b) 所定の棚卸資産

第 312 条(c) 債務等の調整

第 312 条(d) 株式或いは有価証券による所定の分配

第 312 条(e) 部分清算と所定の償還に係る特例

第 312 条(f) 譲渡収益及び非課税となる分配に係る E&P の効果

第 312 条(g) E&P ─ 1913 年 3 月 1 日前に生じた価値の増加

第 312 条(h) 人的役務提供法人に係る E&P

第 312 条(i) 会社分割における配分

第 312 条(j) 米国政府に保証された貸付金に係る収益の分配

E&P の性格は，日本の法人税法における利益積立金と同様に，法人から分配された金額の課税の可否等を判定するための税務会計上の概念である。

1954 年までの E&P の変遷等を要約すると，次のような項目がある。

① 課税対象となる配当は，法人の当期 E&P 及び過去に留保された E&P を原資とするものであるという定義が当初より確立していた。

② 1924年歳入法以降，配当は法人からの分配という条項に含まれて規定され，当該条項には，資本の払戻しに係る規定が含まれている。すなわち，E&Pを有する法人から分配が行われると，配当の定義から，その分配される金額は，配当として課税されることが想定されるので，資本の払戻しに該当する取引は，別に規定したのである。

③ E&Pは，課税所得とは別のものであり，E&Pが課税上効果を発揮するのは，法人から分配された金額が課税対象となる配当に該当するか否かの判定に役立つのであって，法人の課税所得計算に直接的な関連を有するものではない。

④ 前記の第312条は，1954年法において創設された規定ではあるが，個々の規定の多くは，それ以前の歳入法等において規定されていたものである。したがって，第312条は，E&Pに係る規定を整備したものといえる。

⑤ E&Pが税法上使用されたのは，1916年歳入法が最初であるが，その段階では，企業利益の留保金額という意味であったが，その後，税法の規定自体が精緻化するについて，税務上の調整項目が増加して企業利益と課税所得に開差が生じるようになり，E&Pに係る調整項目が増加したのである。

以上のことから，E&Pについては，どのような項目が調整項目となるのか，また，日本の申告書における別表五（一）と同様の機能を米国ではどのように行っているのか等を次に検討することになる。

(2) 第312条(a)―一般ルール

第312条(a)に規定のある一般ルールは，原則，本条に別段の定めがある場合を除いて，法人からの株式に係る財産の分配に際して，法人のE&Pは，分配された次に掲げる金額の合計額まで減少するものとする[26]。

① 現金の額
② 当該法人の債券の元本額（割引債の場合，当該債券の発行額の合計）
③ その他の財産の税務簿価

この規定で問題となるのは，現金以外の現物配当である。例えば，時価が100ドルの財産を分配したとしても，E&Pが75ドルであれば，課税となるのは75ドル部分である。逆に，分配した財産の簿価が50ドルでE&Pが75ドルであれば，E&Pの減少額は50ドルとなる。

(3) 第312条(b)所定の棚卸資産

この場合は，含み益のある棚卸資産を分配するときその含み益相当額についてE&Pが増加する。これは，含み益が実現してE&Pが増加すると共に，法人に課税となるということである。また，分配した財産の時価とE&Pを比較して，いずれか小さい金額相当額についてE&Pが減少することになる。例えば，時価60ドル，E&P 100ドルの場合は60ドル，時価80ドルでE&P 50ドルの場合は50ドルということになる。

(4) 第312条(c)債務等の調整

本項に関連する財務省規則には次のような例示がある[27]。

1954年の12月2日に法人Xは，1人株主であるAに棚卸資産ではない土地を配当として分配した。この土地の時価は5,000ドル，土地に係る借入金は2,000ドルであった。この土地の簿価は3,100ドル，E&Pは10,000ドルあった。Aの受取配当は3,000ドル（5,000ドル−2,000ドル），E&Pの減少額は，1,100ドル（3,100ドル−2,000ドル）となる。

(5) 第312条(d)株式或いは有価証券による所定の分配

この規定は，1939年法第115条(h)と同じ規定である。この規定は，組織再編等に係る取引（1954年法：第305条(a)，第354条，第355条）においてその取引が簿価取引となる場合，対価としての株式等について譲渡益を生じさせないことからE&Pについて増減のないことを規定したものである。

(6) 第312条(e), (f), (g), (h)

第312条(e)は、部分清算と所定の償還に係る特例の規定で、1939年法第115条(e)と同様の内容であり、資本の払戻しとしてE&Pの分配ではないことを規定している。

第312条(f)は、譲渡収益及び非課税となる分配に係るE&Pの効果の規定で、1939年法第115条(1)と同様の内容である。この規定に係る例としては次のようなものがある[28]。

1952年1月1日に法人Xは、1951年12月に法人Yと交換（簿価による取引）により取得したY株式（簿価30,000ドル）を保有している。Y株式の交換時の時価は、930,000ドルであった。1955年4月9日に、法人Xは900,000ドルの現金による分配を行った。1951年における交換取引を考慮しないと、法人XにはE&Pがない。この900,000ドルは、時価が簿価を超過する額であるが、法人Xではこの利得を認識していないことから、E&Pの額は増加せず、900,000ドルの分配は、課税となる配当ではない。

また、株式配当に係る取得株式の取得価額の付替え計算については、次のような例が掲げられている[29]。

法人Zは、普通株式と優先株式を発行しているが、1955年株主法人Yは100株（1株100ドル、全額で10,000ドル）の普通株式のみを所有している。法人Yは1955年12月に、法人Zの配当として同社の優先株式100株を受領した。これは、1954年法第305条の非課税となる株式配当に該当することから、法人Yの総所得に算入されなかった。当初の株式取得価額10,000ドルは、200株に配分されて取得価額の再計算が行われる。

第312条(g)は、1913年3月1日前に生じた価値の増加の規定で、1939年法第115条(m)と同様の内容である。この規定に係る例としては次のようなものがある[30]。

法人Xは、1913年3月1日前に非減価償却資産を10,000ドルで取得した。この資産の1913年3月1日現在の時価は、12,000ドルであり、1955年に15,000ドルで売却した。1913年2月28日後のE&Pの増加額は3,000ドルで

ある。

第312条(h)は，人的役務提供法人に係るE&Pに係る規定で，従前の同様の規定からの変更はない。

(7) 第312条(i)会社分割における配分

この規定は，資産の分割等による組織再編におけるE&Pの配分に係る規定であり，1954年法において創設されたものである。この規定によれば，課税のない組織再編の場合（日本の法人税法の適格組織再編に該当するもの），E&Pは純資産を基準として分割法人と承継法人に配分されることになる。

(8) 第312条(j)米国政府に保証された貸付金に係る収益の分配

第312条(j)は，米国政府に保証された貸付金に係る収益の分配の規定で，この規定は，米国政府機関により保証されている借入額が，取得した資産の取得価額を上回る場合，その差額は，E&Pの増加ということになる。

(9) E&Pの概要

財務省規則において，E&Pは次のように規定されている[31]。

最初に，E&Pと企業会計との関連で，E&Pの計算は，簿記上の剰余金の記入により決定するのではないが，課税所得の計算方法とは関連している。

例えば，現金主義を採用している法人は，E&Pの算定において発生主義を利用することはできない。また，割賦基準を採用している法人の場合は，その基準に従ってE&Pを算定することになる[32]。

州債の利子は法人税では非課税であるが，配当として株主に分配される場合，他の配当同様に課税となる。

減耗償却或いは減価償却とE&Pの関連については，次のような例が財務省規則にある[33]。

1949年にAが28,000ドルで取得した石油掘削権は，1951年12月に法人Yに同社株式との交換により譲渡された。交換時の財産及び株式の時価は

247,000ドルであった。法人Yは，4年の操業後の1955年にAに対して165,000ドルの現金を分配した。法人YのE&Pは，石油の製造販売により増加し，減耗償却は1951年における交換時の簿価28,000ドルに基づいて行われ，時価は考慮されない。

(10) 小　括

1954年法第312条においてE&Pに関する整備は行われ，その内容についても詳細に規定されているが，第312条及びその財務省規則においても，E&Pに関する具体的な処理方法（日本の場合でいえば，別表五（一）の記載に関する詳細）について，不明な点が多く残ったのである。

現行の米国法人税申告書では，FORM5452（非配当の分配に係る法人からの報告）のCにE&Pの項目があり，同付表に添付する現年分のE&Pの明細書の記載例（Example of a Filled-In Worksheet for Figuring Current Year Earning and Profits）がある。そして，これらについて規定しているのは，歳入手続（Revenue Procedure）75-17であると説明されている。

6．歳入手続65-10

(1) 概　要

米国法人税法におけるE&Pに係る計算の細則は，歳入手続75-17を参照することになるが，これは，歳入手続65-10（以下「手続65」という。）を改訂したものである。手続65の第5条（背景と概要）では次のように記述されている。

株主に対する法人からの分配の課税関係は，分配の原資により決定すると明記されている。そして，1936年法以降，配当は，① 配当支払日にある1913年2月28日後に留保したE&P，或いは，② 配当の支払日の属する法人の当期のE&Pを原資としたものである。

しかしながら，1913年から1936年までの歳入法では，上記の ① のみが配当として課税であった。配当以外の法人からの分配（例えば，E&Pを超える部分

の分配）のうち，株式の簿価を超える金額を株主が受け取る場合，この超過相当額は，当該株式の売却又は交換による利得として扱われることになる。しかし，その価値の増加が，1913年3月1日前に発生したものであり，その後に実現したとしても課税にはならない。

(2) 手続65による計算例

手続65及びその改訂版である歳入手続75-17において例示されている様式は，次の3つである。
① E&Pの年次別分析
② 年次別E&Pの相違の総括表
③ 法人の貸借対照表

7. E&Pに関するまとめ

E&Pに関する事項は，次のようにまとめることができる。
① E&Pの米国法人税法における役割は，法人からの分配のうちの配当の課税の可否をその原資から区分することである。したがって，米国では，法人からの分配について，E&Pを原資とするものとそれ以外を区分してその課税方法を規定している。
② 米国と日本は，法人からの分配について配当原資により区分する方式を採用している点では，同様であるが，日本の場合は，資本剰余金からの分配（みなし配当として区分している。）を認めている点は米国と異なる。
③ E&Pの計算は，課税所得から始まり，その金額を調整することになる。そして，原則として，税務調整による資産の増加と負債の減少に基因する金額を加減算する。日本の場合は，企業利益から始まり，税務調整による資産の増加と負債の減少に基因する金額を加減算して利益積立金を計算している。したがって，米国の場合は，企業利益と課税所得の差異を再度分析することによってE&Pを調整することになる。これは，米国が企業会

計と課税所得計算を分離型で行っていることに基因したものといえる。

④　日本の場合は，別表四（所得の金額の計算に関する明細書）と別表五（一）（利益積立金額及び資本金等の額の計算に関する明細書）が有機的に結合して，利益積立金の増減を表示することになっているが，米国の場合は，企業利益と課税所得の調整計算書（Schedule M-3）或いは，前出のワークシートは存在するが，E&Pの計算明細書の類は存在しない。また，日本であれば，別表四の調整項目から利益積立金の変動を計算できるが，米国の場合は，Schedule M-3にある一時差異欄（別表四の留保欄に相当）だけでは，E&Pの計算ができないのは，課税所得の再調整項目（米国では，社外流出に相当する項目が調整項目に含まれている。）が存在するからである。

⑤　米国の会社法における配当規制は，州ごとに異なることはすでに述べた通りであるが，そのために，米国税法における配当は，法人の利益を原資とすることから税法の規定が始まったために，その後，E&Pに係る調整規定は複雑にはなったが，配当の定義が改正されなかったことから，本質的に当初の性格付けがそのまま継続した形になっている。

1)　税法の規定として，Earnings and Profits という表現と，Earnings or Profits という表現が使い分けられている。前者は，累積した留保利益（Earnings）＋当期分の利益（Profits）を意味し，後者は，配当等の分配にして，累積した留保利益（Earnings）或いは当期分の利益（Profits）を原資とした場合等に該当するが，本章では，E&Pという表記で統一する。
2)　『改正税法のすべて―平成18年度版―』（大蔵財務協会）261-262頁。
3)　法人からの分配については，①利益の配当，②資本の払戻し，③株式の償還，④会社の清算，に区分され，それぞれ異なる取扱いが適用されている（伊藤公哉『アメリカ連邦税法』（中央経済社）平成17年第3版　368頁）。
4)　西山忠範『株式会社における資本と利益』勁草書房　1961年　98頁。
5)　酒巻俊雄「アメリカ会社法における剰余金概念の発展」『早稲田法学会誌』Vol. 12，1962年，66頁。
6)　同上。
7)　西山　前掲書　104-105頁。
8)　並木俊守『アメリカ会社法』東洋経済社　1970年　210-212頁。

第 6 章　Earnings and Profits　141

9)　伊藤　前掲書　371 頁。
10)　西山　前掲書　105 頁。
11)　同上　104 頁。
12)　Seligman, Edwin R. A., The Income Tax, The Macmillan Company 1914, Reprints of Economic Classics, Kelly Publishers 1970, p. 685.
13)　1916 年法において初めて使用された E&P について，議会の意図等を説明した委員会報告等はない（Kehl, Donald, Corporate Dividends, The Ronald Press, 1941, p. 325）。
14)　この規定は，株式配当を理論的に説明したものであるが，1921 年歳入法では，株式配当は非課税という規定になっている。
15)　1918 年歳入法は 1919 年 2 月 24 日に成立している。また，株式配当を非課税としたマコンバー事案の最高裁判決は，1919 年 10 月に口頭弁論，1920 年 3 月 8 日判決であり，対象となった歳入法は，1916 年歳入法である。株式配当に係る米国税法の変遷については，金子宏「アメリカ連邦所得税における「株式配当」の取扱い」金子宏『所得概念の研究』有斐閣　1995 年 11 月，189-229 頁参照。
16)　Ways and Means Committee of House, January 5, 1924.
17)　Ibid.
18)　酒巻　前掲論文　71-72 頁。
19)　Edwards v. Douglas et al. (269 U. S. 204 (1925))。この裁判における主たる争点は，法人からの分配を配当して課税となる場合の適用される税法の帰属（1916 年法又は 1917 年法）の問題である。
20)　1936 年法における「株主に対して憲法修正第 16 条の意味における所得を構成しない範囲とする。」という規定は，コシュランド判決（Koshland v. Helvering, 298 U. S. 441 (1936)）に応えたものという見解が示されている（金子　前掲論文　199 頁）。
21)　株式配当に係る最高裁判決（Helvering v. Griffiths, 318 U. S. 619 (1943)）において，ジャクソン判事の意見の中に，1936 年法の審議においてコシュランド事案における株式配当が検討されたことが述べられている。
22)　Helvering v. Koshland, 81 F. 2d 641 (1936).
23)　普通株式の取得価額は，165 株 × 7 ドル × 4 年 = 4,620 ドルである。優先株式の取得価額 14,996.11 ドルを 19,616,11（14,996.11 + 4,620）で按分して優先株式の税務簿価を調整すると 11,505.80 に近似することから，このような計算が行われたものと推測する。このような計算は，原告が株式の取得の取得に要した全額である 14,996.11 ドルを優先株式と普通株式の取得価額に付け替え計算をしたことになる。
24)　納税者が普通株式に代わって額面金額で優先株式による配当を受領した場合，この配当は非課税であるが，当該株式の取得価額はゼロであり，法人が当該株式を現

金により買い入れた場合，その全額が課税となるという最高裁判決が 1937 年に出されている (Helvering v. Gowran, 302 U. S. 238 (1937))。
25) 伊藤　前掲書　371 頁。
26) 第 312 条各項の趣旨については，Senate Committee Report, (83d Cong., 2d Sess., S. Rep. No. 1622 (1954) 248. を参考とした。
27) Income Tax Regulations（1955 年 11 月 25 日制定）§1.312-4.
28) Income Tax Regulations（1955 年 11 月 25 日制定）§1.312-7, Ex. (1).
29) Income Tax Regulations（1955 年 11 月 25 日制定）§1.312-8, Ex. (1)
30) Income Tax Regulations（1955 年 11 月 25 日制定）§1.312-9, Ex. (1).
31) Income Tax Regulations（1955 年 11 月 25 日制定）§1.312-6.
32) 現行の内国歳入法典では，割賦基準により課税所得の計算を行っている法人は，E&P の算定上，割賦基準を適用していないものとして計算する（1986 年内国歳入法典第 312 条(n)(5)）。
32) Income Tax Regulations（1955 年 11 月 25 日制定）§1.312-6.
33) Income Tax Regulations（1955 年 11 月 25 日制定）§1.312-6.

第 7 章

実現概念の変遷

1. 検 討 対 象

　米国税務会計における実現概念[1]については，すでに公刊している拙著『米国税務会計史』[2]において企業会計との関係等その一部を検討しているが，これまでの検討では，実現概念の米国税法における位置付け及びマコンバー事案の最高裁判決（以下「マコンバー判決」という。）[3]後の実現概念の変遷の有無等については今後の課題となっていた。本章は，この積み残したものが米国税務会計における基本的な事項と認識してこの問題を検討する。

　米国税務会計における実現概念については，忠佐市教授の著書[4]，同書に引用されたサリー教授の論文と判例研究[5]，マギル教授の著書[6]及び米国における実現概念に関連する判例[7]が検討対象となる。この検討対象となる事項について，具体的な内容となるものは次のものである。

① 1913年米国憲法修正第16条における所得は，総所得（Gross Income）か。

② 米国所得税では，純所得（Net Income）算定のためには総所得から控除項目（Deductions）を差し引くが，控除項目は，立法府の権限であるのか。

③ 総所得と実現概念の関連。

④ マコンバー判決後の判例等において実現概念は変遷したのか。

　本章において特に焦点となるのは，上記の③及び④である。③について，忠教授によるマギル教授の研究の理解では，米国連邦所得税における課税所得の概念は，総所得憲法要件説と実現要件説が二大支柱とされている[8]。④は，

マコンバー判決を基準とした米国最高裁判例における実現概念についての変遷であり，マコンバー判決において示された実現概念が同判決以降どのように変化したのかが焦点となる。

2. 1913年米国憲法修正第16条

1913年2月25日に憲法修正第16条（以下「修正第16条」という。）が次のように確定した[9]。

　「連邦議会は，いかなる原因から得られる所得に対しても，各州の間に配分することなく，また国勢調査もしくはその他の人口算定に準拠することなしに，所得税を賦課徴収することができる。」

1895年のポロック判決[10]により，所得税は米国憲法に規定する直接税に該当することから，連邦政府は，各州に税額を割り当てることになじまない所得税を制定することができなくなったのであるが，1909年にタフト大統領は，憲法改正を示唆し，憲法修正案が1909年の第61議会を通過して各州の承認を得る手続に入り，1913年2月25日に米国の州の4分の3の承認を得て，修正第16条は確定したのである。したがって，修正第16条自体に「いかなる原因から得られる所得」という文言はあるが，所得に係る定義が明確に規定されているということではない。

3. 1913年所得税法以前の所得概念

(1) 1909年制定の法人免許税

米国では，1895年のポロック判決以降，所得税の制定ができなくなっていたことから，1909年8月5日に法人の5,000ドル超のすべての純所得に対して1％の税率で課税する間接税としての法人免許税（Corporation Excise Tax）を制

定した。なお，修正第16条は，1913年2月25日に確定し，1913年所得税法（以下「1913年法」という。）は1913年10月3日に成立している。この1913年法の適用は，申告所得については1913年3月1日以降，源泉徴収については1913年11月1日以降となっている。

　法人免許税の課税標準である純所得は，総所得金額（the gross amount of the income）から所定の控除すべき金額を差し引いて算出される。この計算構造は，まさに法人税であるが，1909年当時，1895年のポロック判決による米国憲法上の制約により，法人の所得に課される法人所得税とはいえなかったのである。

(2) 法人免許税に関連する3つの判決

　法人免許税に関連する判決のうち，本章と直接関連するものとしては，次の3つの判決がある。

① Flint v. Stone Tracy Co., 220 U. S. 107 (1911)（以下「フリント事案」という。）

② Stratton's Independence, Limited v. Howbert, 231 U. S. 399 (1913)（以下「ストラットン社事案」という。）

③ Doyle v. Mitchell Brothers Company, 247 U. S. 179 (1918)（以下「ミッチェル兄弟会社事案」という。）

イ　フリント事案

　この事案の判決では，法人免許税は，法人という法により擬制された実体が事業活動を行う特権を有していることに対して課される消費税（excise tax）であると判断されている[11]。

　法人免許税を合憲としたこの事案における最高裁判決では，法人免許税の課税標準は，事業以外のすべての源泉の所得から所定の控除をした金額としている。この判決文では，所得（income 或いは gross amount of income）と純所得（net income）が区別して使用されている。

　法人免許税は，1904年に最高裁判決の出たスプレックル製糖会社事案[12]に

より，直接税に当たらないことを担保としたのである。同判決では，1898年戦時歳入法（War Revenue Act of 1898）第27条により課された税が免許税かどうかということについて，この税は，製糖業を営む法人等の25万ドルを超える年次総収入（gross annual receipts）に対して課されるもので，直接税ではないとされたのである。

ロ　ストラットン社事案

英国法人の鉱山会社であるストラットン社は，コロラドで自社所有の鉱山から金等を含む鉱石の採掘を行っている。この事案は，1909年の法人免許税の同社への適用を巡って争ったものであり，判決は，修正第16条が確定した1913年2月以降の1913年12月1日に出されていた。

本事案の争点の1つは，鉱業会社であるストラットン社が，法人免許税の納税義務者か否かであるが，これについては，ストラットン社の一連の事業活動である鉱石の採掘は製造による成果物と同様であり，法人免許税に規定のある納税義務者となると判示している。そして，同判決において，所得（income）は，資本或いは労働若しくはその両者の結合から生じる利得（gain）として定義されている[13]。

ストラットン社は，外国法人であることから，法人免許税では，内国法人等と外国法人の課税標準の計算について，後者が国内源泉所得に限定されている相違があるだけである。所得計算における問題は，自社所有の鉱山から鉱石を採取している法人が，その鉱石の収入金額から採掘等に要した金額を減耗償却という方法で控除することが認められなかった。この判決において，法人免許税は，法人形態により受ける恩典の金額に対して課税をするのであり，議会は事業の重要性について便宜性及び充分に正確な指標として総所得（gross income）を定めたのである，と述べられている。

ハ　ミッチェル兄弟会社事案[14]

この判決では，資本から現金への変換が必ず所得を生むことは限らないこと，総所得（gross income）は，総収入額（gross receipts）と同義であること，資本資産の変換によるすべての収益（proceeds）は総所得として扱われること

等が判示され，純所得計算の過程ではその原価が控除されるとしている[15]。

4．1913年法の所得概念

1913年2月25日に連邦政府に所得税の賦課徴収を認めた修正第16条が確定した。1913年3月4日に米国大統領がタフトからウイルソンに替わっている。

1913年10月3日に成立した法人税を含む所得税が規定された法律（1913年法）は，アンダーウッド（Underwood），シモンズ（Simmons）関税法の第2部に規定されている。

1913年法では，免税及び損金算入が認められることを条件として，個人の納税義務者の純所得（net income）は，次の通りである。

① 人的役務による給与，賃金，報酬からの所得
② 事業等から生じる所得，財産の取引から生じる所得，所有権の増加又は財産に係る権利の使用からの所得
③ 利子，賃貸料，配当，証券からの所得，利得又は利益を目的として合法的な事業取引からの所得
④ その他の源泉から生じた利得，利益及び所得を含む。贈与，遺贈，相続により取得した財産の価値そのものではなく，これらの財産から生じる所得を含む。ただし，死亡生命保険金，生命保険，寄付又は年金契約に係る期限満了又は契約解除に伴う返戻金は所得に含まれない。
⑤ 付加税の適用上，租税回避の目的で設立した法人等の株式を納税義務者が所有する場合，法人等からの分配の有無に拘わらず，当該納税義務者が所有する株式に対応する利得及び利益について権利を有する部分は課税所得となる。

また，法人税に関しては，あらゆる源泉（all sources）から当該年度中において生じ（arising）又は発生した（accruing）法人の所得の総額（gross amount of the income）から，所定の項目を控除して純所得（net income）を算定すること

が規定されている。

1916年9月8日に個人所得税及び法人税を含む所得税法（以下「1916年法」という。）における法人税の所得に関する規定上の文言は，1913年法では，あらゆる源泉から当該年度中において生じ（arising）又は発生した（accruing）法人のすべての純所得（entire net income）と規定されていたが，1916年法では，生じ又は発生（arising or accruing）という文言が受け取った（received）に改正されている。

5．修正第16条における所得

忠教授によれば，最高裁の判例においては，所得税は総所得を対象として課されるものであり，修正第16条のインカムは総所得を意味するものであって，純所得を意味するものではない，という趣旨が繰り返されることになる，と述べている[16]。

上記の忠教授の述べた「修正第16条のインカム」とは，修正第16条に規定のある「連邦議会は，いかなる原因から得られる所得（以下略）」を示すものである。この修正第16条における「所得」の定義については，憲法上に明定されていないことは明らかである。

修正第16条の意義については，新たな直接税の課税権を連邦政府に与えたのではなく，連邦政府が直接税を課税する場合，各州の人口に応じて割り当てる必要がなくなったという解釈をした判例がある[17]。

また，所得概念については，1909年の会社免許税に関連した判例により[18]，所得とは，資本又は役務提供若しくはその双方から生じる利得（gain）と定義されている。

さらに，マコンバー判決において，原告であるマコンバー夫人は，株式配当を課税と規定している1916年法に基づく課税が米国憲法第1条第2節第3項及び第1条第9節第4項に抵触し[19]，株式配当は修正第16条の意味する所得ではない，と主張したのである。

この「修正第16条に意味する所得」という文言は，その後の判例においても使用されているが，その意味するところは，憲法修正後に成立した1913年所得税法以降の所得税法の課税対象となる所得という意味で，各州の人口比に応じて事項に応じて割り当てる必要がなくなったものと解釈できるのである。

そして，本章4において述べたように，修正第16条確定後に制定された1913年法及び1916年法において，所得金額から諸控除を差し引いて純所得を算出することになっていることから，所得概念自体の定義は税法にはないが，その規定から所得概念がグロスの金額（総所得：Gross Income）であることは明らかである。

忠教授は，米国連邦所得税における課税所得の概念は，総所得憲法要件説と実現要件が二大支柱と述べ[20]，総所得憲法要件説の骨子として次の3点を挙げている[21]。

① 修正第16条のインカムは，1913年以降の制定法においても，総所得を意味する。

② その総所得は，必ずしも総収入高を意味するものではなくて，資産の売買などの場合には，売上原価を差し引いた残高である。

③ 総所得は憲法に関連する問題であるが，総所得から差し引いて純所得（課税所得）に到達する控除（個人は人的控除を含む。）は議会の立法権限に属する。その控除の有無及び程度については，直接には憲法に関連するものではない。

さらに，総所得憲法要件説は，修正第16条によって特定の事実が総所得であるかないかが要件づけられている，ということを意味するものではなく，そのインカムが総所得であって純所得ではないことを意味するだけである，と忠教授は述べている[22]。

これについては，1909年制定の法人免許税の規定及び同法に関連する前出の判例において，所得の意義は，総所得を意味するものとなっていた。したがって，修正第16条において「いかなる原因から得られる所得」と規定したときは，1913年法の制定前であったが，同法における所得は，法人免許税から

の理論的な承継として総所得とならざるを得なかったのである。このことは，憲法の規定の解釈として，「米国憲法において直接税としての所得税の賦課徴収の対象となるのは総所得」ということになる。また，司法判断を行う場合には，憲法要件説が必要になることもあろうが，実体規定としての所得税法では，法人免許税のときより総所得を所得として解釈してきてことから，筆者としては，憲法が所得概念を定めたかのように見える総所得憲法要件説について，若干の違和感がある。したがって，繰り返しになるが，「修正第16条の所得」という用語 (the meaning of the Sixteenth Amendment) の解釈は，修正第16条に関連する判例に基づけば，州に対する割当の対象となる金額か否かという点と1913年法以降の所得税の課税を受ける所得か否かということになる。

　前出②における総所得は，ミッチェル兄弟会社事案において，製造業と商業における総所得については，売上原価を控除した金額とすることになっており，それ以外は収入金額が総所得である[23]。

6. 総所得からの控除項目

　米国の所得税法は，1861年から1872年までの間に立法され，その後中断して，1894年に再度導入されるのであるが，1895年のポロック判決により所得税は廃止され，1913年に至って，修正第16条による憲法修正により3度目の導入が行われて現在に至っているのである。

　1913年法の前史として，1909年に間接税としての法人免許税の制定があり，この法人免許税において，総所得から所定の控除を行って課税所得を算出することが規定されたのである。

　司法において，控除については議会の権限であることを認めた判決はインデペンデント生命保険会社の最高裁判決[24]である。同判決の末尾に，議会は総所得 (gross income) から控除を決定する権限を有していると判示している。したがって，本章の冒頭部分で述べた「控除項目は，立法府の権限であるのか。」という事項については，上記の判例がそれを示しているのであるが，この事項

は，総所得憲法要件説と対で考えることであろう。

　すなわち，税法の規定である控除項目について，税法を定める立法府に権限のあるのは当然のことである。このことは2つの意味を含んでいるものと思われる。1つは，総所得について憲法が根拠となり，控除項目については立法府にその権限があるという解釈である。他は，わが国の法人税法のように公正な会計処理の基準に大きく依存しているのとは異なり，米国では，税法が独自に総所得から控除できる項目を定めるという企業会計とは距離を置いた規定を置いていることにある。これについて日本の法人税法に引き直していうと，米国の損金項目はすべて別段の定めということになり，立法府の立法する税法がこれらを規定しなければならないのである。

　また，別の視点に立てば，総所得が課税所得とならないために，立法府が恩典として一定限度の控除を認めたという解釈も成り立つのである。

7. 総所得と実現概念の関連

　本章で検討対象とするマコンバー判決は，総所得と実現概念の関連が焦点であるが，具体的には，株式配当が所得税において課税となるのか否かという問題である。

(1) マコンバー判決の事実関係

　1916年1月に，カリフォルニア・スタンダードオイル社の取締役会は，発行済株式に対して50％の株式配当を行うことを決定して，当該株式配当に見合う25,000,000ドルを未処分利益剰余金勘定から資本金勘定に振り替えた。同社の株主であったマコンバー夫人は，旧株2,200株を保有して，新株1,100株を受領した。この1,100株のうちの18.07％に当たる198.77株（額面金額19,877ドル）は，1913年3月1日以後1916年1月1日までの期間に取得したものである。マコンバー夫人は，1916年法に基づいて19,877ドルについて課された税を納付するように慫慂され納付した。そして，税の還付を求めて提訴したの

である。マコンバー夫人の主張は，株式配当を課税と規定している1916年法に基づく課税が米国憲法第1条第2節第3項及び第1条第9節第4項に抵触し，株式配当は修正第16条の意味する所得ではない，というものである。

(2) 株式配当を所得ではないとした理由

本判決は，最高裁9名の判事のうち4名が反対意見を述べていることから，5対4の判決ということになる。結果として，株式配当は所得ではないという判決になった。判示された事項の主たるものは次の通りである。

1909年の会社免許税に関連した判例により，所得とは，資本又は役務提供若しくはその双方から生じる利得（gain）と定義されている。本判決は，所得を，資本から生じた利得（gain）又は投資における価値の増加ではなく，利得，利益（profit），なんらかの交換された価値であり，財産から生じるもの，資本から切り離されたものであり，財産から生じる所得とは，納税義務者が個別に使用（for his separate use）できるように受領したものであると述べている。この資本と所得関連については，資本は木或いは土地であり，所得は果実又は穀物であると譬えられている。

また，配当が金銭又は例外的に分割可能な財産で支払われた場合で，当該配当が株主の独自の財産（separate property）になるときに，株主は利益或いは利得の実現を認識することになる。

筆者は，簡単な例を次のように想定した。株主1名で会社の株式1株を有しているとする。そして，会社の資本金100，利益剰余金100として，次の2つの場合を想定して比較する。

第1の方法は，利益剰余金全額を株主に配当する場合，第2の方法は，利益剰余金全額を資本に組み入れて株式配当を行う場合である。

第1の方法では，株主は100の現金配当を受け取ることになる。第2の方法では，株主は所有する1株と同数の株式配当を受け取ることになる。前者の現金配当の場合，配当を受け取った時点で，株主は，株式価額100と現金100を有することになる。株式配当の場合は，株主は，株式価額100の株式2株を有

することになる。この結果，2つの場合における株主の経済的実態（200を保有するということ）に相違はないことになる。したがって，これらの相違点は，現金配当の場合，株主は受け取った現金を使用することができることであり，株式配当の場合は，これができないことである。

(3) 本判決における実現概念についての検討

本判決の意義は，株式配当の課税を斥ける理由として実現概念を用いたことである。そこで問題点は，実現概念の意義ということになる。換言すれば，なぜ，実現概念を用いて理由付けをしなければならなかったのかということである。

本事案における実現概念の提唱者は，20世紀初頭の著名な財政学者であるコロンビア大学教授のセリグマン（Edwin Robert Anderson Seligman）である[25]。

このセリグマン教授の実現概念に係る所説は次のようにまとめることができる。

① 資本の増価は，実現したときのみ利得となる。
② 実現した資本の増価は，広義には所得である。
③ 未実現の資本の増価は所得ではなく，資本の単なる価値の増加である。

ここにおけるポイントは，資本から増価した部分を分離することである。分離した増価部分は所得であるが，分離しないままであれば，それは資本ということになる。

所得の属性として，実現と分離が必要であるというセリグマン教授の所説であるが，それぞれの機能はどのようなものなのであろうか。実現は未実現な評価益との区分に必要な概念ということになり，財産価値が増価しただけでは所得にならないことになる。分離は，資本から増価した部分を切り離せば所得ということであるが，これは換言すれば，資産としての処分可能な状態ということになる。

このことをまとめると，株式配当が所得でない理由として，資本からの分離という実現が行われなかったということになる。

(4) 実現概念の影響

　本章の冒頭において述べたように，マギル教授の研究を踏まえた忠教授の所説によれば，米国連邦所得税における課税所得の概念は，総所得憲法要件説と実現要件説が二大支柱とされている。仮にそうであるとすれば，実現概念はマコンバー判決（1920年）以降も課税所得概念に影響を及ぼしたことになる[26]。

　マコンバー判決では，財政学者の見解，過去の判例等が検討された結果，所得について次のような見解が示されたのである[27]。

　判決によれば，政府は，利得（gain）という用語を強調しているが，この語には種々の意味が含まれているが，次の用語の持つ重要性については見逃されたり，誤解されたりしていることを指摘している。その用語とは，資本から生じる（Derived-from-capital）ものと，資本から生じた利得（the gain-derived-from-capital）である。本質的な事項として，判決が示したことは，利得は，資本から生じることはなく，投資による価値の増加からも生じないが，財産から生じる交換価値の一部，投資又は使用された資本から分離されたもので，かつ，現れ，生じたものである。すなわち，財産から生じた所得（income）は，受領者である納税義務者が独自に使用する目的で受領或いは引き出された利得若しくは利益（profit）のことである。そして，この所得概念は，修正第16条に規定のある「いかなる原因から得られる所得」という文言と同じ基本的な概念であると判示している[28]。

　サリー教授は，実現概念[29]が所得税に関する論文等の基礎となり，多くの分野の有識者から多数の意見が出されたとしている，と述べている[30]。マコンバー判決以降の実現概念に関連する判例としては，ブルウン事案の最高裁判決（1940年），コテージ・セービングアンドローン判決（1991年）[31]等がある。

8. ブルウン事案の最高裁判決

(1) ブルウン事案の最高裁判決の概要

　ブルウン事案の最高裁判決（以下「ブルウン判決」という。）[32]は，1940年の判

決であり，1920 年のマコンバー判決から 20 年経過したものである。

この事案は，カンサス市に居住するブルウン氏（以下「B」という。）が 1915 年に建物付きの土地を 99 年間の契約（契約満了年は 2014 年）で New Market Investment Company（以下「N社」という。）に賃貸した。N社は 1929 年に当該借地にあった建物を撤去して，新しい建物を建築した後に，1933 年に賃借料が支払えなくなり契約が終了した。1933 年の契約解約時における当該建物の時価は 64,245.68 ドルであり，1929 年に取り壊した旧建物の原価は 12,811.43 ドルであった。その差額は 51,434.25 ドル（以下「当該差額金額」という。）である。Bは，当該差額金額を 1933 年分所得として申告しなかったが，課税当局は，この差額を経済的利得として課税した。

(2) 高裁判決

この事案の高裁判決[33]における課税当局の主張は，当該差額金額が 1932 年歳入法第 22 条(a)に規定する総所得（Gross income）に該当し，1933 年の契約解約時に疑いなく実現しているというものである。これに対するBの主張は，取引から生じた不動産の価値の増加のみを対象として，建物の売却前に貸手であるBに実現した利得はないと主張し，課税当局は，財産価値の増加を単なる資本の増額であり，それが分離するまで所得として憲法上課税とならないというマコンバー判決とこの事案を区分しようと意図していると主張している。高裁の判決では，当該差額金額に相当する価値の増加分は，契約解約時の 1933 年における資本の増加（an addition to capital）であり，所得ではないという判断が下されている。

(3) 最高裁判決

最高裁は，第 1 審及び第 2 審の判決を覆して，1933 年に実現した利得について課税当局が課税するとしている主張を支持している。Bはマコンバー事案の最高裁判決において利得が資本から分離して，かつ，処分可能な状態となると判示している[34]ことを強調しているが，当該判決では，この表現は一般の配

当と株式配当を区分するために使用されているという判断が示されている[35]。これは，課税対象となる利得の認識において，当初の資本から利得となる改良分を分離することを必要としないという判断が示されたのであって，仮にそうであるならば，財産の交換から所得が生じることの説明ができなくなるというのが裁判所の見解である。

(4) 評　釈

Bの主張は，新しく建築した建物が土地と不可分の関係にあり，当該建物に係る土地の価値の増加であることから，当該建物の譲渡まで所得の実現がないというものである。これに対する裁判所の見解は，利得の実現に，資産の売却による現金の取得は必要ではなく，利得は，財産の交換，納税義務者の債務免除等からも生じるのである，と判示している。

この判決に対する評釈としては，サリー教授の論文[36]，サリー教授の共著における説明[37]，忠教授の解釈等[38]があるが，マコンバー判決における実現概念の定義とは異なる見解が当判決において示されたことは事実である。また，この判決は，最高裁における実現概念の発展とする見解もある[39]。なお，本判決の評釈から離れるが，本事案と同様の裁判例が日本にある[40]。この事例では，賃貸人が無償で賃貸借の土地上にある建物を取得したことに係る課税関係を争っているが，ブルウン事案の判決のように，所得か否かについての争いはない。

ブルウン判決は，マコンバー判決における実現概念の意義を一般の配当と株式配当を区分するために使用されたとし，資本の増加分の分離が所得であるとする同判決とは異なる判断を示したことは評価に値する。

結果として，本稿冒頭に述べた4つのポイントのうちの③と④について，実現概念はマコンバー判決以降，拡大したといえるのである。

9. グレンショー・ガラス社（Glenshaw Glass Co.）事案の最高裁判決[41]

(1) 事 実 関 係

　グレンショー・ガラス社（以下「G社」という。）はペンシルベニア州の法人で，ガラスビン等の製造を行っていた。G社はハートフォード・エンパイアー社（Hartford-Empire Company：以下「H社」という。）との間で，H社に対して反トラスト法に違反したことによる事業上の損害賠償の訴訟を起こした。1947年12月に両社は和解して，H社はG社に対して約800,000ドルを支払うことになった。このうち，324,529.94ドルがH社による詐欺と反トラスト法による被害のための賠償金である。G社は，法人の確定申告においてこの部分の金額を申告金額に含めなかった。租税裁判所及び控訴審は，いずれもG社の主張を認めたのである。

(2) 争　　　点

　この事案に適用となる税法の規定は，1939年内国歳入法典第22条に規定する総所得（Gross income）であり，当該条文では，「いかなる原因から得られる利得，利益及び所得」という文言があり，当該事案の賠償金がこの規定に合致するか否かということが争点であった。
　本章4において述べたように，1913年法においても総所得の規定はあるが，特に総所得について特段の定義を行ったということはない。所得に関しては，マコンバー判決において，「所得は，資本或いは役務提供から若しくはその双方からの利得と定義できる」と判示されている[42]。したがって，本事案については，内国歳入法典第22条の解釈及び判例に基づいて，損害賠償金の課税の可否が焦点となったのである。

(3) 高裁判決

下級審の租税裁判所及び高裁（第3巡回裁判所）は，いずれも本事案の損害賠償金は，所得とはならないという判決を下している。

高裁判決では，損害賠償金の性格は，独特のもので，対価性はなく，定期的なものでもないと分析されている。そして，損害賠償金は，マコンバー判決にある所得の定義である「所得は，資本或いは役務提供から若しくはその双方からの利得」に当たらず，資本資産の販売或いは交換から得た利益でもないとしている。したがって，損害賠償金は，マコンバー判決における所得の定義に合致しないことは明らかであると判示している[43]。

(4) 最高裁判決

最高裁は，損害賠償金が内国歳入法典第22条に規定する総所得に該当する課税所得であるとした。最高裁の判断によれば，立法府の意図するところは，免税として特段に規定されたものを除いて，所得となるすべての利得を課税するということである。

(5) 小　括

本判決は，実現概念の展開という側面よりも，総所得或いは所得概念についての司法上の見解が述べられているといえる。本判例では，ミッチェル兄弟会社事案及びマコンバー判決において示された所得概念が本判決により拡大したということになる。

マコンバー判決における実現概念について，ブルウン判決では，実現概念の使用目的が一般配当と株式配当を区分するためであると説示されているが，ブルウン判決以前の段階で，実現概念は資本の増加分の分離を要件としていたが，ブルウン判決は，この要件が必須でないことを示したのである。

本判決では，損害賠償金が明らかな富の増加（accessions to wealth）であり，明らかに実現しているもので，その増加した富に対して，納税義務者が完全な支配権（complete dominion）を有しているという判断が示されている[44]。

10. 実現概念に関する司法上の解釈

　実現概念について，その意義を多く述べている判決としてはホースト事案の最高裁判決[45]（以下「ホースト判決」という。）がある。同判決における実現概念に関する解釈は次の通りである[46]。

　経済的利得のすべてが課税所得ということではなく，歳入法では，所得の実現ということは，所得を取得する権利を受け取ることというよりも，課税上の契機（taxable event）と解釈されていた。実現ということは，所得の支払いがあるまで生じないということではなく，現金或いは財産の受け取りが所得の実現の唯一の特徴ということでもない。納税義務者が現金或いは財産により所得の支払いを受けないときは，すでに発生した経済的利得の成果を得るという最後の段階が生じて実現といえることになる。通常の場合，納税義務者は，受け取る権利が生じたときではなく，所得を受け取る権利を取得したときに課税されることになる。

　このホースト判決の事実関係は，流通債券の所有者である原告がその債券の利札を満期日直前に切り離してその息子に贈与したという内容である。なお，息子は当該利子所得を申告している。課税当局はこの利子所得を父親である原告の所得として課税し，最高裁は課税当局を支持したのである。

　ホースト判決の事例は，父親の所得を利札の贈与により息子に付け替えて租税回避を図ったものと推測できるが，この所得を父親に帰属させる理論として，判決では，所得の実現を条件として位置付けたというサリー教授の見解がある[47]。同見解によれば，同一年分にいずれかのときにおける利札の贈与は，当該年分における利得の実現である。利子の支払われる満期前における債券の価値は，債券の額面額に利子相当額を加えた額となる。債券の経済的利得はその債権の所有者の債券価値の増加分となるからという，ある種の未収収益について実現概念を適用していることになる。

　このホースト判決は，租税回避を認めないとする課税当局に対して，その主

張を最高裁が支持したのであるが，その論理として，実現概念に基づく説明を行ったのである。

また，ホースト判決において，歳入法の初期の段階から所得の実現について課税上の契機としていることはすでに述べたが，これに関して，サリー教授は，判決において示された実現概念の適用ということは憲法上の要請ではないとしている[48]。

11. 実現概念と会計理論における実現主義の交差

本章で取り上げた判例における実現概念の変遷について，チャットフィールド教授は，ウインダル氏の諸論を引用して，次のように述べている[49]。

司法はマコンバー判決を修正し，賃貸借による所得は資本から利得部分の分離なくして生じるという実現概念解釈を拡大した。しかしながら，実現に関する司法上の見解は，所得の存在に関して資産価値の増加という一定の条件が満たされる場合としている。その満たされるべき一定の条件とは，測定の可能性があり，確実で変更不能なもので，現金或いは財産の受領，債務免除，法的権利の変更が認識されていることである。

このチャットフィールド教授の記述は，ブルウン判決においてマコンバー判決における実現概念が拡大したことは認めているのであるが，実現概念に関して一定の条件が課されていると指摘している。

本章でここまで取り上げた判例は，1920年のマコンバー事案と1940年のブルウン事案及びホースト事案の最高裁判決等である。会計理論における実現主義については，1930年代にこの用語の公的使用があったことをチャットフィールド教授は認めている[50]。また，実現主義をどのように適用するのかという点に関する合意は1930年代後半まで存在しなかったと述べられている[51]。したがって収益の認識基準としての実現主義は，古くから存在していたのであるが，理論として確立する時期が1920年のマコンバー事案と1940年のブルウン事案の判決に挟まれた時期ということになる。

税務会計と企業会計との関連について，チャットフィールド教授は，企業会計が税務会計に影響を及ぼしたこともあるが，その逆もあり，1913年から1920年の間では，会計士による事業所得決定のために方法の多くが，租税判例から出現したと述べている[52]。

　以上のことからいえることは，実現に関する司法上の見解が企業会計に取り入れられるかどうかは即断できないのである。しかしながら，実現に関して，司法上の判断と企業会計における理論形成が1920年から1930年代において同時並行して展開した事実は，両者の間に何らかの影響があったと推測することはできよう。

1) 本章では，企業会計において一般に使用されている収益の認識基準である実現については実現主義と称し，税務会計において使用されている実現は実現概念という用語を使用して区分をしている。
2) 拙著『米国税務会計史』中央大学出版部　2011年。
3) Eisner v. Macomber 252 U. S. 189.
4) 忠佐市『アメリカの課税所得の概念及び計算の法学論理—アメリカ連邦最高裁判所判例を核心として—』日本大学商学部会計学研究所　研究資料第2号　1984年。
5) ① Surrey, Stanley S., "The supreme court and the federal income tax : some implications of the recent decisions" 35 Illinois Law Review (1941). ② Surrey, Stanley S. & Warren, William C., Federal Income Taxation-Cases and Materials, 1955 edition, The Foundation Press, 1955.　③ Surrey, Stanley S., Warren, William C., Mcdaniel, Paul R., Ault, Hugh J., Federal Income Taxation-Cases and Materials Vol. 1, The Foundation Press, 1972.　④ Mcdaniel, Paul R., Ault, Hugh J., Mcmahon, Martin J., Simmonds, Daniel L., Federal Income Taxation-Cases and Materials, Third edition, The Foundation Press, 1994.　なお，以下では，上記②を1955年版，③を1972年版，④を1994年版とする。
6) Magill, Roswell, Taxable Income, The Ronald Press Company, 1936.
7) 実現概念に関連した判例は次の通りである。
　① Stratton's Independence, Limited v. Howbert, 231 U. S. 399 (1913).
　② Doyle v Mitchell Brothers Company, 247 U. S. 179 (1918).
　③ Stanton v. Baltic Mining Company, 240 U. S. 103 (1916).
　④ Eisner v. Macomber, 252 U. S. 189 (1920).
　⑤ United States v. Kirby Lumber Co., 284 U. S. 1 (1931).

⑥　North American Oil Consolidated v. Burnet, 286 U. S. 417 (1932).
⑦　Helvering v. Clifford, 309 U. S. 331 (1940).
⑧　Helvering v. Bruun, 309 U. S. 461 (1940).
⑨　Helvering v. Horst, 311 U. S. 112 (1940).
⑩　Commissioner of Internal Revenue v. Glenshaw Glass Co. 348 U. S. 426 (1955).
⑪　James v. United States, 366 U. S. 213 (1961).
⑫　Cottage Savings and Loan v. Commissioner, 499 U. S. 554 (1991).

また，マコンバー判決は，株式配当の課税，組織再編，金融資産取引における実現について影響を与えているという指摘がある（岡村忠生「マコンバー判決再考」『税法学』546, November, 2001）。株式配当に関連する判決は次の通りである。
①　Eisner v. Macomber, 252 U. S. 189 (1920).
②　Koshland v. Helvering, 298 U. S. 441 (1936).
③　Helvering v. Gowran, 302 U. S. 238 (1937).
④　Helvering v. Griffiths, 318 U. S. 371 (1943).
⑤　Helvering v. Sprouse, 318 U. S. 604 (1943).

8)　忠　前掲書　133頁。
9)　宮沢俊義（編）『世界の憲法集』岩波書店　1974年　49頁。なお，原文は次の通りである。

The Congress shall have power to lay and collect taxes on incomes, from whatever source derived, without apportionment among the several States, and without regard to any census or enumeration.

10)　Pollock v. Farmer's Loan & Trust Co., 157 U. S. 429 (1885), Pollock v. Farmer's Loan & Trust Co., 158 U. S. 601 (1885).　この判決については，拙稿「米国税務会計史⑴」『商学論纂』第50巻第1・2号，2009年2月，109-114頁参照。
11)　フリント事案におけるデイ判事の判示事項。この見解は，法人免許税の制定時において，タフト大統領が議会に示した教書（1909年7月16日）にある見解と同じである。
12)　Spreckels Sugar Refining Co. v. McClain, 192 U. S. 397 (1904).
13)　Stratton's Independence, Limited v. Howbert, 231 U. S. 399, 415 (1913).　この所得の定義は，ミッチェル兄弟会社事案における判決においても引用されている（Doyle v. Mitchell Brothers Company, 247 U. S. 179, 185）。
14)　ミッチェル兄弟会社事案等の概要等については，拙稿「米国税務会計史⑵」『商学論纂』第50巻第3・4号，2009年3月，119-121頁参照。
15)　法人免許税に係る財務省規則31号（Treasury Regulations No. 31, 1909年12月3日発遣）により，売上原価の控除が規定されている。これについて，判決では，同規則の内容を肯定している。

16) 忠　前掲書　136頁。
17) Brushaber v. Union Pacific R. Co., 240 U. S. 1 (1916), Stanton v. Baltic Mining Co., 240 U. S. 103 (1916).
18) Stratton's Independence, Limited v. Howbert, 231 U. S. 399 (1913), Doyle v Mitchell Brothers Company, 247 U. S. 179 (1918) の2つの判例がある。
19) 憲法修正第16条による改正は次の①及び②の通りである。
   ① （第1条第2節第3項：直接税に関する規定は修正第16条により改正）。代議員数及び直接税（direct taxes）は，連邦に加入する各州の人口に比例して，各州の間に配分されることとする。(以下略)。
   ② （第1条第9節第4項：修正第16条により改正）。人頭税その他の直接税は，上に（第2節第3項）に規定した調査或いは計算に基づく割合によるのでなければ賦課することができない。
   前章で引用した判例（Koshland v. Helvering, 298 U. S. 441 (1936)）において，次のような説示がある（298 U. S. 441, 444）。
   マコンバー判決において普通株式所有の株主に対する株式配当は，修正第16条に意味する所得ではなく，当該株式に対して課税をすることは，修正第16条により与えられた権限を超えるものである。
20) 忠　前掲書　132頁。
21) 同上　138頁。
22) 同上　138頁。
23) 拙稿「米国税務会計史(2)」『商学論纂』第50巻第3・4号，2009年3月，120頁。
24) Helvering v. Independent Life Insurance Co. 292 U. S. 371 (1934).
25) その詳細については，拙稿「米国税務会計史(3)」『商学論纂』第50巻第5・6号，2009年4月，56-57頁。また，引用されたセリグマン教授の著作はSeligman, E. R. A., "Are Stock Dividends Income" in Studies in Public Finance, reprinted by A. M. Kelly, 1969, pp. 99-10. である。
26) サリー教授は，マコンバー判決が重要な判決であると述べている（Surrey, Stanley S., "The supreme court and the federal income tax : some implications of the recent decisions" 35 Illinois Law Review (1941), p. 781)。
27) Eisner v. Macomber, 252 U. S. 207 (1920).
28) マコンバー判決において，同判決に示された所得概念は，修正第16条に規定のある「いかなる原因から得られる所得」という文言と同じ基本的な概念であるとしているが，修正第16条の意義について判示した最高裁判決であるブルシャバー事案（Brushaber v. Union Pacific Railroad Co., 240 U. S. 1 (1916)）によれば，ホワイト裁判長は，1913年法は適正手続の点で違憲ではないとした上で，修正第16条が，修正前の米国憲法における直接税の要件とされた，各州への割当及び直接税か否か

の基準としての資本の種類（例えば，1880年判決のスプリンガー事案では，土地又は建物から生じるものが所得と認識していた。）に対する制限を緩和したことであるという見解を示している。したがって，マコンバー判決以前に出されたこの判決によれば，修正第16条の意義は，連邦政府に対して所得税の課税権を新たに与えたのではなく，上記2つの制限を取り払ったということになり，所得概念について新たな意義を加えたものとはいえないものと思われる。修正第16条における「いかなる原因から得られる所得」という文言は，1913年法の「いかなる源泉から生じる (arising or accruing from all sources)」という課税所得を規定した文言と同じ性格のもので，判決にいうところの「修正第16条所得」は所得税の課税対象となる所得の範囲を示したもので，マコンバー判決は，所得の判定要素として実現概念を新たに加えたものといえる。したがって，同判決に示された所得概念は，修正第16条に規定のある「いかなる原因から得られる所得」という文言と同じ基本的な概念と判示されている。

29) サリー教授は，実現主義 (the principle of realization) という用語を使用している (Surrey, Stanley S., op. cit., p. 782)。

30) Ibid., p. 782.

31) Cottage Savings and Loan v. Commissioner, 499 U. S. 554 (1991). 注5) に記載した3冊のうち，時間的に当然のことであるが1994年版のみがこの判例を登載している。

32) Helvering v. Bruun, 309 U. S. 461 (1940).

33) Helvering v. Bruun, 105 F. 2d. 442 (1939).

34) Eisner v. Macomber, 252 U. S. 207 (1920).

35) Helvering v. Bruun, 309 U. S. 468, 469 (1940).

36) 5) ① pp. 782-784.

37) 5) ③ p. 826.

38) 忠 前掲書 243-244頁。

39) 5) ③ p. 826.

40) 土地の賃貸借契約の合意解除の際に，賃借人から賃貸人に対して同土地上にある建物を無償で移転したという事例であり，これに関する判決では，この利益は不動産所得ではなく一時所得に該当するとされたのである（名古屋地方裁判所：平成17年3月3日判決，平成16年（行ウ）第9号，名古屋高等裁判所：平成17年9月8日判決，平成17年（行コ）第22号，最高裁判所第三小法廷：平成18年10月3日決定，平成17年（行ヒ）第384号）。この裁判では，建物を無償で取得したことによる経済的利益を所得とすることについては両当事者間で争いがなく，その所得の種類（課税当局は不動産所得又は雑所得，納税義務者は一時所得を主張している。）について争っている。

41) Commissioner of Internal Revenue v. Glenshaw Glass Company, 348 U. S. 426（租税裁判所判決：18 T. C. 860. 高裁判決：211 F. 2d 928）. この判決に関する評釈としては，① Caron, Paul L. (ed.), Tax Stories, Foundation Press, 2003, pp. 15-51. ② 川田剛・ホワイト＆ケース外国法事務弁護士事務所（編著）『ケースブック 海外重要租税判例』財経詳報社 2010 年 8-13 頁，がある。また，この事案は，Commissioner of Internal Revenue v. William Goldman Theatres, Inc. 事案と併合審理である。
42) Eisner v. Macomber, 252 U. S. 189, 207 (1920).
43) Commissioner of Internal Revenue v. Glenshaw Glass Company, 211 F. 2d 928, 933 (1954).
44) Commissioner of Internal Revenue v. Glenshaw Glass Company, 348 U. S. 426, 431.
45) Helvering v. Horst 311 U. S. 112 (1940).
46) Helvering v. Horst 311 U. S. 112, 115 (1940).
47) 5) ① pp. 788-789.
48) Ibid., p. 791.
49) Chatfield Michael, A History of Accounting Thought, the Dryden Press, 1974, pp. 256-258（津田正晃・加藤順介訳『チャットフィールド 会計思想史』文眞堂 1979 年 329-332 頁）.
50) Ibid., pp. 258-259（津田正晃・加藤順介訳 同上 331-333 頁）.
51) Ibid., p. 259（津田正晃・加藤順介訳 同上 333 頁）.
52) Ibid., p. 256（津田正晃・加藤順介訳 同上 328 頁）.

第8章

夫婦合算申告制度の生成

1. はじめに

　米国の夫婦合算申告制度は，共働きの夫婦の申告形態ではなく[1]，米国の州における財産制度において，夫婦共有制と夫婦別産制が州により異なっているという事態を基盤としたある種の2分2乗方式による所得税額計算の方式である。本章では，この方式が米国独自の法的環境等の下でどのように生成して来たのかを検証すると共に，個人のみを課税単位とするわが国における所得税制に対して参考となる事項があるのかどうかを検討することとする。

2. 米国個人所得税申告書の構成

　最初に，米国における現行の個人所得税申告書がどのような内容であるのかを項目を分けて検討する。

(1) 申告書の様式
　米国の個人所得税申告書の様式は，FORM1040（一般用：以下では「申告書」という。）であり，これには各欄の明細書としての付表（Schedule A&B 〜 Schedule SE）が添付されることになる。なお，個人所得税申告書には，上記の様式以外に，非居住者用（FORM1040NR），簡易申告書としてFORM1040EZ及びFORM1040A等の様式があり，使用する言語も英語以外にスペイン語を使用したものもある。

(2) 申告資格（Filing Status）

申告書には，5つの申告資格の区分がある。区分は，① 独身，② 夫婦合算，③ 夫婦個別，④ 世帯主，⑤ 扶養家族のいる適格寡婦・寡夫，である。この区分に従って各種の控除等及び税額表が異なることになる。例えば，税額表では，上記の②と⑤は同じ税額表を使用することから，4種類に分かれている。

(3) 所得税額の計算過程

申告書は，次のような過程を経て所得税額を計算することになっている。
① 総所得金額（total income）を算定する。
② 総所得金額から特定の経費項目を控除して調整総所得金額（adjusted gross income）を算定する。
③ 調整総所得金額から所得控除（実額控除又は標準額控除），人的控除等を控除して課税所得金額を算出する。なお，2011年の夫婦合算申告における標準額控除額（standard deduction）は11,600ドルである[2]。
④ 算出税額に代替ミニマム税を加算し，各種税額控除の額を差し引く。
⑤ ④の税額にその他の税額を調整して税額合計額を算出する。
⑥ 税額合計額から源泉徴収税額等を控除して納付税額を算定する。

(4) 人 的 控 除

米国の2011年における人的控除の金額は，1人当たり3,700ドルである。人的控除では，配偶者と扶養家族は分けられているが，控除額は同じである。

3. 夫婦合算申告の概要

(1) 夫婦合算申告の要件

夫婦合算申告に係る規定は，内国歳入法典第6013条である。この規定（第6013条(a)）によれば，夫婦は配偶者に所得或いは控除がない場合であっても夫婦合算申告を選択することができることになっている。その場合の要件は以下

の通りである。
　① 夫婦共に課税年度が同一の日から開始となること
　② 離婚判決のないこと又は課税年度の最終日に独立した生計の下で法的に離婚していないこと
　③ 課税年度のいずれかの時に，夫婦のいずれも非居住外国人でないこと
　なお，夫婦の一方が米国市民又は居住者であり，その配偶者が非居住外国人である場合，夫婦合算申告を選択することができるが，全世界所得を申告すること及びすべての必要な帳簿等を準備することに合意することが条件となる。

(2) 申告資格別の税額計算
　2011年の税額表に基づいた税額計算であるが，課税所得が50,000ドルである場合，次のような税額（算出税額）となる。
　① 独身者：8,631ドル
　② 夫婦合算申告及び扶養家族のいる適格寡婦・寡夫：6,654ドル
　③ 夫婦個別申告：8,631ドル
　④ 世帯主：7,274ドル
　したがって，申告資格別の税負担は，軽い順から並べると，① 夫婦合算申告及び適格寡婦・寡夫，② 世帯主，③ 独身者及び夫婦個別申告，という順序になる。

(3) 夫婦合算申告により税負担が増加する場合（Marriage Penalty）
　夫婦合算申告による税額が，夫婦が仮に独身者であるとした場合に申告する税額の合計より増加する場合がある。これはMarriage Penaltyといわれているが，2001年の税制改正により，標準額控除額が増額され，15%の税率適用範囲が拡大する等の措置が講じられてMarriage Penaltyの状態が救済されている[3]。

(4) 夫婦合算申告の類型と特徴

民法上の私有財産制度について，米国以外では，英国が別産制であり，ドイツは別産制であるが，財産全体の処分については他方の同意が必要となっている。フランスは，財産に関する特段の契約をすることなく婚姻する場合，夫婦共通の財産とそれぞれの特有財産が併存することになる[4]。米国の場合は，多数の州が夫婦共有財産制であり，少数の州が別産制となっている[5]。

所得税における課税単位として，個人単位と夫婦単位を含む世帯単位に分けることができる。本章のテーマである米国の夫婦合算申告は，世帯単位の類型に入るもので，そのうちの夫婦の所得を合算して均等分割する2分2乗方式といわれるものである。すでに述べたように，米国の夫婦合算申告では，合算後の所得の均等分割はしていないが，夫婦2人分の課税を前提とした異なる税率表を適用して，標準額控除等の控除金額も2人分として定められていることから，実質的な2分2乗方式といえよう。

米国以外では，ドイツが米国と同様に個人申告と夫婦合算申告の選択を認めている。この選択ができる個人は，婚姻しており夫婦共にドイツ居住者であり，かつ，課税年度の開始から離婚していない者である。なお，EU居住者及びアイスランド，リヒテンシュタイン及びノルウェー3国の居住者に対しては，夫婦の一方がドイツ居住者であり，配偶者がこれらの国の居住者である場合，この制度を選択できる特則がある。

夫婦合算申告を選択する要件は，夫婦の全世界所得の90％以上がドイツで課税を受けること，或いは，夫婦のドイツで課税を受けない所得の合計金額が，基礎控除額である15,668ユーロを超えないことである。夫婦合算申告の税率表は，独身者よりも有利な税率設定となっている[6]。

4. 1948年改正までの夫婦合算申告等の沿革

米国における夫婦合算申告の転換点は，1948年の税制改正であることから，本項は，米国所得税が個人を課税単位とすることを原則としつつも，夫婦とい

う課税単位を税法上規定した条文の沿革とその背景となった所得税の置かれた状況を検討する。

(1) 1918年歳入法第223条

米国の個人所得税は，南北戦争期の戦費調達を目的に導入され，1862年に成立した所得税法から施行され，1872年に廃止されている[7]。

その後，1894年に，個人所得税と法人税が制定されたのであるが，1895年のポロック判決によりこれらの税法が違憲であるとされたために無効となったのである。そして，1913年2月に米国憲法修正第16条が確定したことを受けて，1913年10月に，法人所得税を含む所得税（以下「1913年法」という。）が成立し，現在に至っているのである。この1913年法における個人所得税の税率は1％で，付加所得税の税率が1％から6％である[8]。

そして，1913年法に続いて，1916年9月に所得税法が改正される。この時期から本項で取り上げた1918年歳入法までの間は，第1次世界大戦に関連して増税が行われる期間であり，1916年に続いて1917年3月の改正，1917年10月の改正に続いて，1919年2月24日に1918年法歳入法（以下「1918年法」という。）が成立し，1919年1月1日から施行されるのである[9]。

1918年法は，1918年の適用と1919年の適用では個人所得税の税率が異なるのであるが，1918年適用に関する個人所得税の税率は，基本税率が6％（4,000ドル以下），4,000ドル超の部分は12％となっている。

以上の個人所得税の沿革において，次のような規定の変遷がある。

① 1913年法のSection ⅡCの規定では，個人所得税の基礎控除が3,000ドルで，夫婦が同居している場合は，この金額が4,000ドルとなる。

② 1918年法の第223条では，個人所得税の基礎控除が1,000ドルで，夫婦で同居している場合は，この金額が2,000ドルとなる。そして，夫婦の合計純所得が2,000ドルを超える場合，夫婦それぞれが納税申告書を提出することになるが，それぞれの所得が1つの申告書に含まれる場合は，その限りではない。

この上記②について，現行の夫婦合算申告に係る規定である内国歳入法典第6013条の最初の規定がこの1918年法の第223条といわれているが[10]，夫婦合算申告という明確な政策の下で作成された規定とはいえないものと思われる。

(2) 1926年歳入法第223条

1918年法の第223条は，その後，1921年，1924年の改正を経て1926年歳入法（以下「1926年法」という。）に至るのであるが，同法の第223条では，申告資格が次のように分類されて規定されている。

イ　個人単位で申告する場合
① 独身者又は同居していない夫婦の場合，1,500ドル以上の純所得のある者
② 同居している夫婦の場合，純所得が3,500ドル以上で，かつ，総所得が5,000ドル以上の場合は，個人で申告する[11]。

ロ　個人単位又は夫婦単位の申告
同居している夫婦で，夫婦の純所得の合計額が3,500ドル以上，或いは，夫婦の合計総所得が5,000ドル以上の場合，
① それぞれが納税申告書を提出する。
② 夫婦それぞれの所得を1つの申告書にまとめて，その合計所得に対して税額が計算される。

(3) 1939年内国歳入法典第51条

上記(2)の1926年法の第223条は，その後，1934歳入法に条文が移って第51条になったがその内容は1926年法第223条と同じ内容である。

1939年2月10日に1939年内国歳入法典（Internal Revenue Code of 1939）が成立した。これまで，税法の改正は，年度ごとの歳入法により行われてきたが，1939年内国歳入法典は，統一の税法典としては米国で初めてのものであり，これ以降，1954年，1986年と内国歳入法典は全文改正されている。

1939年内国歳入法典第51条の夫婦の申告に関する規定は次の通りである。
① 独身又は結婚しているが同居していない個人は，純所得が1,000ドル以上又は純所得の金額にかかわらず，総所得の金額が5,000ドル以上の場合，申告を要することになる。
② 夫婦で同居しているが夫婦個別申告を提出する者は，(A)純所得が2,500ドル以上又は総所得が5,000ドル以上で，かつ配偶者に総所得がない場合，或いは，(B)夫婦共に総所得を有し，かつ夫婦の純所得の合計が2,500ドル以上の場合，或いは，(C)夫婦共に総所得を有し，かつ夫婦の総所得の合計が5,000ドル以上の場合
③ 夫婦で同居している場合，夫婦の一方に総所得がない場合であっても，それぞれの所得は合算して1つの申告書に含めて，合算した所得に対して課税計算が行われる。その租税債務は，連帯及び個別の債務となる。夫婦の一方が非居住者である場合は合算申告書を作成することはできない。

1939年法における夫婦合算申告は，合算申告 (joint return) という用語を使用しているが，税額表は他と同じで区別されていない。したがって，夫婦双方に所得がある場合，夫婦合算申告により税負担が増加すること (Marriage Penalty) が生じることになるが，1939年法第25条(b)(1)に規定する人的控除において，独身又は夫婦個別申告では人的控除額は，1,000ドルであるが，夫婦合算申告の場合は2,500ドル控除できることから，ここで調整されたものと思われる。1939年法における個人所得税の税率は，普通税が4%，付加税が最低4%から最高75%までの税率であり，上記の人的控除は，付加税の課税所得の計算においても控除できることになっている。

(4) 1948年改正までの変遷

1939年法以降の期間は，1939年9月からの第2次世界大戦開戦から1945年の終戦までの時期を含んでいることから，戦時財政が出現するのである。例えば，超過利潤税は，1940年第2次歳入法（1940年10月8日成立）により創設されて1946年1月に廃止となるまで継続している。

1939年法から1948年歳入法までの個人所得税法の変遷を略記すると次の通りである。

① 1939年内国歳入法典では，普通税率が4％，付加税率が最高75％である。

② 1940年歳入法第7条では，夫婦合算の人的控除額が2,500ドルから2,000ドルに引き下げられる．独身又は夫婦個別の場合の人的控除額が1,000ドルから800ドルに引き下げられている。

③ 1941年歳入法第112条では，夫婦合算の人的控除額が2,000ドルから1,500ドルに引き下げられる．独身又は夫婦個別の場合の人的控除額が800ドルから750ドルに引き下げられている。また，同法第102条において，総所得の金額が3,000ドル以下であり，その所得の種類が，給与，配当，利子，不動産所得，年金，使用料の所得である場合に，独身者と世帯主或いは夫婦の税額表が別となった。

④ 1942年歳入法第131条では，普通税率が6％，付加税率が最高82％である。夫婦合算の人的控除額が1,500ドルから1,200ドルに引き下げられる．独身又は夫婦個別の場合の人的控除額が750ドルから500ドルに引き下げられている。

⑤ 個人所得税法（1944年5月成立）では，普通税率が3％，付加税率が最高91％である。同法第8条に，調整総所得金額（adjusted gross income）の定義が置かれた。

⑥ 1945年歳入法では，普通税率が2.85％（1946年より適用），付加税率が最高91％（1946年より適用）である。

⑦ 1948年歳入法では，普通税率と付加税率の合計した最高税率が77％である。

以上のことから明らかなことは，1940年歳入法から1945年歳入法まで間，戦時財政ということで個人所得税の増税が行われ，1948年歳入法に至って初めて減税となるのである。

5．米国の私有財産制

(1) 米国で夫婦財産共有制と夫婦別産制が混在している理由

日本の場合は，民法第762条第1項において「夫婦の一方が婚姻前から有する財産及び婚姻中自己の名で得た財産は，その特有財産（夫婦の一方が単独で有する財産をいう。）とする。」と規定され，夫婦別産制である。なお，日本とは異なり，米国では，私有財産制に関する法律等は，州法である。したがって，米国国内が1つの法律により律せられるということにはならないのである。

一般的に，アングロサクソン系のコモンロー体系の国は，夫婦別産制を採用し，夫婦財産共有制は，スペイン，フランスで広く行われてきたのである。米国の場合はコモンロー体系の国ではあるが，スペイン等から領土を割譲してきた経緯があり，新しい土地へ植民するために苦労してきた夫婦の婚姻中に取得した財産は共有とする夫婦財産共有制が，スペイン法等から継受され定着してきたのである[12]。他方，それ以外の州では，コモンローに基づく夫婦別産制が採用された結果，現在でも，双方の制度が米国国内に混在している状態である。

(2) 夫婦財産共有制の税務への影響

夫婦別産制の州では，夫婦それぞれに取得した所得に対して課税されることになるため，仮に，夫の所得が100で，妻の所得が0であれば，夫は100の所得を申告して納税することになる。これに対して，夫婦財産共有制の州であれば，同じ状況の場合，夫の所得が50，妻の所得が50ということになる。前項3で述べたように，1940年代は，戦時財政であり，所得税の累進税率の上昇も急であったことから，この2分2乗方式は，その所得金額が一定の金額を上回る場合のみ，節税効果がでることになることから，その適用対象となってこの制度の恩典を受けられる者は限定されていたものと思われる。

このような状況下において，夫婦別産制から夫婦財産共有制に改正する州が

出現した（オクラホマ，オレゴン，ミシガン，ハワイ，ペンシルベニア，ネブラスカの6州）[13]。なお，それ以前から夫婦財産共有制であった州は，アリゾナ，カリフォルニア，アイダホ，ルイジアナ，ネバタ，ニューメキシコ，テキサス，ワシントンの各州で，現在と同じである。また，それ以外の州においても，夫婦財産共有制に改正する動きはあったが，連邦税制の改正を行うことで解決すべきである等の意見に基づいて改正が見送られたのである[14]。

　この夫婦財産共有制により夫婦間で所得を2分の1にする場合と，夫婦別産制に基づいて，夫婦のいずれかがその所得を単独で申告する場合の税額の相違については，次のような例で説明されている[15]。

　例えば，1947年当時の税制に基づけば，夫婦別産制の州であるオハイオ州或いはイリノイ州の居住者である個人に50,000ドルの所得がある場合，連邦所得税額は25,479ドルになる。これに対して，夫婦財産共有制の州であるカリフォルニア州或いはペンシルベニア州に居住する夫婦の場合，50,000ドルの所得に対する連邦所得税額は，2人合わせて19,285ドルとなり，6,194ドル減少する。この所得が5,000ドルであれば，夫婦財産共有制の州の居住者の連邦税額は，夫婦別産制の州の居住者の連邦税額よりも76ドル減少することになる。

6. 夫婦合算申告に対する立法当局の考え方と関連する判例

(1) 夫婦合算申告に対する立法当局の考え方

　米国の州のうちのいくつかが夫婦財産共有制に移行したことは，前項で述べた通りである。これについて，米国下院の歳出歳入委員会に対する特別委員会報告では[16]，各州の夫婦財産共有制の権利に係る詳細は多少州により違う状態であるが，連邦所得税の適用に関しては，妻に夫の取得した所得の2分の1の所有権があるとみなされ，その所得を申告することができる点では共通しているのである。その結果，夫婦財産共有制の州の居住者と夫婦別産制の州の居住者の連邦所得税の負担に相違が生じる結果となるのである。

このように居住する州により連邦所得税の負担額が相違することを解消するために，米国財務省は，下記のようないくつかの解決案を提案している。
① すべての既婚者に合算申告を強制する。
② 勤労所得等は，その取得した個人に対して課税し，夫婦共有の財産からの所得は，管理支配している配偶者の所得とする。
③ 夫婦個別申告を提出する個人に対して，独身者及び合算申告を提出する夫婦よりも高率な付加税を課す二重税率の案。
④ 婚姻によるパートナーシップ契約を認める。それにより夫婦間において所定の所得（人的役務提供所得，財産或いは貨幣による所得，譲渡所得）からの所得は共有とする。
⑤ 連邦所得税の計算において，夫婦間の所得を分割することをすべての州の配偶者に認める。この方法では，夫婦の連邦所得税額の合計額は，その所得の2分の1の税額の合計額と同じになる。

そして，歳出歳入委員会に対する特別委員会報告では上記の⑤の案が最も良いものとして支持されたのである。この案が支持された理由としては，この方式は，夫婦間の所得を分割することにより生じる法律等の問題点を取り除き，夫婦財産共有制の州の居住者における共有財産からの所得と特別財産からの所得を決定する必要性を排除し，夫婦間の契約等の面倒な問題を回避することができるからである。そして，最も肝心なことは，どの州の居住者であったとしても，連邦所得税では同じ扱いになるということである。

これについて，金子教授は，この州による相違をなくすために地域的公平の方策が検討されたが，各種の案及びこの事項に関する最高裁判決の結果，税負担の軽い方に合わせる形で地域的不公平を是正するほかなくなり，政治的な妥協の産物として2分2乗制度が選択的に採用されたと分析されている[17]。

(2) 夫婦の財産分与に関するデービス事案の最高裁判決
米国の州における夫婦財産制度が連邦税の課税に影響を与えた事例としては，1962年にデービス事案の最高裁判決がある[18]。

同判決において，最高裁のクラーク裁判官は，夫婦財産共有制と夫婦別産制に関する納税義務者の主張に言及している。すなわち，本事案の原告及び前夫人は夫婦別産制の州であるデラウェア州の居住者である。原告の主張は，夫婦財産共有制と夫婦別産制の間で格差が生じるというものである。過去には，夫婦財産共有制と夫婦別産制に基づく課税上の相違を認めた判決もあるが，最高裁は，この両者の課税上の相違を無視している。

最高裁は，夫婦でも独立した当事者として活動するものとして，結婚に係る権利が交換した財産の価値と等価であると判断している。わが国では，離婚の慰謝料として財産が移転する場合，慰謝料債務の履行としての一種の代物弁済的意味から，その財産の時価相当額による資産の譲渡があったと解されている[19]。したがって，本事案の判決及び日本における財産分与に係る課税は基本的に同様の論理に基づくものと解することができる。

米国財務省は，1984年の税制改正により現行の内国歳入法典第1041条（以下「1041条」という。）を創設している。この改正前までは，デービス事案の最高裁判決と同様に，離婚に伴う財産分与において譲渡益の課税が行われることとなっていた。

この1041条の見出しは，「配偶者間又は離婚に基因した財産の譲渡」であり，配偶者又は前配偶者で当該譲渡が離婚に基因するものの場合，財産の譲渡による損益の認識をしないというものである。なお，離婚に基因する場合とは，当該譲渡が離婚の日から1年以内に生じた場合又は婚姻の中断に関連して生じた場合である。ただし，配偶者が非居住外国人である場合は，課税となるというものである。

デービス事案と1041条の関連は，最高裁判決により，課税上も同判決と同様に財産分与について譲渡益課税を行うこととしたのであるが，1984年の税制改正により，最高裁判決と異なり，財産分与時の課税を繰り延べる規定が創設されたのである。したがって，最高裁判決を国内法である税法が異なる規定を置いたことになり，わが国の財産分与の税務とは異なる課税関係となっているのである。

本事案はデラウェア州居住者が当事者であることから，夫婦別産制が適用されて，夫の所得により取得した財産は，100％夫の財産ということになるが，夫婦財産共有制では，婚姻期間中に取得された財産は原則として共有財産になることから，婚姻期間中に夫の所得により取得した財産であっても，区分をすれば，夫と妻はそれぞれ50％を所有することになり，離婚する場合，共有財産は夫婦で2分割されることになる。

1041条が創設された背景としては，上述のように州による夫婦間の財産所有制度の相違による差異が存することから立法段階で妥協を図ったことが理由の1つであり，そして，財産分与による取得価額の引き上げ（Step-Up In Basis）を悪用されることを防止することが別の理由と考えられる。最高裁判決でも述べられているように，財産分与の課税時期は，財産の移転時と当該財産の受領者がその財産を譲渡するときの2つがあるが，時価取引であれば，財産の受領者の当該財産の取得価額が引き上げられることになり，再度譲渡したときに譲渡益が少なくなることになる。時価取引で財産を移転した者が申告せず，取得価額の引き上げのみを利用すれば，課税上問題が生じることも理由の1つであろう[20]。

(3) シーボーン事案の最高裁判決[21]

イ 事実関係

本事案における事実関係はまとめると次の通りである。

① 本件の申告は1927年分であり，適用される税法は1926年歳入法である。

② シーボーン夫妻の居住するワシントン州は，夫婦財産共有制の州である。

③ 1927年までの財産のすべては共有財産であり，1927年分の所得の内訳は，夫の給与所得，銀行預金及び債券からの利子所得，不動産及び動産の譲渡所得である。

④ 課税当局は，その所得のすべてが夫の所得として修正を行ったが，シー

ボーン氏は，これらの追徴税額を納付した上で，還付の訴えを起こした。

ロ　判決及び判示事項

1930年11月24日に最高裁判決が出されて，原告勝訴とした地裁判決が支持された。納税義務者側及び国側の主張と判示された事項は次の通りである。

① 納税義務者側の主張として，すべての個人の純所得に課税することを規定した1926年歳入法の第210条及び第211条における納税義務の判定要素が所有権であるとしたならば[22]，共有財産の所得は，共有財産により所有されることから，夫婦はそれぞれ2分の1ずつの権利を有すると主張している。

② 課税当局の主張は，夫が財産の支配及び譲渡に関して広範な権限を有しており，共有財産すべての実質的な所有者である。1926年歳入法の第210条及び第211条の適用上の解釈としてこれは妥当なものとしている。

③ 最高裁判所の判示したところによれば，上記の課税当局の見解は，ワシントン州の法律の観点から不適切であると判断している。その理由は，夫婦財産共有制の下では，夫が共有財産の代理人であるかのような見解は非現実的であるとしている。

④ 米国財務省は過去に，この問題に関する解決策として所得税法の改正を図り，第210条及び第211条に次の条文を加えることを試みたという経緯がある。1921年歳入法で下院を通過した案には，「共有財産から受領した所得は，その共有財産を支配管理する配偶者の総所得に含まれる。」という規定であったが，上院で削除された。1924年歳入法では，原案に前記と同じ規定が含まれていたが，下院の歳入歳出委員会で削除された。

⑤ 判決は，州法のおける相違に対して，歳入法が，統一的な取扱いを明確にしているとは読み取ることができないと判示している。

(4) ホーパー事案の最高裁判決[23]

イ　事　実　関　係

本事案における事実関係はまとめると次の通りである。なお，本事案で原告

第 8 章　夫婦合算申告制度の生成　181

の居住しているウィスコンシン州はコモンロー適用の州である[24]。

① 本事案は，原告（納税義務者）であるアルバート・ホーパー氏がウィスコンシン州の最高裁で敗訴して上告したものである。

② ホーパー夫妻は，1927 年に結婚し，結婚後，夫には州の所得税法上の所得があり，同時期に，妻には，給与所得，利子所得，配当所得及びパートナーシップからの分配金という課税所得があったが，いずれも夫とは無関係である。

③ 州の課税当局は，個別申告された夫婦の所得を合算して所得を修正した。この根拠は，州税法第 71.05 (2)(d) 及び第 71.09 (4)(c) の規定である。前者の規定では，夫婦では妻の所得又は扶養家族（所得のある 18 歳以下の子弟）のある世帯主は，家族単位で合算課税されることになっている。

④ 納税義務者側の主張によれば，同州の最高裁は，憲法修正第 14 条に反していると主張している[25]。すなわち，夫に課された所得は妻が受取った所得の一部で，そのような税の徴収は任意的，差別的であって，憲法の保障する法律の平等な保護に反するというものである。

⑤ ウィスコンシン州は英国法の影響を受けたコモンローの州であり，夫婦別産制の州である。妻の所得は夫のものであり，夫は妻の財産を自由に処分することができる代わりに，妻の債務を返済する責務を負うことになる。

ロ　判決及び判示事項

本事案は，1931 年 11 月 30 日に連邦最高裁判決が出され，納税義務者側の勝訴となった。その判示している内容は次の通りである。

① ロバート判事によれば，州所得税における合算申告の規定は，夫婦による脱税等を防止するために必要な規定であるとされているが，以前の最高裁判決において，州の相続税の規定が脱税等を防止するためとした規定を最高裁は無効としている。また，婚姻は，法的・社会的関係であり，課税上，独身者と夫婦を異なった形態とすることはできないとしている。この州の課税は，米国憲法修正第 14 条に規定する正当な法の手続及び法律の

平等な保護に違反していることから，州最高裁の判決は破棄されたのである。

② ホームズ判事，ブランデイズ判事及びストーン判事は判決に対して反対意見を述べている。反対意見は，州法に従うべきであるということである。

(5) ハーモン事案の最高裁判決[26]

イ 事実関係

本事案は，夫婦別産制と夫婦財産共有制を選択とした改正を行ったオクラホマ州居住者が提訴した事案である。本事案の事実関係は次の通りである。

① 1939年7月29日にオクラホマ州は，夫婦財産共有制を選択とする法律を制定した。

② ハーモン夫妻は，1939年10月26日に夫婦財産共有制を選択する書面を提出した。

③ 1939年11月1日から同年12月31日までの間，夫妻は夫の給与所得，夫及び妻の株式からの配当所得，夫の債権からの利子，夫がパートナーであるパートナーシップからの分配金，夫婦それぞれの石油の権利からの使用料所得を受け取っている。州法では，これらの所得は夫婦の共有財産である。

④ 夫婦は，11月，12月の所得をそれぞれ半分にして，1939年分について個別申告書を提出した。

⑤ 課税当局は，これらの所得のすべてが夫の財産から生じた所得として申告所得の修正を行った。租税裁判所は，原告である納税義務者を勝訴とした。高裁は，1人の判事の反対はあったが，1審判決が支持された。

ロ 判決及び判示事項

米国最高裁は，1944年11月20日に判決を出している。判決は，下級審の判決を逆転して課税当局の見解が支持されたのである。すなわち，判決では，オクラホマ州の選択的夫婦財産共有制を選択した夫婦は，連邦税の適用上，共

有所得を等分に分割する権利はないとされたのである。

　ハ　オクラホマ州の夫婦財産共有制への法改正

　すでに述べたように，1939年7月29日にオクラホマ州は，夫婦財産共有制を選択とする法律を制定したのであるが，ハーモン事案の最高裁判決により，夫婦財産共有制の選択を行ったとしても連邦所得税の適用では，夫婦間で所得が2等分になることはないと判決が出たことを受けて，同州は，夫婦財産共有制を従前の選択ではなく強制とする法改正を行い，1945年1月27日から同改正法が施行されたのである[27]。その結果，同州は，他の夫婦財産共有制の州と連邦所得税の取扱いが同じになり，夫婦間で所得の2分の1とすることになったのである。

　(6)　評　　釈

　上記に掲げた3つの判例は，夫婦間における所得税の課税と，州法に規定のある夫婦財産制の関連を取り扱ったものであるが，結果として，州法の相違により，夫婦別産制の州の居住者と夫婦財産共有制の州の居住者では，税額に大きな開きが生じることになったのである。例えば，ハーモン事案においてダグラス判事が示していることであるが，給与所得が100,000ドルである個人の場合，夫婦別産制の州であるニューヨーク州の居住者と夫婦財産共有制の州の居住者の税額では，前者が32,525ドル，後者が18,626ドルとなり，税収面における損失も相当な額になると述べられている。

　州法に規定された財産制度が所得税の所得の帰属に影響を及ぼすという，シーボーン事案で認められた先例が，その後の判決に影響を及ぼしたが，結局のところ，州の財産制度の相違が連邦税の負担の相違になるという結果と，そのためにいくつかの州が財産制度を夫婦財産共有制に改正をしたという事実が次の1948年歳入法の改正を促したものと考えられる。

7. 1948年歳入法の内容

　夫婦合算申告が米国税法において，正式に規定されたのは，1948年4月2日に制定された1948年歳入法（以下「1948年法」という。）である。同法第301条から第305条までが夫婦合算申告に係る規定である。

　この1948年法の改正により，州の財産制が連邦所得に対して影響する事態がなくなったことから，1948年にミシガン州，1949年にオクラホマ州，オレゴン州，ネブラスカ州，ハワイ準州が夫婦財産共有制を廃止している[28]。

⑴　1948年法改正の趣旨

　1948年法において夫婦合算申告が導入された理由は，コモンローの州と夫婦財産共有制の州における夫婦の税負担を均等にすることであった[29]。そして，夫婦合算申告における所得計算の方法は，総所得（Gross Income）と調整所得金額（Adjusted Gross Income）については，個人申告書と同じ計算方法である。控除の金額は，調整所得金額の一定割合に制限されている。資本資産の譲渡損は合算して，夫婦間の譲渡益と純所得の合計額又は1,000ドルのいずれか小さい方の金額を限度として通算ができることになった[30]。

⑵　適用対象者

　1948年法第303条に夫婦合算申告の適用対象者についての規定がある。この規定によれば，夫婦合算申告は選択制であり，配偶者の一方に総所得又は控除がない場合でも選択可能である。また，夫婦のいずれかが課税年度のいずれかのときに非居住者である場合は，合算申告はできない。

⑶　適用要件

　適用要件は，夫婦の課税年度が同じでなければならない。年初で夫婦が健在であり年の途中で夫婦のいずれか又は双方が死亡したような場合，夫婦合算申

告は使用可能である。しかし，健在な夫婦のいずれかが年末までに再婚したような場合等においては，夫婦合算申告をすることはできない。

8．おわりに

　夫婦合算申告の生成は，米国社会において女性の社会進出に伴う，いわゆる共稼ぎの状況が常態化したことに基因するものでないことは明らかである。本章で検証したように，夫婦合算申告は，州法における私有財産制における相違（夫婦別産制と夫婦財産共有制の州）における税負担における不公平を排除するための調整手段という性格を有するものといえる。

　結論としていえることは，米国は，州法である私有財産制が州ごとに異なるという事態と連邦税を調整するために長い期間検討を重ね，結果として，夫婦合算申告となったのであるが，その後も，夫婦合算申告のもたらす歪みを取り除くために，① 夫婦合算申告及び適格寡婦，② 世帯主，③ 独身者，④ 夫婦個別申告，の4つの税額表に分けているのである。

1) 総務省の2000年の国勢調査によれば，全国における共稼ぎ世帯数と片稼ぎ世帯数の推移は次の通りである。

（単位：万世帯）

	共稼ぎ世帯	片稼ぎ世帯
1985 年	1,276	1,171
1990 年	1,334	1,132
1995 年	1,347	1,137
2000 年	1,314	1,065

2) 日本における所得控除と同様の内容を有するものが，定額を控除する標準額控除と所定の項目の実額を控除する項目別控除（itemized deductions）があり，納税義務者はいずれかを選択することができる。したがって，後者の金額が前者を上回る場合，項目別控除が選択されることになる。
　標準額控除の金額（2011年）は，独身者が5,800ドル，夫婦合算申告者が11,600

ドル，夫婦個別申告者が5,800ドル，世帯主が8,500ドルである。また，項目別控除できる項目は，医療費，税金，利子，慈善団体への寄附金，災害及び盗難による損失，社員の自己負担分の経費，申告書作成料等である。また，社員の自己負担分の経費等には調整総所得金額の2％を上限とする規定（内国歳入法典第67条(a)）がある。さらに，控除する金額に制限がある。すなわち，項目別控除の合計額から医療費，投資に係る利子，ギャンブル等の損失の合計額を差し引いた残額の80％と，調整総所得金額が159,950ドルを超える部分の金額の3％のいずれか少ない金額を控除することになる。

3) www.jbartram.com/html/marriage_penalty_.html (2009).
4) http://www.mof.go.jp/jouhou/syuzei/siryou/029.htm (2009). 金子宏「所得税における課税単位の研究」『課税単位と譲渡所得の研究』所収　有斐閣　1996年。
5) 米国において夫婦共有財産制という財産所有制度を認めている州は，アリゾナ，カリフォルニア，アイダホ，ルイジアナ，ネバダ，ニューメキシコ，テキサス，ワシントンの各州であり，米国属領では，プエルトリコも夫婦財産共有制である。それ以外の州は夫婦別産制である。この上記8州が現在でも夫婦財産共有制を継続している理由として，婚姻観を理由とする説もあるが，定説となっているものはない（浅見公子「アメリカ(2)―特にキャリフォーニア州の共有財産制について―」『比較法研究』第37号　1975年　32頁）。
6) Ernst & Young, The 2009 global executive, p. 388.
7) 南北戦争期の米国個人所得税については，拙稿「米国税務会計史(1)」『商学論纂』第50巻第1・2号，100-103頁参照。なお，米国では，所得税に個人所得税と法人所得税の双方を規定していることから，両者を区別する意味から，ここでは個人所得税という名称を使用している。
8) 1913年制定の所得税法等については，拙稿「米国税務会計史(3)」『商学論纂』第50巻第5・6号，31-33頁参照。
9) 1913年以降の所得税法等の動向については，拙稿「米国税務会計史(4)」『商学論纂』第50巻第5・6号，68-69頁参照。
10) Merten, Law of Federal Income Taxation 1954-1958 Code, Callaghan & Co. 1959.
11) 米国の税法における総所得（gross income）という用語は，原則として収入する金額を意味し，純所得は，総所得から税法で規定された控除金額（deductions）を控除した金額ということになる。
12) 鈴木喜久江「アメリカ法における夫婦共有財産制(1)『明治学院論叢』151, 54頁，1969年12月。
13) 鈴木喜久江「アメリカ法における夫婦共有財産制(2)『明治学院論叢』157, 124頁，1970年3月。
14) 同上　129-131頁。

15) Revenue Revision, 1947-48, Reports of the Special Tax Study Committee to the Committee on Ways and Means House of Representatives, p. 12, November, 4, 1947.
16) Ibid., p. 12.
17) 金子宏　前掲論文　8-9頁。
18) United States v. Davis, 370 U. S. 65 (1962). この判決に関する評釈は，拙稿「米国の財産分与・離婚手当と日米租税条約の適用」『税務弘報』2008年12月 Vol. 56 No. 13, 194-200頁。
19) 注解所得税法研究会編『最新版　注解所得税法』大蔵財務協会　1994年　400-401頁。
20) 大塚正民「著書紹介　税金物語：アメリカ連邦所得税に関する10件の代表的判例の徹底的検討」『英米法学会』2005年　88頁。
21) Burns Poe, Collector of Internal Revenue for the District of Washington, v. H. G. Seaborn. 2 USTC ¶ 611. 282 U. S. 101 (1930).
22) 1926年歳入法の第210条は普通所得税，第221条は付加所得税の納税義務について規定している。双方の規定において課税対象となるのは，すべての個人（every individual）の純所得（net income）と規定している。
23) Hoeper v. Tax Commissioner of Wisconsin et al. 284 U. S. 206 (1931).
24) コモンローの基本的な考え方は，夫と妻は一体であり，妻は契約能力や財産処分能力を認められず，財産享有能力すら認められなかった。そして，妻の財産は，すべて夫の支配下にあるとされた。婚姻により有体財産はすべて夫のものとなり，装身具や衣装を除いて，すべて夫の財産となり，夫は，それらを自由に使用し，譲渡することができるというものである（鈴木喜久江「アメリカ法における夫婦共有財産制(1)」『明治学院論叢』151, 44-45頁, 1969年12月）。しかし，20世紀に入り，判例法等により妻の権利が拡大して共有制に近い考え方も取り入れられて現在の夫婦別産制となっている（人見康子「アメリカ(1)—とくにニューヨーク州を中心として—」『比較法研究』第37号　1975年）。
25) 修正第14条第1節は，正当な法の手続（due process of law）によるもので，いかなる州であっても，正当な法の手続によらずに何人から生命，自由或いは財産を奪ってはならない。また，その管轄内にある何人も法律の平等な保護を拒むことはできない，というものである。
26) Commissioner of Internal Revenue v. C. C. Harmon 44-2 USTC §9515. 146 F. 2d 489 (1945).
27) 鈴木喜久江「アメリカ法における夫婦共有財産制(2)『明治学院論叢』157, 125頁, 1970年3月。
28) 同上　137頁。
29) Sen Rep No. 1013, 80th cong, 2nd Sess, p. 3.

30) Ibid., pp. 53-54.

（補遺）　日本の財務省のホームページ（www.cao.go.jp/zeicho/tosin/zeichof/z011.html (2009).）の政府税調の資料にある課税単位の説明は次の通りである。

　　アメリカにおいては，所得税の導入当初は個人単位課税が採られましたが，州によって財産制度が異なり，夫婦別産制の州と共同財産制の州とが存在していたことを背景に，1948年に単一税率表の下で個人単位課税と2分2乗方式の選択適用が認められました。その後，2分2乗方式による夫婦世帯への負担軽減効果を考慮し，寡婦等に対する負担の調整を行うため，独身世帯主用の税率表や独身者用税率表が設けられました。また，夫婦個別申告用の2倍の税率適用所得区分（ブラケット）を持つ夫婦共同申告用の税率表が作成されて，2分2乗方式を実質的に保持したまま税額計算の簡便化が図られました。

　　イギリスは夫婦別産制ですが，1799年の所得税創設以来，夫婦の課税所得を合算し，その合計額について税率を適用する夫婦合算非分割課税が採られていました。しかし，この制度の下では，夫婦者世帯の方が，より高い限界税率を適用される場合があり，独身者世帯に比較して相対的に税負担が重くなること（いわゆる「結婚に対するペナルティ」）や既婚女性のプライバシーと独立性が損なわれていることなどを考慮し，1990年から個人単位課税に移行しました。

　　ドイツでも，原則，夫婦別産制の下で，1920年の所得税創設以来，世帯合算非分割課税が採られていましたが，連邦憲法裁判所の違憲判決を受けて，1958年から個人単位課税と2分2乗方式との選択制となっています。

　　フランスは，原則として法律で一定の財産を夫婦の共通財産と定める法定共通制の下で，1914年の所得税創設以来，世帯合算非分割課税が採られていました。1945年には，世帯単位の下で家族除数方式（N分N乗方式：夫婦及び扶養親族の所得を合算し，それを家族除数で除した金額について税率を適用して算出した税額に家族除数を乗ずる方式）を採用しています。

第 9 章

連結納税制度の生成と展開

1. 検 討 対 象

　本章は，日本の連結納税制度に対しても大きな影響を及ぼしている米国の連結納税制度について，その生成の過程を検討することにより，米国の単体法人課税とどのような関連を有して双方がその後に展開してきたのかという点及び連結財務諸表制度との関連を解明することを目的とするものである。連結納税制度は，連結グループ法人の単体所得をベースに所定の税務処理を行って連結納税申告書を作成するものであるが，連結納税申告書の作成過程において連結財務諸表作成における場合と同様の処理を行うことになる。その意味から，連結納税制度と連結財務諸表制度は類似する部分が多いといえる。

　本章においてこのような検討を行う理由は，米国税務会計史において，連結納税制度の沿革に関する検討があまり行われてこなかったからである。特に，企業会計との関連，単体法人課税との関連等は，検討された形跡が見られない領域といってもよいであろう。したがって，本書は，米国税務会計史の一環として，歴史的観点から連結納税制度自体の展開とその周辺の動向を検討するものである。

2. 日本における連結納税制度の導入と米国の同税制の日本への影響

(1) 日本における連結納税制度の導入

　日本における連結納税制度は，平成14年度（2002年）税制改正において導入されたのであるが，連結納税制度に関して初めて言及されたのは，1967年5月の企業会計審議会答申「連結財務諸表に関する意見書」であり，そこでは連結納税制度導入の検討が付記されたのである。当時の企業会計審議会の目的は，連結財務諸表の制度化であり，1967年以降，1975年6月の企業会計審議会答申「連結財務諸表の制度化に関する意見書」（「連結財務諸表原則の設定」）及び1976年10月の「連結財務諸表規則」の制定等の動きがあった。そして，1997年6月企業会計審議会による「連結財務諸表制度の見直しに関する意見書」により連結財務諸表の制度化が決まったのである。

　これに対して連結納税制度に関しては，米国の連結納税制度を中心として諸外国における同制度を研究した著作が出版され[1]，1996年以降，経団連等による日本への連結納税制度導入に係る試案が作成されて公開された[2]。この背景には，規制緩和に伴う外資の日本への投資等が連結納税制度導入を促した要因といえよう。このような動向以外に，1997年6月の独占禁止法改正により持ち株会社解禁等の法律改正，日本電信電話株式会社（NTT）の東西会社分割に伴う東会社から西会社への損失補填に係る税務処理等の整備[3]があったが，連結納税制度導入に対する具体的な動きにまでには至らなかった。

　連結納税制度導入が顕在化したのは，1998年12月の「平成11年度自由民主党税制改正大綱」において「2001年（平成13年）を目途に連結納税制度を導入すべくその準備に着手する。」という導入年度が明記されて以降である。その導入の期限とされた平成13年度（2001年）税制改正では，商法における会社分割法制を受けて企業組織再編税制の整備が行われたために，連結納税制度の導入は，平成14年度（2002年）税制改正に先送りされたのである。その

後，紆余曲折を経て，他の税制関連法案とは別に，連結納税制度を規定した「法人税等の一部を改正する法律（法律第79号）」が2002年6月26日に成立したのである。

(2) 米国の連結納税制度の日本への影響

日本の立法当局は，連結納税制度導入に際して，この制度が日本にない新しいものであるということから，すでに同制度を導入済みである諸外国の状況の調査を行っている。このことは，当時の政府税制調査会の資料等から推測できるところである。

すでに欧米諸国を中心としての企業集団を納税主体とする税制は一般化していたのであるが，各国の連結納税申告に係る税制は，以下のようにいくつかの類型に分類される。

1つは，包括的連結納税申告制度（いわゆる損益通算型）を採用している国々である。この方式は，連結グループ各社の所得及び欠損の金額を合算して連結税額を算出し，親会社が代理人として納付し，その後にその税額を連結グループ各社に配分する連結納税方式を採用している米国と[4]，納税義務を親会社が負い，子会社に配分されるフランス及び連帯して納付の義務を負うオランダ等に分けられる。

2つ目は，個別損益振替型の類型を採用している国で，この方式は，グループ内各社の欠損を個別にグループ内親会社又は他社に振り替える方式により行われる英国のグループリリーフ制度と[5]，親子会社間において損益を振り替えるドイツの機関制度[6]等が含まれる。

日本は，利益操作の可能性の高い英国方式と法制度が日本と異なるドイツの方式を採用せずに，損益通算型の米国方式を中心として，わが国の連結納税制度の制度設計を行ったのである[7]。

3. 米国連結納税制度の現状と沿革の概要

(1) 米国連結納税制度の現状

米国の連結納税制度は，内国歳入法典第6章に規定があり，本法は，第1501条から第1505条までの5条と，関連規定として第1551条，1552条と第1561条及び第1563条の4条である[8]。連結納税制度の規定の特徴は，本法の規定が簡素である代わりに，財務省規則（Income Tax Regulations）の規定が，膨大である[9]。このことからいえることは，連結納税制度に関して，本法から委任を受けた財務省規則がその実質的な部分をカバーしているということである。

(2) 連結納税制度の沿革の概要

米国の連結納税制度の沿革の概要は，以下の通りである。なお，沿革の対象となる期間は，1917年の同制度創設時から1954年内国歳入法典の制定時の時期までとする[10]。その理由は，現行の内国歳入法典における連結納税制度に係る基本的な規定がこの期間に整備されたと認識するからである。

① 1917年10月3日成立の戦時歳入法（War Revenue Act）に規定された戦時超過利得税（War Excess Profits Tax）に関連した財務省規則（Regulations）第41号の第77条及び第78条に初めて連結納税申告に係る規定が置かれた。

② 1919年2月24日に成立した1918年歳入法の第240条に連結納税制度に関する規定が置かれた[11]。上記①で記述した財務省規則第41号の第77条及び第78条は本法の規定がないことから[12]，この1918年歳入法の規定が所得税法に置かれた最初の条文ということになる。なお，1918年歳入法に係る財務省規則第45号第631条から第638条までに連結納税制度に関する規定がある。

③ 1921年歳入法第240条(a)の規定が改正されて，連結納税申告がそれま

④ 1924年歳入法第240条(c)における連結要件が改正されて，従前の実質的にすべての株式所有等であったものが，95％以上と所有割合が明記されている。

⑤ 1928年歳入法では，連結納税制度に関する条文が第141条に移ると共に，1928事業年度に関して第142条が新設されている。そして，連結納税申告を行うことがある種の恩典という規定になっている。このように制度の位置づけが変わった理由としては，前記①②の時期は，米国が第1次世界大戦に参戦する等の戦時財政の時期であったのに対して，③④そして⑤の時期は，戦争終結に伴う減税の期間であったことを前提に考える必要があろう。また，第141条(b)に財務省規則への委任に関する条文が見出しを付けた形で初めて規定されている。1928年歳入法に関する財務省規則第74号には，1928年歳入法第141条に関して同規則第711条から第714条まで，第142条に関しては同規則第731条から第735条までに規定が置かれている。

⑥ 1932年歳入法第141条(c)に0.75％の連結付加税を課すことが規定されている。

⑦ 1933年6月に成立して同年1月からの適用となる産業復興法（National Industrial Recovery Act）により，連結付加税が1934年及び1935年適用分について1％となった。

⑧ 1934年歳入法では，第141条が「鉄道会社の連結納税申告」という見出しに改正されている。

⑨ 1938年歳入法第141条(d)(3)(B)において，鉄道会社の定義が拡大されている。

⑩ 1940年に内国歳入法典の所得税に係る財務省規則第103号が公表され，§19-141-1から§19-141-4までに連結納税申告に係る規定が置かれている。

⑪ 1940年に，鉄道会社及び汎米国事業法人（Pan-American Trade Corporations）の連結納税申告に関する取扱いをまとめた財務省規則第104号が公表された。なお，汎米国事業法人への連結納税制度の適用については，1939年歳入法第225条がこれを規定している。

⑫　1942年歳入法第159条により，内国歳入法典第141条が鉄道会社のみの適用から一般法人に対しても選択適用できるように改正が行われた。連結納税の要件は，議決権株式の所有が95％以上及びそれ以外の種類の株式の所有が95％以上ということである。

⑬　1954年内国歳入法典において，連結納税申告に関する規定は，現行の同様に第1501条から第1505条に規定され，関連規定は第1551条及び1552条である。財務省規則は1955年に制定された[13]。

4．連結納税制度に係る規定の変遷

(1)　1917年から1921年の期間

1917年4月に米国が第1次世界大戦に参戦したこと等から，税制は，1917年から1919年まで間は戦時財政として1917年に超過利得税（excess profits tax）の導入等の増税路線を歩むが，1918年11月に第1次世界大戦が停戦したことから，1921年歳入法以降，1924年歳入法，1926年歳入法，1928年歳入法及び1929年歳入法と5回にわたる減税を行い，1929年に発生した大恐慌後の1932年には増税をすることになるのである。

したがって，前項3で記述した連結納税制度の沿革とこの税制の動向を重ね合わせると，3⑵①と②は，1917年及び1918年という増税期の規定ということになる。また，前項の3⑵③，④及び⑤の時期は，1920年代の減税期の規定ということになる。

(2)　戦時超過利潤税に係る財務省規則第41号

イ　財務省規則第41号制定の背景

1917年10月3日に戦時歳入法（War Revenue Act）が成立し，所得税関係は，

タイトルⅠ（戦時所得税：第1条から第5条），タイトルⅡ（戦時超過利得税：第200条から第214条），タイトルⅫ（所得税の改正：第1200条から第1212条）から構成されている。

このいずれにも連結納税申告に係る規定はない。そして，戦時歳入法により課される戦時超過利潤税に係る財務省規則第41号が1918年に公表され，その第77条及び第78条に連結納税に関する規定が置かれている[14]。したがって，連結納税申告に係る規定が最初に置かれたのは，所得税ではなく超過利潤税である。超過利潤税は，一般的に，戦時における戦費調達を目的として企業の超過利潤を税として徴収するものである。そして，課税標準の算定方法は，投下資本（invested capital）の一定割合を適正な所得と想定し，純所得がその適正な所得を超過する額に課税をするものである。戦時超過利潤税の課税標準は，つぎのような算式による[15]。

課税標準(超過利潤額)＝純所得－基礎控除－戦前利潤

上記の戦前利潤とは，投下資本に所定の率を乗じた金額であり，投下資本とは，1917年歳入法第202条に規定された，①実際の払込資本，②資産の現金価値（借入した現金等は除く。），③剰余金及び未分配利益，が基本的に超過利潤税においても使用されている。そして，この様な方法により算定された超過利潤額に対しては，20％から60％までの累進税率が課されている。

連結納税制度は，上記の超過利潤の算定において分社化を図ることによる租税回避を防止することになる。例えば，親会社（P社）が100％子会社（S社）1社を有しているとする。単体申告であれば，P社及びS社は，個別に基礎控除と戦前利潤の金額を純所得から控除することができる。P社とS社が連結納税をする場合，基礎控除は連結グループ全体としての1社分となり，戦前利潤を算定する投下資本の額も，連結ベースではP社所有のS社株式分は投下資本に含まれないことになる[16]。結果として，連結グループ全体としては，基礎控除と戦前利潤の額がP社及びS社の単体申告の合計と比較して減少することから，連結納税申告を行うことにより超過利潤額が大きくなることになる。したがって，連結納税制度は，超過利潤額を大きくする効果があり，単に，法人を

分社化することにより累進税率の適用を緩和を図るという節税対策ではないことが判る。

　ロ　財務省規則第41号の規定

　財務省規則第41号（以下「第41号」という。）の第77条の見出しは，「連結適状法人（affiliated corporations）に対する関連各社に関する情報提供義務」，第78条の見出しは，「連結適状法人が連結納税申告を要請される場合」である。

　第77条はその見出しにもあるように，超過利潤税の申告に際して，すべての法人は，連結適状にある関連各社の関連を申告書に記述することになる。この場合の2以上の法人が連結適状であるとみなされる場合とは，① すべて或いは実質的にすべての株式が他の法人等或いは名義人により所有又は支配されている場合[17]，或いは，2社以上のすべての株式が同一の個人又はパートナーシップにより所有されている場合で，当該法人のすべてが同種又は類似する事業に従事している場合，② いずれかの法人が，(a) 市場価格と開差のある価格で他社の製品又は役務を売買している場合，(b) 純所得又は投下資本について不均衡な割合を割り当てるために他の法人と金融上の関連を調整している場合，である。

　第78条は，内国歳入局長官が投下資本と課税所得をより公平に決定する必要があると判断する場合，第77条に定義のある連結適状法人に対して純所得と投下資本に関する連結納税申告の作成を要請することができる。しかし，連結納税申告書の提出を要請されたが，納税義務者がこれを拒否した場合，内国歳入局長官は，会計帳簿の税務調査とその調査により作成された連結納税申告書を調査することができる。連結納税申告では，最初に連結グループ全体の税額が算定され，連結法人間で合意した比率によりその税額が配分されることになる。このような合意が連結法人間にない場合は，純所得及び投下資本に基づいて税額が配分されることになる。

　第41号の規定は，1917年歳入法本法に連結納税制度に関する規定がない状況下において財務省規則に定められている。連結納税申告書の提出に関しては，第78条に規定のあるように，内国歳入局長官の判断が大きな要素となり，

実質的に強制適用という内容である。すなわち，連結適状法人の純所得等の算定が必要であるという判断が内国歳入局長官にある場合，連結納税申告書の提出が強制となるのである。

第77条の規定において，関連法人間における移転価格の操作を通じて所得が移転する場合，連結納税申告を課していることが注目されることである。内国法人間において欠損のある関連法人に対して利益を移す操作（「ミルキング」といわれる手法である。）を行うことを連結納税申告により防止しているのである。

(3) 1918年歳入法等の連結納税制度に関する規定
イ 1918年歳入法における連結納税制度に関する規定

1918年歳入法は，1919年2月24日に成立したのであるが1918年夏に提案されていたことから1918年歳入法と称されるものである。この間の1918年11月に，ドイツが連合軍との休戦協定に署名したことから停戦となったのである。本法の施行は1919年1月1日で，1918年適用分については，以下の通りである。

① 所得税：基本税率6％（4,000ドル以下），4,000ドル超の部分12％
② 所得税付加税：1％〜65％
③ 法人税：基本税率12％
④ 戦時利得及び超過利潤税（war-profits and excess-profits tax）：30％又は65％等

そして，1919年適用分については，以下の通りである。

① 所得税：基本税率4％（4,000ドル以下），4,000ドル超の部分8％へ引下げ
② 所得税付加税：1％〜65％
③ 法人税：基本税率10％
④ 超過利潤税（1919年2月成立，1922年1月1日以降廃止）：超過利潤税（20％と40％）と戦時利潤税（廃止）

1918年歳入法における連結納税制度に係る規定は，所得税に係る規定のうちの法人税の款（第3款）の第240条に「連結納税申告」という見出しで置かれている。したがって，従前の規定（財務省規則第41号）との比較では，次の点が異なることになる。

① 1918年歳入法になり，連結納税制度に係る規定が財務省規則ではなく本法に規定されるようになった。
② 1918年歳入法では，連結納税申告書の作成が強制となっている。
③ 1918年歳入法に係る財務省規則45号第631条から第633条に本法から委任を受けた規定がある。
④ 連結要件が1法人による他法人の支配と，同一利害による複数の法人の支配の2要件となり，それ以外の要件（所得移転に係る規定等）は削除されている。

ロ　財務省規則第45号における連結納税制度に関する規定

1918年歳入法に係る財務省規則第45号の第631条から第638条までに連結納税制度に関する規定がある。

第631条の規定では，実態としては複数の法人に分かれて活動しているとしても，連結納税制度は，単一の企業の真の純所得及び投下資本に従って課税をするという原則が基礎となっていることを明確に指摘している。

第632条の規定では，連結納税申告書は，連結親会社又は主たる法人の所在地の所轄税務署にフォーム1120を提出し，連結子法人は，その所轄税務署にフォーム1122を提出することになっている。

第633条の規定では，本法に規定する「実質的にすべての株式」という文言は，特定の割合を意味するとは解釈されず，特定の場合の事実等を勘案すると広く解されている。ただし，一応の基準としては，発行済議決権株式（自己株式を除く。）の95％以上を事業年度の期首からその年度を通じて支配及び管理する場合は，上記の文言に当てはまるものとみなされることになる。なお，95％未満の株式所有の場合であったとしても，連結納税申告が慫慂されることもある。そして，株式所有要件が95％未満で50％超の場合，連結納税に関連し

た事実，関連法人の株式所有の状況等について概況表の提出が強制されている。

第634条は，連結親会社であった法人の株式が他の法人に買収された場合に関する規定である。第635条は，連結納税制度が適用されない法人に関する規定である。第636条は，内国法人が株式の大部分を所有する外国子法人の場合，連結納税申告に当該外国子会社の所得等を含まないことを規定している。第637条は，連結純所得の計算に関する規定である。ここでは，単体法人の課税所得計算に係る規定の適用と連結法人間の内部取引の調整を行うことが規定されている。第638条は，連結法人間において事業年度が異なる場合，連結親法人に事業年度を合わせる調整のために事業年度を設けることを内国歳入局長官が助言することを規定している。

ハ 1920年度版財務省規則第45号

財務省規則第45号は，1921年1月28日に制定された1920年度版によりその一部を改正されている[18]。

第632条の改正では，連結親法人等が連結納税申告書に記載すべき事項について新たに列挙されている。これは上記ロで記述した財務省規則にはない規定である。その記載すべき事項は，①当該申告書に含まれる連結法人の名称と住所，②事業年度期首における連結法人各社の発行済株式の額面，③事業年度期首の親法人の所有する株式の額面，④同一の利害として個人又はパートナーシップにより連結法人が支配されている場合の株式所有割合等，⑤連結法人間で合意している税額配分の金額を示す予定表，である。

(4) 1921年歳入法における連結納税制度の規定

財務省規則第45号及び1918年歳入法は連結納税申告書の提出を強制していたが，1921年歳入法第240条(a)の規定では，連結納税申告書の提出は選択となっている。第1次世界大戦の終了に伴い，米国の戦時財政は終了して1921年以降減税の時期になる。したがって，連結法人間で利益と欠損を通算できる連結納税制度は法人にとって節税になる場合も生じたことから法人による任意

(5) 1924年歳入法における連結納税制度の規定

連結要件について，1921年歳入法までは，「実質的にすべての株式」と規定して，その株式所有割合の基準を一応95％としていたが，状況によりそれ以外の場合でも連結納税申告書の提出が義務付けられていた。1924年歳入法第240条(c)では，95％と株式所有割合が明記されている。

(6) 1928年歳入法における連結納税制度の規定

イ　財務省規則第75号の概要

1928年歳入法では，第141条に1929年及びそれ以降の課税年度における連結納税制度の適用と，第142条に規定するように1928年の適用を分けて規定している。

1928年歳入法第141条(b)には財務省規則への委任が規定されている。そして，1929年以降の連結納税申告書作成に関しては，財務省規則第74号第711条に財務省規則第75号（以下「第75号」という。）にその詳細が規定されていると記述されている。第75号は，同規則第74号の巻末に添付されている。

第75号第2条の諸定義に条において，連結法人から除かれる法人として，外国法人，外国法人として扱われる法人（属領法人），中国貿易法（China Trade Act）に基づいて設立された法人，保険会社等が規定されている[19]。その他，第75号第2款（PART II）において，連結納税制度に関する管理上の規定が置かれている。

ロ　第75号における計算規定

第75号第3款（PART III）において，連結納税申告における所得計算の詳細が規定されている。

（イ）所得計算の概要

連結所得は，連結法人の総所得（gross income）の合計から連結法人の諸控除（deductions）の合計を控除して計算するが，損益を認識しない連結グループ内

取引（intercompany transactions）を除くこととなる（第75号第30条）。連結親法人は，連結納税申告書に連結所得算定の明細書を添付して提出することになる。また，会計の方法については，連結法人間において現金主義の法人と発生主義の法人が混在することは認められない（第75号第43条）。

(ロ)　連結法人による株式の譲渡

第75号第34条には連結法人による他の連結法人株式の譲渡について，次の3つの形態が規定されている。

① 連結要件に影響しない株式の譲渡
② 連結法人による株式の譲渡により株式発行法人が連結法人に該当しなくなる場合
③ 法人が連結脱退後に行った株式の譲渡

なお，1928年歳入法第141条(d)に規定のある連結要件は，95％の株式所有要件であり，優先株等の非議決権株式はこの要件に含まれないことになっている。

上記②の規定は，現行の米国連結納税制度において投資修正（Investment Adjustment）の萌芽形態と位置付けられるものである。この投資修正は，連結子法人の株式の譲渡が行われた場合の株式簿価の調整を行う処理である。例えば，簡単な例は次の通りである。

親法人（P）の所有する子法人（S）の株式の簿価が100とする。連結第1期目にSの欠損が20とする。連結第2期期首にPはS株式を80で譲渡すると，S株式の譲渡損20は生ずることがなく，譲渡損益は0となる。その理由は，Sの欠損20は，連結所得の計算上で通算されて親法人等の所得と相殺されて欠損20が連結所得計算と株式譲渡損益の双方で二重計上されることから，S株式の帳簿価額を80に修正してこの二重計上が防止されることになる。

(ハ)　資産の簿価の決定

資産の帳簿価額は，基本的に単体申告の場合と同様に減価償却等の簿価等を含めて決定されることになる（第75号第38条）。

(ニ)　棚卸資産の処理

法人が連結グループに加入する場合，単体の事業年度における最後の棚卸資産の評価額が連結加入時の期首の評価額となる。逆に，連結法人が連結グループを脱退する場合，連結最後の評価額から内部利益を控除した額が単体の期首評価額となる（第75号第39条）。

　（ホ）　貸倒損失

連結法人間の債権から生じた貸倒損失は連結所得から控除することはできない。単体時に後日連結法人となる法人との間に生じた債権があり，連結加入後に貸倒れとなった場合，その損失は控除できない（第75号第40条）。

　（ヘ）　連結純損失

連結純損失は，① 次年度に繰り越しとなる場合，② 連結納税申告書が作成されない場合は親法人の純所得計算に適用，③ 親法人が他の法人に買収された場合は新しい連結グループに欠損を持ち込む，のいずれかの処理となる。

　（ト）　外国税額控除

外国税額控除は，連結グループ全体で単体の納税義務者であるものとして計算されることになる。

（7）　財務省規則第104号

　イ　概　　要

1939年制定の内国歳入法典第141条は，1939年12月31日後から鉄道会社と汎米国事業法人（1939年歳入法第235条に規定）に適用となった。1940年に連結納税申告書に係る財務省規則第104号（以下「第104号」という。）が発遣されている[20]。第104号は，鉄道会社と汎米国事業法人の連結納税申告書に限定された取扱いということになるが，前出の第75号に続く連結納税制度に特化した規則であることから，1929年に作成された第75号と1940年に作成された第104号における連結所得計算に係る規定を比較検討する意義はあるものと思われる。なお，第104号における規定の構成は，第75号を踏襲するものとなっている。

　ロ　連結所得計算の概要

連結所得計算は連結グループ内取引を除くことになるが，連結グループ内取引による損益は，最終的に連結グループ外の第三者との取引が完了した時点で認識されることが明記されている。また，他の連結法人からの受取配当は連結所得に含まれない (Sec. 23. 31 (b))。

　ハ　外国税額控除の設例

　第75号では，連結グループ全体として外国税額控除を適用することができることを規定していたが，その詳細は不明であった。第104号では，設例を設けて外国税額控除の計算過程が次のように説明されている (Sec. 23. 43 参照：Pは親法人，Sは子法人)。

① 連結所得：$130,000（P：100,000　S1：▲20,000　S2：50,000）
② 連結税額：$24,700
③ Pの所得：$100,000（国内85,000，英国10,000（税額2,000）カナダ5,000（税額500））
④ S1所得：▲$20,000
⑤ S2所得：$50,000（国内50,000　英国▲5,000　カナダ5,000（税額500））
⑥ 税額配分：　P＝100,000／150,000×24,700＝16,466.67
　　　　　　　S2＝50,000／150,000×24,700＝8,233.33
⑦ 国別控除限度額：Pの英国分　：10,000／100,000×16,466.67＝1,646.67
　　　　　　　　　　　　　　　　　＜2,000（英国で納付した所得税）
　　　　　　　　　　　　　　　　　∴1,646.67が控除額
　　　　　　　　　Pのカナダ分：5,000／100,000×16.466.67＝823.33＞
　　　　　　　　　　　　　　　　500（カナダで納付した所得税）∴500
　　　　　　　　　　　　　　　　が控除額
　　国別控除限度額に基づく控除額：1,646.67＋500＝2,146.67
⑧ 一括控除限度額：Pの一括分　：15,000／100,000×16,466.67＝2,470
　　　　　　　　　S2の一括分：0／50,000×8,233.33＝0
⑨ 控除額：P(2,146.67)，S2(0)

　この上記の算式についてコメントを付すと，上記の年分は1939年であるこ

とをまず確認することになる。当時の米国の外国税額控除の控除限度額は，1932年から1954年までの期間に属することになるが，その間は，国別控除限度額と一括控除限度額のいずれか低い金額を控除限度額としたのである[21]。

(8) 1954年内国歳入法典以降における連結納税制度

1954年内国歳入法典（以下「1954年法」という。）第6章第1501条以降が連結納税制度に関する規定であるが，条文は極めて簡略化されており，実質的な規定は財務省規則に委任されている。1954年法における改正事項の1つは，連結要件が従前の95％から，すべての種類の議決権株式の80％以上及び非議決権株式の各種類の80％以上となったことである。そして，第1次内国歳入法典である1939年法に係る財務省規則第104号から，第2次内国歳入法典である1954年法に至り財務省規則が1955年に大幅に整備されたのである。

(9) 小　括

1917年の財務省規則及び1918年歳入法において強制適用として始まった米国の連結納税制度は，1920年代に入ると選択制に移行し，1932年以降1964年まで連結付加税を課していた。連結付加税は，財政上の要請等もあったのであろうが，連結グループ内における所得と損失の通算ができるという節税効果（恩典）に対して負担を強いるということであろう。

1954年法に係る財務省規則では，連結法人の単体申告を合算して連結所得を算定するのであるが，連結課税所得算定までに調整する項目として，連結純損失，譲渡損益，慈善寄附金，受取配当及び連結法人間取引等が整備されたのである。そして，現行の財務省規則に至る過程では，いくつかの重要な改正が行われているのである[22]。

5. 連結納税制度の展開と企業会計

(1) 概　　要

　連結納税制度については，企業会計において連結財務諸表を作成してその利益を調整することで連結納税申告書が作成できるという誤解がかつてはあった時期もある。連結納税制度は，内国法人のみを対象としてその連結グループを1つの納税主体とするグループ税制であり，外国子会社等を含む連結財務諸表とはその対象範囲からして異なるのである。したがって，連結財務諸表上の連結利益は税務上の連結所得算定に関連を有するものではない。

　連結納税制度は，1法人が2つの事業部を持つのであれば，個々の事業部の損益は同一法人内で通算されて1つの法人所得となるが，当該法人が事業部を2つの法人に分けて子法人とした場合，それぞれの法人は独立した法人格の下に単体の申告を行うことになり，実質的に1つの経済的実体であるにもかかわらず，損失が生じる場合等において通算のできる事業部を有する法人と通算のできない子法人を有する法人の間では税負担に相違が生じることになる。連結納税制度はこのような相違が生じないように一定の株式保有等の連鎖のある企業グループを1つの経済的単位として納税主体とするものである。

　したがって，連結財務諸表と連結納税制度の共通点と相違点は次のようになる。

　イ　両者の共通点
両者の共通点は列挙すると次の通りである。
① 所定の企業グループを1つの経済的単位とみなしている点は共通である。
② 連結対象となる法人の財務諸表等が基礎となり，これらを合算することは共通である。
③ 内部利益の除去等の会計処理では共通する部分が多い。
　ロ　両者の相違点

両者の相違点は列挙すると次の通りである。

① 連結財務諸表は企業グループ全体の経営成績と財政状態等を利害関係者に開示することが目的であるのに対して，連結納税制度は内国法人からなる企業グループ全体の課税所得と税額を申告することである。
② 両者は目的が異なると共に連結納税制度では外国子会社等は連結対象に含まれない等，連結範囲が異なる。
③ 連結対象となる要件は，連結財務諸表が広く含まれるように定めているのに対して，連結納税制度では，米国が80％，日本が原則として100％の株式所有要件となっている。

以上のように，両者は，共通する部分と相違する部分があるが，以下では，連結納税制度と当時の米国の連結財務諸表を含めた企業会計との関連及び連結納税制度と単体申告との関連の2点から検討を行うこととする。

(2) 連結納税制度に対する企業会計の影響

企業会計の分野における連結財務諸表の沿革については，1870年代の米国鉄道会社が嚆矢であるという研究が発表されている[23]。そして，米国の連結財務諸表生成史において必ず取り上げられるUSスチール社の連結貸借対照表の作成日は1901年11月30日である[24]。また，1901年に来米したディッキンソン会計士（Arthur Lowers, Dickinson）が所長であるプライスウォーターハウスが1902年から同社の監査を開始したことも注目すべき事項である[25]。

米国における会計士数の増加と社会的な発言力の増大を示した事柄としては，1909年8月の法人免許税（corporate excise tax）の成立過程において，当時の有力会計士事務所が司法長官に対して，法人免許税に関する提言を行ったことである[26]。また，これに先立ち1904年にはセントルイスで第1回会計士世界会議が開催され，1905年には，AAPA（American Association of Public Accountants）の機関紙であるThe Journal of Accountancyが発刊されている。上記の提言において，会計士側は，現金主義を採用している法人免許税を批判して発

生主義の採用と公正な会計の原則が存在することに言及している。このように，会計士が社会的発言力の増大の背後には，同業界のリーダーとしてのディッキンソン会計士等の存在があったのである。また，1918年歳入法の立法及び財務省規則の作成に法律家のアーサー・バレンタイン，経済学者のアダムス，公認会計士のジョセフ・スターレットの3氏が財務省スタッフとして貢献している[27]。

連結納税制度は1917年の財務省規則で導入され，1918年歳入法で税法に規定されたのであるが，1921年歳入法により選択となり，1935年に鉄道会社等に適用が限定され，1940年以降，一部の適用除外となる法人を除き，すべての法人に選択適用となり現在に至っているのである。

連結納税制度の展開と並行して，連結財務諸表は，1937年の連結報告に関する会計連続通牒（Accounting Series Release）以降に制度化されるのであるが[28]，1917年の連結納税制度導入時点において，企業会計において連結財務諸表の会計処理方法が蓄積していたことは推測できるのである。そして，1935年に連結納税制度の適用が鉄道会社にのみ認められたことも，明確な証拠はないが，1870年代から連結貸借対照表が鉄道会社において作成されていた事実から頷ける事項である。

結論としては，企業会計における連結財務諸表の発展が連結納税制度の導入等を促した事実はないが，連結財務諸表に係る会計処理等の方法が連結納税制度に影響を与えたことは事実であろう。逆に，両者の目的の相違から連結納税制度の導入が連結財務諸表の制度化等に寄与したとはいえないのである。

(3) 単体申告と連結納税制度

米国の連結納税制度に係る規定は，主として本法における改正ではなく財務省規則に委任されて改正を重ねてきたといえるのである。

連結納税申告書の作成は，単体申告の数値を合算してこれらに調整を加えて作成していることから，単体申告に係る税法の規定が改正されると連結納税申告書に係る規定も複雑化することになる。これは現行のわが国の法人税法と同

様な状況といえる。これは、言い換えれば、単体申告をベースとして連結納税申告が存在するのであるから、単体申告に係る規定の改正は、連結納税申告に影響を及ぼすのである。結果として、連結納税制度自体は変遷をしているが、その改正等が単体申告に係る規定に影響を与えているとはいえないであろう。

1) 中田信正『連結納税申告書論』（中央経済社）1978年，井上久彌編著『連結納税制度の研究』（社団法人　日本租税研究協会）1992年，井上久彌編著『連結納税制度の個別問題研究』（社団法人　日本租税研究協会）1993年，井上久彌『企業集団税制の研究』（中央経済社）1997年，矢内一好・柳裕治『連結納税申告～我が国の導入に向けて』（ぎょうせい）1999年等。
2) ① 1996年3月：連結納税制度に関する経団連案第1次案（所得合算方式），② 1996年5月：財団法人企業活力研究所『企業組織と税制のあり方に関する研究会：報告書』，③ 1998年4月：財団法人産業研究所，委託先財団法人日本経済研究所『連結納税制度の導入等に関する調査研究』。④ 1998年12月：社団法人日本租税研究協会「連結納税制度実務研究会の中間報告」，⑤ 1999年2月：経団連第2次案（税額合算方式）がある。
3) NTTは，日本の東部分を所掌する東会社と西半分を所掌する西会社に分割されることになり，利益の見込める東会社が損失見込みの西会社に損失補塡をすることが予定されていた。税法等の改正を行わずにこの処理を行うと，東会社に寄附金課税が生じる可能性が生じたため，改正NTT法（1997年6月及び1998年3月，「日本電信電話株式会社等に関する法律」改正）により，当該利益補塡を課税しない措置が講じられた。
4) 米国に連結納税制度は，連結グループ各社の所得及び欠損の金額を合算して連結税額を算出し，これを連結グループ各社に配分する連結納税方式である。そのメリットは，連結グループ内における損益通算ができること，連結グループ内における資産の譲渡益の課税繰延ができること，外国税額控除等の控除限度額が連結ベースで計算することができること，連結グループからの受取配当について課税はないこと等が挙げられる。また，デメリットは，連結納税申告書を提出することによる会計上の処理が煩雑となること，原則として，連結納税申告を選択すると以後継続適用が義務付けられること等である。米国の連結納税制度の特徴は，最も体系的である利点と複雑である欠点を有していることである。
5) 英国のグループリリーフ制度は，その適用後の所得と税額について個別法人が納税義務を負うことが基本であり，振替金額等の取扱いについてもグループ全体を調整するものではなく，グループ内の譲渡損益は認識しない（TA1970, S273）。その

適用条件は，双方の法人が合意することを条件として，黒字法人が，赤字法人から欠損金額の全部又は1部の振替を受けて，自己の所得と相殺することができることである。この方式のメリットは，選択適用ができ，振替先は自由に選択でき，限度額以内であれば振替金額は自由であり，継続的適用要件はなく，対価支払いは自由であることから（ただし，会社法等の理由から実際は対価の支払いは行われている。）課税所得への影響はないことになる。

6) ドイツの機関制度の特徴は，① 商法の損益拠出契約を前提として子会社の純利益（全額を振替する）を親会社の所得とみなすことから，損益拠出契約締結前の子会社の繰越欠損金は，親会社において控除できない。② 内部未実現利益排除の仕組みを持たない。③ 親会社の子会社に対する所有割合（直接及び間接）が50％超であると共に，親会社の経営上の一体性（例えば，子会社が親会社の組織の一部として活動する。）も要件となることである。この制度のメリットは，親会社間の損益の通算が可能となること，内部利益排除等の計算が不要であること，子会社は，5年以上の継続を条件として任意に選択できること，事業年度，会計基準の統一の必要がないことである。また，デメリットは，グループ内の資産の譲渡益が課税となること，少数株主への株式買い取りまたは配当補償が必要となることである。この制度は，ドイツ法固有の損益拠出契約を前提としている点で，わが国の関係法令の改正等を必要とすることからわが国への導入は難しいと考えられた。

7) 日本への連結納税制度の導入の経緯に関しては，拙著『連結納税制度〜主要論点の理論的検証』（中央経済社　2003年）の第1章参照。米国，英国，ドイツの企業集団に係る税制の詳細については，矢内一好・柳裕治　前掲書参照。

8) Internal Revenue Code の2007年1月版による。

9) 2008年冬版（CCH社刊）の財務省規則では連結納税制度に関する規則の頁数が約376頁ある。

10) 1939年にそれまで財政法等により改正を重ねてきた税法をまとめて内国歳入法典として編纂したのである。この1939年制定のものを第1次とすると，それ以降の全文改正は1954年となるのでこれを第2次と称したのである。ちなみに，それ以降の全文改正（第3次ということになる。）は1986年の税制改革法であり，この第3次改正分が現在に至っている。

11) 1918年歳入法第240条の仮訳はつぎの通りである。

「(a)　本条に規定する関連法人は，財務長官の承認の下に内国歳入局長官により制定された財務省規則に基づいて，所得税法，戦時利得税及び超過利潤税の適用上，純所得及び法人資本に係る連結納税申告書の作成が義務となる。これらの税法に係る税額は，当該納税申告書を基礎として計算され決定されなければならない。仮に，連結純所得及び法人資本から除かれるものとしては，1914年8月（訳注：第1次世界大戦開戦）以降に設立されたいずれかの関連法人の純所得及び法人資

本，1914年8月に活動していた事業の後継者でない者，総所得の50％以上が政府との契約或いは1917年4月6日から1918年11月11日の間になされた契約から生じた所得からなるものである。適用除外法人は，単体の法人資本及び純所得を申告し，関連グループのそれ以外の法人は，残余の連結法人資本及び純所得について申告しなければならない。連結納税申告により税額が計算される場合，総税額は最初に連結単位で計算され，その後に連結法人間で合意した比率により各連結法人の税額計算を行うか，又は，連結法人間で合意がない場合，連結法人の純所得を基準として税額を割り当てることになる。所得税計算では2,000ドル，戦時利得税では3,000ドル，超過利潤税では3,000ドルを基礎控除として差し引くことができる。

(b) 本条の適用上，2以上の内国法人は関連しているとみなされる。(1) 1つの法人が他の法人の実質的にすべての株式の直接に所有するか，又は密接に関連した持分を通じて支配若しくは名義人を通じて実質的にすべての株式を支配している場合。(2) 2以上の法人の実質的にすべての株式が同1の者により所有又は支配されている場合。(以下略)」

略した箇所には内国法人が外国法人の議決権株式の過半数を所有することを要件として，間接税額控除を認めるという規定である。

12) 財務省規則第41号の当該規定について本法に規定がないことは1921年に出版された『連邦所得税』(Haig, Robert M. ed., The Federal Income Tax, Columbia University Press 1921) という論文集に掲載されているスタウブ会計士の「連結申告書」(Staub, Walter A., "Consolidated Returns" p. 189) において，1917年歳入法第201条がその根拠であると主張している。

13) T. D. 6140 (1955年11月9日制定) により連結納税申告に係る取扱い等は現在に続く原型をほぼ形成したといえる。

14) 財務省規則に連結納税制度に関して規定した背景は，内国歳入局の租税に関する助言委員会 (the Advisory Tax Board) によると説明されている (Staub, Walter A., op. cit., p. 189.)

15) 戦時超過利得税の課税標準と適用される税率は次の通りである。

課税標準	税率
純所得のうち投下資本の15％以下の部分	20％
純所得のうち投下資本の15％超20％以下の部分	25％
純所得のうち投下資本の20％超25％以下の部分	35％
純所得のうち投下資本の25％超33％以下の部分	45％
純所得のうち投下資本の33％超の部分	60％

仮設例の条件は，投下資本1,000,000ドル，純所得500,000ドル，戦前利潤は投

下資本の9%とする。この場合の算式は，(課税標準＝純所得－基礎控除－戦前利潤)である。以上の条件の数値を算式に当てはめると，次のようになる (Niven, John B (ed.), "Income Tax Department" The Journal of Accountancy Vol. 25, No. 3, March. 1918, pp. 206-208)。

純所得(500,000ドル)－基礎控除(3,000ドル)－戦前利潤(90,000ドル)＝407,000ドル(超過利潤額)となる。

(単位：ドル)

超過利潤額の計算・税額	税　額
1,000,000×15%－93,000＝57,000　57,000×20%＝11,400	11,400
1,000,000×(20－15)＝50,000　50,000×25%＝12,500	12,500
1,000,000×(25－20)＝50,000　50,000×35%＝17,500	17,500
1,000,000×(33－25)＝80,000　80,000×45%＝36,000	36,000
1,000,000×33%＝330,000 (500,000－330,000)＝170,000 170,000×60%＝102,000	102,000
超過利潤(407,000)	税額計 179,400

法人税額19,236ドル(500,000－179,400)×6%＝19,236)であり，超過利潤税との合計は，198,636ドルということになる。この場合，実効税率は約39%となる(198,636÷500,000＝39.72%)。なお，20%の適用に関して，93,000ドルの控除のうちの3,000ドルは法人の基礎控除である。

16) 親会社であるP社の投資勘定となるS社株式は，投下資本に算入されない資産 (Inadmissible Assets) となる (Staub, Walter A., op. cit., pp. 201-202)。
17) 財務省決定 (T. D. 2662, 1918年3月6日) によれば，第77条に規定する「すべて或いは実質的にすべての株式」という用語は，課税年度を通じて連結法人の95%以上の株式所有を意味するとされている。
18) Treasury Department, Regulation 45 (1920 edition), promulgated January 28, 1921.
19) 1928年歳入法第141条(e)(f)(g)に同様の規定がある。
20) 内国歳入法典における所得税に係る財務省規則として第103号が1940年に発遣されている。この第103号§19.141-1から§19.141-4までに連結納税申告に関する規定がある。
21) 矢内一好・高山政信『外国税額控除の理論と実務』同文舘出版　平成20年　21頁。
22) 井上久彌『企業集団税制の研究』(中央経済社) 1997年　37頁。また，井上教授の著書にも指摘されていることであるが，1966年9月2日に制定されたT. D. 6894

による財務省規則の改正により，連結グループ内取引による利益に認識について§1.1502-13（連結グループ内取引）が整備され，売手側課税繰延べ方式が規定されている。
23）小栗崇資『アメリカ連結会計生成史論』（日本経済評論社）2002年　33頁。
24）小栗　同上　191頁。
25）小栗　同上　199頁。
26）Deloitte, etc., "Accounting Errors in Corporation Tax Bill" The Journal of Accountancy Vol. 8, No. 3, July, 1909.
27）Brundage, P. F., "Milestones on the Path of Accounting", The Harvard Business Review, July, 1951, p. 74.
28）小栗　前掲書　204頁。

第 10 章

国内源泉所得と外国法人の税務

1. はじめに

　本章は，米国税務会計の歴史を検討するに際して若干異質な分野となる国際税務の領域を取り上げる。国際税務は，課税所得の計算構造に係る内容でないことから，企業会計と関連する部分が少ないが，米国税法の沿革の上では，企業活動の国際化の進展について，次第に重要性を増してきた領域である。

　国際税務という領域は，一般的には，企業等の国際的取引に対する課税及び複数の国の税法が重複して適用される事例等を含むものである。1つは，内国法人を含む居住者の国外活動に基因した取引に係る課税として，タックスヘイブン税制，外国税額控除等という項目があり，他は，外国法人を含む非居住者の課税として，国内源泉所得及び国外源泉所得という所得源泉に係る規定，個人非居住者の課税，外国法人の課税等である。これら以外としては，移転価格税制，過少資本税制が国内法に規定され，国内法以外では，租税条約等の適用という領域がある[1]。

　本章は，米国の国際税務の基幹となる部分である所得源泉に係る規定と非居住者（主として外国法人）に対する課税を中心とする。現行の内国歳入法典では，所得源泉に係る規定として同法典第861条から第865条が規定され，非居住者課税に係る規定として，個人非居住者については同法典第871条から第879条，外国法人については第881条から第885条が規定されている。

　日本の法人税法では，法人税法第138条に国内源泉所得に係る条文があり，同法第141条に外国法人の区分ごとの課税標準に関する規定がある。本章で

は，米国の国内源泉所得と外国法人の課税の双方に焦点を当てて，この課税方法がどのような変遷を経て現在に至ったのかをたどることとする。

このような論点を本章の対象とするに至った理由としては，米国における所得源泉と非居住者課税に係る事項が，米国における国際税務に係る規定の中心部分であることと，日本の所得源泉規定（所得税法第161条及び法人税法第138条等）が今後改正される可能性があることから[2]，比較法の観点からも両国の当該規定を比較検討することは意義あるものと思われる。

2. 国内源泉所得に係る規定の沿革

(1) 1913年制定の所得税法

米国連邦税としての所得税は，南北戦争期の戦費調達目的のために1861年から1872年まで一時的に施行された。その後，中断した期間を経て，関税収入の減少に伴って1894年に新たな所得税（法人税を含む）が制定されたが，1895年のポロック事案における所得税違憲という最高裁判決により[3]，同法は廃止されている。米国は，所得税の違憲状態を解消するために，1913年に憲法を修正し（修正憲法第16条），1913年10月に法人税を含む所得税（以下「1913年法」という。）が成立している。

1913年法は，独立した法律ではなく，アンダーウッド・シモンズ関税法の第2部（Section II）に規定されている。この第2部のA第1条（A Subdivision 1）に個人非居住者，G (b) に外国法人に係る規定がある。

個人非居住者については，当該非居住者が米国国内に所有する財産から生じる所得及び米国国内において行う事業から生じるすべての純所得（entire net income）が課税所得となる，と規定されている。

イ　外国法人の定義

外国法人に関しては，個人非居住者よりも詳細に規定されている。外国法人とは，外国の法律に基づいて設立又は権限が付与された法人，ジョイントストック企業，団体及び保険会社である。

ロ　課税所得の計算

外国法人の純所得（net income）の金額は，米国国内において取引された事業及び米国内に投資した資本から生じた法人の所得の総額（gross amount of the income）から，次に掲げるものを控除して計算される。

① 財産の継続的使用又は所有のための条件としてなされた賃借料及びその他の支払いを含む米国国内にあるその事業と財産の維持及び活動に関して当該年度中に支払った（paid）すべての通常かつ必要な（ordinary and necessary）経費

② 米国国内における事業において事業年度内に実際に被ったすべての損失で保険会社に補填されなかったもの。財産の使用，磨耗による合理的な減価償却費，鉱山及び天然資源の場合の減耗引当金で計算対象の年度の生産量の総価値の5％以下であるもの等

③ 債務についてその年度中に生じ（accrued），かつ，支払った利子の金額で，利付き債及び決算時の外部払込資本の額の2分の1以下を限度とし，又は，払込資本がない場合には，決算時の事業資本でこれに代用する。年度中の支払利子の金額は，全世界所得に占める米国国内において決算時の事業活動及び投下資本からの所得の比率により算定する。

④ 国又は地方により課された租税の額等

上記の規定では，国内源泉所得という考え方は定着しているが，税法上の概念として確立された状態ではなく，米国国内における事業及び投資した資本から生じる所得（the gross amount of its income from business transacted and capital invested within the United States）と表現されている。

ハ　小　　括

1913年法における外国法人に係る規定における国内源泉所得は，国内源泉所得という用語自体が規定として使用されていない。また，国内源泉所得を表す文言である「米国国内における事業及び投資した資本から生ずる所得」は，現行の日本の国内源泉所得に係る規定である所得税法第161条及び法人税法第138条それぞれの条項の第1号所得である「事業所得又は資産の運用・保有・

譲渡からの所得」に該当するものであるが、その具体的な内容までは規定されていない。

(2) 1921年歳入法
イ 1921年歳入法における外国税額控除の概要

米国は、1913年法以降第1次世界大戦参戦に伴う財政需要のために増税路線となり、1916年歳入法、1917年の3月と10月に成立した歳入法、1919年2月に成立した1918年歳入法によりその改正を行っている。

1921年歳入法（以下「1921年法」という。）は、1921年11月23日に成立し、1922年1月1日から施行された1918年歳入法に続く所得税（法人税を含む。）改正法である。

米国は、1918年歳入法において、国内源泉所得等と関連のある外国税額控除を創設したのである[4]。1918年歳入法における外国税額控除は控除限度額がなく、1921年法において初めて控除限度額が設けられた。控除限度額について、国内源泉所得よりも先に検討を行う理由は、国内源泉所得と国外源泉所得が表裏の関係にあり、非居住者に対する国内源泉所得を対象とする課税と控除限度額における国外所得の算定も同様の関係にあるからである。なお、外国税額控除に関する規定は個人所得税と法人税法の双方にあるが、以下は、主として法人に関連した条項について検討を行う。

ロ 控除限度額に係る規定

外国税額控除の控除限度額の計算は、内国法人（米国法人を指すが以下では「内国法人」という。）の算出した法人税額に国外所得を分子とし、全世界所得を分母とする数値を乗じて行うことになる。控除限度額を含む外国税額控除の計算過程は次のようになる。

① 内国法人が課税所得に国外源泉所得を含む。
② 国外源泉所得に対して外国税額控除の対象となる控除対象外国税額が課されている。
③ 当該内国法人について控除限度額を算定する。

1921年法第238条(a)の前段は，控除限度額に係る次のような規定である。なお，以下の条項において所得税と表記されているのは法人税を含む所得税の意味である。

「(a) 内国法人の場合，所得税，戦時利得税及び超過利潤税による税額は，外国又は米国の属領のいずれかにおいて，同一事業年度中に支払われた法人税，戦時利得税及び超過利潤税の金額を税額控除する。外国税額控除の金額は，同一事業年度における米国国外源泉 (from sources without the United States) からの純所得（外国又は米国属領により課された所得税，戦時利得税，超過利潤税を控除しないで計算した金額）を分子とし，分子と同様の控除をしないで計算した全世界所得を分母とする比率と同じ割合の税額を超えないものとする。（以下省略）」

また，第238条(e)は，間接税額控除に係る規定である。

(3) 米国非居住者課税

1921年法第217条（非居住外国人の純所得）は，個人所得税に係る規定であるが，国内源泉所得については，法人税と共通に規定されている（法人税に係る第234条(b)にその旨の規定がある。）。

同法第217条は米国国内源泉所得とみなされる総所得について，次のイの①から⑤のように規定している。

イ　国内源泉所得の内容

1921年法第262条（属領所得の課税免除に係る規定）の特典を受けることができる非居住外国人又は米国市民は，次の第217条(a)に規定する所得 (gross income) が米国国内源泉所得 (from sources within the United States) となる。

① 居住者，法人等の債券，手形或いはその他の権利から生じる利子で，米国で事業を行わない者或いは米国内に事務所等の事業の場所を有しない者に対する銀行利子等を除く。

② 第262条の特典を得る権利のある法人以外の内国法人からの配当，外国法人からの受取配当の金額。ただし，外国法人の場合は，配当宣言前の3事業年度における当該外国法人の所得の50％未満が米国国内源泉所得で

ある場合は適用外となる。
③　米国国内で遂行された人的役務提供の対価
④　米国国内に所在する財産の賃貸料又は使用料，或いは，これらの財産の権利から生じる賃貸料又は使用料で，特許権，著作権，秘密工程，のれん，商標，フランチャイズ等の米国国内で使用する権利の使用等からの賃貸料又は使用料を含む。
⑤　米国国内に所在する不動産の販売からの利得，利益及び所得

ロ　米国国外源泉所得の内容

同法第217条(c)に規定する国外源泉所得の概要は次の通りである。

①　第217条(a)(1)に規定する米国国内源泉所得である利子以外の利子
②　第217条(a)(2)に規定する米国国内源泉所得である配当以外の配当
③　米国国外で遂行された人的役務提供の対価
④　米国国外に所在する財産の賃貸料又は使用料等
⑤　米国国外に所在する不動産の販売からの利得，利益及び所得

ハ　米国国内外に配分する所得（1921年法第217条(e)）

同法第217条(a)及び(c)に規定する所得以外の所得，費用，損失，諸控除は，財務長官の承認の下に内国歳入局長官により規定された規則により，米国の国内外の源泉に配分する。所得の種類別に米国国内源泉所得に配分される場合，経費，損失，及び諸控除も適切に配分され，所得に対する関連が明瞭でない経費等は比例的に配分される。所得源泉が米国国内と国外の双方の場合，純所得の総額は，最初に配分された個別の経費及び比例配分された経費等を控除することにより計算される。そのうち米国国内源泉所得となる純所得は，財務長官の承認の下に内国歳入局長官によって規定された一般的な配分方式によって決定される。国際運輸業に係る所得等，或いは米国国内で製造され米国国外で販売され，或いはその逆の場合は，その一部を米国国外源泉所得或いは国内源泉所得として扱われることになる。米国国内で購入して米国国外で販売する場合，或いはその逆の場合は販売地に所得源泉があるものとして扱われる。

ニ　所得源泉に係る規定の概要

前記イに規定のある国内源泉所得は，利子所得，配当所得，人的役務提供所得，不動産及び使用料所得，不動産の譲渡所得を規定しているが，事業所得に係る規定がない。事業所得については，1913年法では，国内における事業からの所得という簡素な規定であったが，1921年法では，第217条(e)に事業所得を規定している。

　事業所得は，購入販売と製造販売に分けて，国の内外において事業活動が行われる場合の所得源泉を規定している。この規定は，現行の日本の法人税法第138条の施行令にある規定と同様の内容である。すなわち，購入販売ではその販売地に所得源泉があることを規定している。国の内外にわたる製造販売の場合は，製造地と販売地で所得を分けることが規定されている。

　ホ　非居住者に対する源泉徴収

　わが国の法人税法（所得税法も同様の規定）第138条（国内源泉所得）は同条第1号（以下「1号所得」とする。）に，事業所得，資産の運用・保有・譲渡による所得を規定し，同条第2号から第11号までに掲げる所得は1号所得から源泉徴収の対象となる所得を抜き出したもので，1号所得は源泉徴収になじまない所得として区分されている。

　米国では，1921年法以降，前記イのように，資産所得について国内源泉所得として規定するようになったのであるが，その場合，米国における源泉徴収課税との関連の検討が必要になる。

　1921年法第221条(a)では，すべての個人，法人及びパートナーシップと非居住外国人或いは非居住外国人を構成員とするパートナーシップの所得等は，8％の税率による源泉徴収を受けることが規定されている。この規定では，現行の米国内国歳入法典第881条(a)(1)において規定されている文言と同様に，「定額定期所得（fixed or determinable annual or periodical gains, profit., and income）」という用語がすでに使用されている。

　ヘ　1921年法における非居住者課税の進展

　日本の国内源泉所得に係る規定（所得税法第161条及び法人税法第138条とその政令）と米国の1913年法及び1921年法を比較すると1921年法が1913年法よ

りも多くの点で発展した形態であることが分かる。

まず，日本の現行における国内源泉所得に係る規定であるが，国内源泉所得は，国内源泉所得に係る規定（所得税法第161条及び法人税法第138条）の1号に掲げられている。その内容はすでに述べたように，①国内の事業から生ずる所得，②国内にある資産の運用，保有もしくは譲渡により生ずる所得，③その他その源泉が国内にある所得として政令で定めるもの，から構成され，これらの所得のうち，源泉徴収の対象となる所得（投資所得等）は国内源泉所得に係る規定の2号以降に規定されている。

米国の1913年法は，日本との比較でいえば，1号所得のみが規定されていたことになる。これに対して，1921年法では，日本の非居住者規定になぞらえれば，1号所得から2号所得以降が独立して，前記イの①から⑤までに掲げた所得として規定され，源泉徴収の対象となる課税方式となっている。

3. 1921年法の背景

(1) 第1次世界大戦の終了と国際税務

非居住者関連規定が，1921年法においてそれ以前より整備されたことはすでに述べた通りである。では，そのような非居住者規定，言い換えると国際税務関連規定が整備されるに至った背景は何かということになる。

国際税務という分野が拡充される背景には，1つは，1914年から1918年まで続いた第1次世界大戦が終了したことにより，終戦後の世界経済が活況を呈し，特に，国際的な取引が増加したことである。

本章では，国際税務という用語をここまで使用してきたが，国際税務とは，取引の結果，源泉地国（所得の発生国）と居住地国（個人或いは法人の住所等のある国）の双方において課税関係が生じることに対する課税といえる。

国際税務が生じる状況とは，居住者或いは内国法人等が，外国に子会社或いは支店等を有する直接投資を行う場合と，外国法人の株式を取得し配当等を受け取る場合，外国法人等の融資をして利子を受け取る等の投資所得を得る場合

等である。したがって，国際税務が生ずる典型的な例は次のような場合を指すことになる。

① 居住者（個人又は内国法人）が国外で所得を取得し，居住地国においても課税となる場合（対外投資による所得）
② 非居住者（個人又は外国法人）が源泉地国における国内源泉所得を取得する場合（対内投資による所得）で，この非居住者は，居住地国において課税を受けることになる。

上記①と②は，①が国外に投資を行う国（居住地国），②が国外からの投資を受ける国（源泉地国）であり，居住地国と源泉地国の双方において課税関係が生じることになる。その結果，税法が国際取引の障害とならないために，居住地国と源泉地国における国際的二重課税を排除する方法として，国内法における外国税額控除と租税条約が発展するのである。

(2) 租税条約の発展

1918年に第1次世界大戦が終了し，1920年には国際連盟が作られた。国際連盟は，前記(1)で述べたように，第1次世界大戦後の国際取引等の増加に伴う国際的二重課税の排除等を行うために1922年以降モデル租税条約の制定に着手して，1928年には，国際連盟モデル租税条約を制定するのである[5]。

国際連盟は，モデル租税条約作成に先立って，1922年に当時の著名な4名の学者[6]により，国際的二重課税に関する理論的な検討を依頼し，その報告書が作成されている[7]。

このように，国際連盟設立直後からモデル租税条約制定の作業が進行した理由は，第1次世界大戦終戦後に，各国から国際的二重課税を排除して，国際間における経済活動に対する税の障害を取り除く要望が強く出されたからである。1928年国際連盟モデル租税条約制定において，当時の各国の国内法及び租税条約実務から抽出した部分もあるが，逆に，モデル租税条約において国際間に認知された諸原則及び諸概念が国内法にフィードバックされるという関係にあったことも否定できない。例えば，支店のように源泉地国における事業を

行う一定の場所を意味する恒久的施設（permanent establishment）という概念は，ドイツの国内法に使用されていた概念であったが，モデル租税条約に基本的な概念として取り上げられて規定され，その後に各国の非居住者課税に係る規定に普及したものである。

4．1928年歳入法における非居住者規定

(1) 1928年歳入法の概要

1921年法以降，米国税法は，1924年歳入法，1926年歳入法と改正されるが，非居住者に係る規定に大きな変化はない。1921年法以降で，非居住者に係る規定が改正されたのは，1928年歳入法（以下「1928年法」という。）である[8]。

1928年法とそれ以前の非居住者規定を比較すると，1928年法は，関係条文が移項されて，次のように条文全体の構成が整理されている。

イ 非居住外国人（Nonresident Alien Individuals）

非居住外国人に関する条文（Supplement H）は次の通りである。

① 211条（一般所得税）
② 212条（総所得）
③ 213条（諸控除）
④ 214条（所得控除）
⑤ 215条（租税の減免等）
⑥ 216条（税額控除）
⑦ 217条（納税申告書の提出）
⑧ 218条（納付）

ロ 外国法人（Foreign Corporations）

外国法人に関する条文（Supplement I）は次の通りである。これまでは，国内源泉所得について，所得税と法人税が共通の条文を使用していたが，1928年法では，両者が区分されている。

① 231条（総所得）

② 232条（諸控除）
③ 233条（租税上の特典等）
④ 234条（税額控除）
⑤ 235条（納税申告書の提出）
⑥ 236条（納付）
⑦ 237条（外国保険会社）
⑧ 238条（連結納税制度の不適合）

ハ　そ　の　他

前記イ及びロ以外としては，Supplement J（米国属領所得等），Supplement K（中国貿易法法人）についての規定がある。また，1928年法第144条(b)に個人非居住者の源泉徴収に関する規定，同法第145条に外国法人の源泉徴収に関する規定がある。

ニ　1928年法の非居住者に係る規定の特徴

個人非居住者及び外国法人に係る条文（同法第212条及び第231条）のいずれにおいても，総所得は，米国国内源泉所得とのみ規定され，各所得別の規定はない。しかし，同法第144条(b)及び第145条に非居住者に対する源泉徴収の対象となる所得に関する規定がある。

外国法人の課税に関して，同法第145条において，米国において事業に従事していない場合或いは米国国内に事業を行う事務所若しくは場所を有していない場合，源泉徴収となることが規定されている。さらに，当該外国法人は，納税申告書の提出が義務付けられている（1928年法第235条）。

1928年法の非居住者関連規定は，外国法人を2つに分けて総合課税と源泉徴収による分離課税に整理される前の段階といえる。

5. 1936年歳入法等における非居住者規定

米国において，外国法人等が，米国国内において事業活動を行い取得した国内源泉所得について総合課税され，米国国内の事業に従事しない場合に生ずる

国内源泉所得については源泉徴収となることの規定を明記したのは，1936年歳入法である[9]。

1936年歳入法第231条では，外国法人を非居住外国法人（non resident corporations）と居住外国法人（resident corporations）に分けて規定している。非居住外国法人は，米国国内において事業に従事せず，かつ，米国国内に事業を行う場所（以下「恒久的施設」という。）を有していない外国法人である。居住外国法人は，米国国内において事業に従事しているか，或いは，米国国内に恒久的施設を有している外国法人である。

1936年歳入法の外国法人に係る規定である第231条は，内容の改正を行わずに，1939年内国歳入法典第231条に引き継がれている。

1940年に発遣された所得税に係る財務省規則[10]のSEC. 19. 231-1は，恒久的施設（文言としては，office or place of business）について解釈を示している。恒久的施設の判定は，事実に基づいて判断されるのであるが，恒久的施設とは，事業上の取引に経常的に使用される場所であり，臨時的な取引等が行われる場所を含まないことが規定されている。

また，後述する1954年内国歳入法典（以下「1954年法」という。）では，外国法人等の課税要件に恒久的施設の存在を要件として課していない。1954年法は，1939年内国歳入法典の規定を改正したことになる。

6．1954年法

(1) 1954年法における非居住者関連条項

1954年法における非居住者関連条項は次の通りである。

① 第1章（Chapter 1）普通税と付加税
② N節（Subchapter N）米国国内源泉所得或いは国外源泉所得からの所得に対する課税
③ 第1款（Part I）源泉所得の決定（第861条から第864条）
　第2款（Part II）非居住外国人と外国法人（第871条から第894条）

第 3 款（Part III）国外源泉所得（第 901 条から第 943 条）

現行の内国歳入法典（1986 年法）と 1954 年法を比較すると，現行法には 1954 年法以降の条文の改廃があるものの，1986 年法の基本的な条文構成は 1954 年法を踏襲したものである。

(2) 国内源泉所得の範囲

1954 年法 N 節第 1 款は源泉所得の決定であるが，その内容は次の 4 条から構成されている。

① 第 861 条：国内源泉所得
② 第 862 条：国外源泉所得
③ 第 863 条：第 861 条及び第 862 条に規定されない項目
④ 第 864 条：諸定義

この第 861 条から第 864 条の構成は，その内容は別として，1921 年法の国内源泉所得及び国外源泉所得等に係る規定とほぼ同様である。

国内源泉所得は，第 861 条に規定され，個別の所得項目は次の通りである。この条文は，大別して，(a)と(b)から構成され，(a)は「国内源泉所得の総所得」(b)は，「国内源泉所得の課税所得」となっている。

(a)の「国内源泉所得の総所得」において，6 種類の所得についての規定がある。

① 利子所得
② 配当所得
③ 人的役務提供所得
④ 賃貸及び使用料所得
⑤ 不動産の譲渡所得
⑥ 動産の譲渡所得

このうち，棚卸資産の所得源泉地については上記の⑥により，外国で購入した棚卸資産を米国国内において販売した場合は，米国国内源泉所得となると規定されている。また，国内源泉所得及び国外源泉所得に規定のない所得につ

いては，第863条にその規定がある。そして，その詳細については，第863条に係る財務省規則（Income Tax Regulations：§1.863-1〜§1.863-6）が，1957年10月16日に承認された財務省決定（T.D.6258）において規定されている。

(3) 国内源泉所得の計算方法

米国の国内源泉所得のうち第863条に規定された国の内外に分かれて所得が生じる場合，その基本的な配分方法についての例示は，§1.861-8にある。

［計算例］

① 全世界所得は180,000ドル，国内源泉所得は36,000ドルである。

② 当該事業年度の費用総額は78,000ドル，うち，8,000ドルは国内源泉所得に配分し，40,000ドルは国外源泉所得に配分する。残額の30,000ドルは，国内或いは国外のいずれかに明らかに属する費用ではないことから，国内源泉所得を全世界所得で除した比率20％で配分すると6,000ドルである。

③ 国内源泉所得に係る課税所得は，36,000 − (8,000 + 6,000) = 22,000ドルとなる。

製造と販売を行う国が異なる場合，所得源泉地が米国と外国に分かれることになる。

(4) 外国法人の課税

外国法人については，米国の事業と関連しない所得については，30％の源泉徴収で課税関係が終了する（1954年法第881条）。米国国内において事業に従事する外国法人は，内国法人と同様の税率で課税となるが，その課税所得の範囲は，米国国内源泉所得である（1954年法第882条(a), (b)）。

(5) OECDモデル租税条約草案との関連

外国法人の事業所得課税について規定した1954年法第882条は，1939年内国歳入法典第231条(a)(1)を継続したものである。1954年法における非居住者

関連規定は，法律の体系の拡充整備を行ったという内容であり，この時点において，理論的な進展があったということはできないであろう。

その背景としては，第2次世界大戦終了以降におけるモデル租税条約の制定等において検討された国際税務の理論的な進展があったのである。

国際連盟は，1928年に最初のモデル租税条約を制定し，1935年の事業所得条約，1943年のメキシコモデル租税条約草案，1946年ロンドンモデル租税条約草案を作成している。しかし，メキシコ及びロンドンモデル租税条約のいずれもが模範としての役割を果たしてこなかったことから，OECDの前身であるOEEC (The Organisation for European Economic Co-operation) が1956年にモデル租税条約作成の作業を開始した[11]。このOEECにおけるモデル租税条約の検討結果は，1963年7月30日にOECDの理事会で承認されたOECDモデル租税条約草案（以下「OECDモデル草案」という。）の内容に反映されたのである。

米国は，OEECの加盟国ではなかったが，カナダと共にOEECにおけるモデル租税条約作成作業に協力したのである。したがって，米国の1954年法は，モデル租税条約作成との関連では，1946年ロンドンモデル租税条約と1963年のOECDモデル草案の間の時期ということになる。米国はこの後に，OECDモデル草案の影響を受けた形で，1966年に外国投資家課税法 (Foreign Investors Tax Act of 1966：以下「外国投資家課税法」という。）により非居住者関連規定を整備することになる。

以上のことを踏まえて評価をすれば，1954年法における非居住者関連規定は，それまでの1921年法，1936年歳入法及び1939年内国歳入法典を継承し，集約したもので，1954年法は，米国における非居住者関連規定発展の第1期のまとめの部分ということができる。

(6) 第1次日米租税条約における所得源泉規定

日本の非居住者関連の規定の整備が行われたのは，1962年（昭和37年）であり，その立法過程において，OECDモデル租税条約草案の内容等が影響を及ぼしているのである[12]。また，1954年（昭和29年）4月に日米間において日

米租税条約（以下「第1次条約」という。）が締結されている[13]。

　第1次条約の特徴の1つは，同租税条約第13条に所得源泉に関する独立した条項があることである[14]。第1次条約を検討対象とする理由は，同条約が締結された1954年当時の米国における非居住者課税の概要を知ることができるからである。

　外国法人の事業所得に関しては，第1次条約第3条第1項に「(略) 一方の締約国の企業が他方の締約国内に恒久的施設を有する場合には，当該他方の締約国は，自国内の源泉から生ずるその企業の全所得に対して租税を課することができる。(以下略)」と規定されている。前述(4)の外国法人の課税と同様に，第1次条約における事業所得の規定も総合主義を採用しており，国内に恒久的施設を有する外国企業（個人企業及び外国法人）は，すべての国内源泉所得を申告納税することになる。

　第1次条約第13条の規定は次の通りである。
① 源泉地国の法人が支払う配当は源泉地国に所得源泉があるものとして取扱う。
② 利子所得は，債務者主義を原則とするが，第3国に所在する恒久的施設が支払う利子又は源泉地国に所在する恒久的施設が支払う利子のうち事業関連等があるものについては，恒久的施設の所在する国を所得源泉地とする。
③ 動産の譲渡益は動産の売却が行われた国に所得源泉地がある。
④ 棚卸資産の製造を一方の締約国，販売を他方の締約国で行われた場合は，両国でその所得を配分する。
⑤ 不動産所得（不動産の譲渡所得等を含む。）は，不動産の所在地国を所得源泉地とする。
⑥ 人的役務提供所得（自由職業所得を含む。）は，役務提供地を所得源泉地とする。
⑦ 使用料所得等は使用地主義により所得源泉地を判定する。

7. 外国投資家課税法

(1) 外国投資家課税法の概要

外国投資家課税法は 1966 年 11 月 13 日に成立し，公法番号は 89-809 である。外国投資家課税法は，1954 年法 N 節 (Subchapter N)「米国国内源泉所得或いは国外源泉所得からの所得に対する課税」の改正として組み込まれ，1967 年 1 月以降施行されている[15]。

外国投資家課税法が与えた影響は 2 つあると考える。1 つは，米国国内法としてこれまでの非居住者課税の方式を改正したことであり，他は，日本に限定した話であるが，日米租税条約が改正されて，第 2 次条約が制定されたことである。

(2) 外国投資家課税法による主要な改正点

外国投資家課税法導入前の外国法人課税は，米国国内において事業に従事 (engaged in business in United States) しているか否かを課税における判定要素としていた。

改正前には，外国法人が米国における事業に従事している場合は，国内源泉所得である事業所得及びその他の投資所得のすべてを総合課税されていた。また，外国法人が米国における事業に従事していない場合は，投資所得に対して源泉徴収されて課税関係が終了していたのである。結果として，外国法人が米国国内において事業に従事していれば，その事業と関連のない国内源泉所得である投資所得も総合課税の課税対象となる欠陥が指摘されていた。

この欠陥を補正するために，外国投資家課税法は，第 1 の改正点として，実質関連 (effectively connected) 概念を導入して，外国法人の課税について次のように整理したのである[16]。

① 米国において事業に従事しているか否かが第 1 の判定基準である。

② 米国において事業を行い，すべての所得がその事業と実質的に関連する

場合は総合課税となる。

③ 米国において事業を行うが事業と関連のない所得がある場合及び米国において事業を行わない場合の米国国内源泉所得のうち，定額定期的所得（fixed or determinable annual or periodical gains, profits and income）に該当する所得は比例税率（30%）による源泉徴収課税となる。

第2の点は，外国法人が取得する一定の国外源泉所得について租税回避防止の観点から課税所得として取り込むことを規定したことである[17]。

非居住者の所定の国外源泉所得を課税所得とする場合，外国法人が米国国内に事業を行う事務所或いは一定の場所を有していることが要件となる。この場合，課税対象となる国外源泉所得は次の通りである，

① 無形資産の使用料（無形資産の譲渡損益を含む。）等
② 金融業等の活動から生じる配当，利子及び株式等の譲渡損益等
③ 米国における事務所等を通じての動産の売却から生じた所得。ただし，当該動産が米国国外において使用，消費，処分されるために売却される場合，或いは米国国外の事務所等が当該売却の主要な点に関与する場合は除かれる。

上記の結果，外国法人等に対して国外源泉所得が課税対象となることから，外国税額控除が認められることになった[18]。

上記第2の点は，外国法人が米国に支店等を設立して，棚卸資産の権原（title）を国外で移転する等の操作を行うことで，租税回避となることを防止する狙いがある。例えば，内国法人に対して国内源泉所得のみを課税所得の範囲とする属地主義を採用している南米のいくつかの国の場合，米国国内源泉所得は，本国において課税所得とならない。しかも，米国の事務所等の所得について，米国国外源泉所得であれば，本国と米国の双方で課税にならないことになる。さらに，資産の販売地である第三国において，恒久的施設がないこと等から課税にならないのであれば，いずれの国においても課税のない状態になる。このことを防止するために，所定の米国国外源泉所得を課税所得の範囲とする改正が行われたのである[19]。

(3) 恒久的施設に帰せられる利得（帰属主義）

外国投資家課税法の創設により，米国国外源泉所得であっても，所定のものは，外国法人による米国国内における事業と実質的に関連あるものとして扱うこととなった[20]。その対象は，外国法人が米国国内に事務所等事業を行う一定の場所（恒久的施設）を有しており，その恒久的施設に帰せられる（attributable）所得である。

その恒久的施設に帰せられる所得という用語は，一般に帰属主義（Attributable Principle）と称され，所得源泉地国における恒久的施設の課税において，この恒久的施設に帰せられる所得のみが源泉地国において課税対象となるという租税条約の規定である。米国の場合は，1963年のOECDモデル草案における用語を国内法に転用したのであろう。

帰属主義は，これと対立する概念である総合主義と比較する必要がある。

総合主義（Force of Attraction Principle）は，源泉地国の国内に恒久的施設がある場合，その恒久的施設が稼得したものであるか否かに拘らず，国内源泉所得とされるすべての所得を合算して課税するという考え方であり，日本の国内法ではこの原則が採用されている。

わが国の国内法が総合主義を採用している理由は，現行の国内法の規定（非居住者課税に係る規定）の立法時であった1962年（昭和37年）当時に，米国がこの方式を米国国内法に採用していたことと，総合主義において外国企業が内国法人と同様に課税を受けることになるため，国内における課税の公平が確保できると立法者が考えたからである。

帰属主義は，租税条約における条文では，当該恒久的施設に帰せられる利得（profits attributable to a permanent establishment）と表現されるが，わが国における国際税務においては，一般的に帰属主義と称されて使用されている。

この両者の違いの一例として，本店直取引を含むのか含まないのかということがある。本店直取引の例としては，外国本店が源泉地国に恒久的施設を有しているが，この恒久的施設を関与させないで源泉地国の独立代理人と取引を行い，国内源泉所得が生じる場合等が想定できる。

総合主義は，恒久的施設独自の所得に加えて他の国内源泉所得を合算した合計額を申告納税することになる。これに対して，帰属主義であれば，本店直取引の所得を含まずに，恒久的施設独自の所得のみを国内源泉所得として申告納税することになる。

そこで，帰属主義の意義であるが，租税条約に規定されている帰属主義は，総合主義ではないことを明らかにするためであると解することができる。これは，総合主義のアンチテーゼとしての帰属主義の意義ということになる。また，このことは，2つの概念がいずれも課税所得の範囲を定めるものであるということもできる。

帰属主義は，課税所得の範囲を決定する機能のほかに，広義には，恒久的施設に帰属する所得は国内源泉所得とするという所得源泉ルールとしての機能も有すると理解されている。したがって，総合主義は，課税所得の範囲を決定する機能のみであるが，帰属主義は，課税所得の範囲を決定する機能と所得源泉ルールとしての機能の2つがあると解されている。

帰属主義については，わが国では，これまで2つの解釈がある。

1つは，帰属主義が，総合主義のアンチテーゼとして，本店直取引等を含まない方法で，第3国所得も含まないとするものである（以下「課税範囲決定の帰属主義」という。）。

他は，外国法人の日本支店等が，日本以外の国において事業活動を行うこともあることから，帰属主義は，恒久的施設に帰せられる所得であれば，国外で生じた所得を含むものと解するものである（以下「所得源泉ルールの帰属主義」という。）。

(4) 米国の恒久的施設に帰せられる所得

前記(3)における検討を踏まえて，第2次日米租税条約を含めて，以下に掲げた3つの概念があり，これらの概念は混同して使用される恐れがあることから，それぞれの概念の相違を明らかにする必要がある。

① 実質関連概念（米国国内法）

② 恒久的施設に帰せられる国外源泉所得（米国国内法）
③ 産業上又は商業上の利得で恒久的施設に帰せられる所得（第2次日米租税条約第6条）

上記①の実質関連概念については，租税条約に規定されている帰属主義に類似するものといえるが，事業の存在を前提としてそれを補完することにより，よりその事業の実態に適合した課税を行おうとするものである[21]，という解釈があり，実質関連概念と帰属主義は同じものとは理解されていない。

実質関連概念は，定額定期的所得として源泉徴収の対象となるのかを区分する基準として機能しており，いわゆる帰属主義とはその役割が異なるものである。

前記③は，1963年のOECDモデル草案と同様の事業所得条項（同租税条約第8条）を規定する一方，所得源泉については，国内法の実質関連概念の判定要素である資産テストと活動テストを同租税条約の規定に入れている[22]。

前記(3)における2つの帰属主義の検討を米国の場合に当てはめると，①は，1963年OECDモデル草案に規定する恒久的施設の存在を前提とした事業所得と投資所得の総合課税を参考にして国内法を整備したものと思われる。

②は，租税回避防止目的のために，外国法人の課税所得に所定の国外源泉所得を含むと規定したもので，規定の文言としては，「恒久的施設に帰せられる所得」となっているが，国外源泉所得を含むという考え方は所得源泉ルールとして機能する帰属主義とは一致しないのである。

③は，②のように国外源泉所得を恒久的施設の所得とすることはできないために，所得源泉地を変更する規定であり，「所得源泉ルールの帰属主義」といえるのである。

以上のことから，外国投資家課税法以降，米国の非居住者課税は現行の方式に改正されたのであるが，米国国内法が所得源泉ルールの帰属主義になったのではなく，国内法と租税条約を調整するために，第2次日米租税条約のみを帰属主義としたのである。

(5) 1971年改正第2次日米租税条約における所得源泉規定

1971年（昭和46年）に第2次日米租税条約（現行の日米租税条約は第3次条約である。：以下「第2次条約」という。）の改正署名が行われた。この改正の契機となったものが，米国国内法（外国投資家課税法）の改正である。第2次条約は，同条約第6条（所得源泉）第8項において事業所得の所得源泉について，恒久的施設に帰せられる利得は，源泉地国の源泉からの所得として取扱うとして次のように規定したのである。

「（略），産業上又は商業上の利得であって，一方の締約国の居住者であるその利得の受領者が他方の締約国内に有する恒久的施設に帰せられるもの（不動産及び天然資源から生ずる所得，配当，利子，第14条(3)に定義する使用料並びに譲渡収益を生ずる財産又は権利が当該恒久的施設と実質的に関連を有する場合には，それらの所得，配当，利子，使用料及び譲渡収益を含む。）は，当該他方の締約国内の源泉から生ずる所得として取り扱う。（以下略）」

したがって，上記の規定によれば，源泉地国の恒久的施設に帰せられる所得であれば，事業所得（産業上又は商業上の利得），不動産所得，配当所得，利子所得，使用料所得及び譲渡所得等を含めて，恒久的施設の所在地国に所得源泉があることになる。

この第2次条約についての米国側の解釈は，外国投資家課税法のように恒久的施設に国外源泉所得を帰属させると外国税額控除の規定が租税条約にはないことから，「恒久的施設に帰せられる」という文言を，恒久的施設に帰属する所得に国外で生じた所得を実質関連がある場合には，国内源泉所得とするとしたのである。第2次条約第6条（所得源泉）第8項の規定は，米国側が，国内法と租税条約の解釈に乖離が生じないようにしたものであり，米国は，日本の国内法に所得源泉置換規定があることに配慮したものではない。

米国側は，国内法の延長線上に，第2次条約における事業所得の所得源泉地規定を置いて，国内法と租税条約の調整を図ったのである。これに対して，日本は，第2次条約締結時には，国内法に規定されていた所得源泉置換規定（所得税法第162条，法人税法第139条）と第2次条約の事業所得に係る所得源泉規

定の調整を図るために，第2次条約の事業所得に係る所得源泉規定は，所得源泉置換規定により，国内法の総合主義が租税条約上の帰属主義（広義）に置換えられるという解釈を行ったのである。

8．実質関連概念導入の意義

(1) OECDモデル草案との比較

実質関連（effectively connected）概念に使用されている，effectively connectedという用語であるが，この用語は，OECDモデル草案において，投資所得が恒久的施設の所得に含まれる場合に，その投資所得を生む財産が恒久的施設と実質的に関連するという場合に使用されている[23]。

実質関連概念を導入した外国投資家課税法第102条(d)に「実質関連所得等（effectively connected income, etc.）」という条文（現行法第864条(c)）があり，その内容は次の通りである。

イ　一般ルール

課税年度において米国における事業に従事している（engaged in trade or business within the United States during the taxable year）非居住外国人或いは外国法人の場合，所定の所得は，米国国内における事業活動と実質的に関連しているものとして扱われる。逆に，原則として，課税年度において米国における事業に従事していない非居住外国人或いは外国法人の場合，その所得は，米国国内における事業活動と実質的に関連しているものとして扱われることはない。

ロ　実質関連概念の適用

すでに前記7(2)において述べたように，米国における事業と実質的に関連のある所得については総合課税を行い，米国において事業を行うが事業と関連のない所得がある場合及び米国において事業を行わない場合の米国国内源泉所得のうち，定額定期的所得に該当する所得は比例税率（30％）による源泉徴収課税となる。

ハ　両者の相違点

OECDモデル草案では，源泉地国における恒久的施設の存在を前提として，投資所得を分離課税とするのか，或いは事業所得に含めて総合課税を行うのかという判断基準として，実質関連概念を使用したのである。

　これに対して，米国国内法である外国投資家課税法では，非居住者（個人及び外国法人）の課税において，恒久的施設という概念を使用することなく[24]，米国における事業（trade or business within the United States）という概念を中心としている。したがって，非居住者の総合課税となる所得は，米国の事業と実質的に関連する所得であり，源泉分離課税となる所得は，米国の事業と実質的に関連のない定期定額所得となる。この場合の実質関連概念は，恒久的施設との関連を示す基準ではなく，米国における事業との関連を示す基準であり，総合課税と源泉分離課税を分ける基準でもある。

　結果として，実質関連概念が持つ，恒久的施設或いは国内の事業に対する吸引力のような機能を活用して，米国国内法は，租税条約において使用されている概念を国内法に準用したのである。また，米国は，OECDモデル草案以降の諸原則等を自国の租税条約の分野において取り入れている。これにより，米国は，国内法と租税条約の分野において，同じ用語である，実質関連（effectively connected）の異なる使い方をしたことになる[25]。

(2) 実質関連概念と国内源泉所得

　日本の場合は，法人税法を例とすると，同法第138条において国内源泉所得についての規定を置き，同法第141条において，恒久的施設の態様に応じた課税方法を規定している。

　米国の場合，実質関連概念が帰属主義と結びつくと理解する向きもあるが，日本の税法とパラレルに考えると，米国の場合も日本と同様に国内源泉所得について規定している。国内源泉所得における判定に実質関連概念は影響を及ぼさない。米国における実質関連概念は，日本に置き換えると，法人税法第141条と同様の内容である。ただし，米国の場合は，所定の国外源泉所得を米国における課税所得としている点で日本と異なっている[26]。

繰り返しになるが，米国国内法における実質関連概念の機能は，非居住者の国内源泉所得を総合課税或いは源泉分離課税に区分するためのものである。

では，米国は，日本の国内法のように，非居住者課税に恒久的施設を使用していない理由があるはずである。米国は，国内法では「国内における事業の有無」を基準とし，租税条約では，「恒久的施設」概念を使用するという，使い分けをしている。このような状態に至った理由として考えられることは，租税条約における恒久的施設という概念は，そもそもドイツにおいて生成したもので，国際連盟モデル租税条約において使用された後に，国際的に普及し，国際税務の基礎的な概念となったのである。

米国は英国税法の影響を多く受けていることが原因と思われるが，例えば，1913年所得税法では，外国法人の米国における課税所得として，米国国内における事業取引と投下資本から生じた所得と規定している[27]。したがって，恒久的施設が国際税務の領域において認知される以前から，米国国内における事業取引と投下資本から生じた所得という考え方が定着していたといえるのである。そして，その後，1920年代後半以降，国際連盟モデル租税条約の制定等を通じて，恒久的施設の概念が米国に入ってきたということになり，結局，米国では，1966年の外国投資家課税法において，国外源泉所得を課税する際の要件として，米国国内に事業を行う一定の場所（恒久的施設）を有することを要件とする，という恒久的施設の概念の部分的な利用に止まったのである。

9. 帰属主義導入に係る論点整理

帰属主義は，恒久的施設に帰属するすべての所得に課税すべきという考え方であるが，以下は，一般的にいわれている帰属主義について整理する。

(1) 所得源泉ルールの帰属主義
第2次条約第6条第8項において規定された帰属主義は，所得の源泉ルールを規定したものである。

(2) 租税条約における帰属主義

現行の第3次日米租税条約第7条（事業所得条項）第1項は，「（略）一方の締約国の企業が他方の締約国内にある恒久的施設を通じて当該他方の締約国内において事業を行う場合には，その企業の利得のうち当該恒久的施設に帰せられる部分に対してのみ，当該他方の締約国において租税を課することができる。」と規定している。この引用した規定は，帰属主義といわれているが，「所得源泉ルールの帰属主義」ではないと一般に解されてきた。

仮に，この規定が「所得源泉ルールの帰属主義」であれば，所得源泉置換規定（所得税法第162条及び法人税法第139条）の適用を受けて国内法として適用になるはずであるが，そのような適用はされていない。その理由の1つとして考えられることは，ここにいう帰属主義が総合主義を採用しないことの意味で使用されているという解釈である。1963年に制定されたOECDモデル草案において採用された帰属主義はこの解釈が当てはまるものといえる。他の1つは，日本の国内法が総合主義であることから，当該租税条約の適用上，国内源泉所得のうち，恒久的施設に帰属するものと理解されたことで，これについては，すでに述べた「課税範囲決定の帰属主義」ということになる。

(3) 国外源泉所得を取り込む帰属主義

本来あるべきものではないが，米国における外国投資家課税法における規定のように，恒久的施設に帰せられる国外源泉所得も課税所得に含めるということを帰属主義と解する考え方がある。これは，「所得源泉ルールの帰属主義」ではなく，「課税範囲決定の帰属主義」の類型であるが，日本がこの規定を採用する可能性はない。以下，この類型は，前記の(2)と区分する意味から，「米国型課税範囲決定の帰属主義」とする。

(4) 所得税法施行令第279条第5項及び法人税法施行令第176条第5項の意義

所得税法施行令第279条第5項及び法人税法施行令第176条第5項は，昭和

48年度（1973年）税制改正により創設された規定であるが，当該条項が創設された理由は，外国法人の国内支店を通じて国外に投融資を行う場合，この種の事業活動から生ずる所得の取扱いが明確でなかったため，国外における投融資先の選定等，投融資等に関連する業務をもっぱら国内に所在する支店が行っている場合，その所得について国内支店に帰属するものとするのが適当であるとした規定である。

　この規定によれば，国内，国外の双方にわたって事業活動を行う外国法人が，国内の支店等を通じて国外にある者に対する金銭の貸付け，投資その他これらに準ずる行為により生ずる所得で，国内支店等で行う事業に帰せられるものは国内源泉所得としたのである。この規定を創設した趣旨は，タックスヘイブン国内に本店を持つ外国法人が日本国内の拠点を通じて東南アジアその他の免税産業に投資を行った場合における課税のほ脱を防止することを狙いとしているのである。

　この規定は，米国における外国投資家課税法を範としたものであり，外国投資家課税法にあるように，国内にある支店等の恒久的施設の存在を前提として，国外で生じた所得を恒久的施設の所得として取り込むことにしたのであるが，米国の場合は，国外源泉所得として取り込んだのに対して，日本の場合は，国内源泉所得としたのである。これをもって，日本の国内法における「帰属主義」と解するむきもあるが，これは非居住者に関する規定を複雑にしないために国外源泉所得を国内源泉所得とするとしたもので，日本の国内法が帰属主義を採用したとはいえないのである。しかし，区分上，これは「海外投融資に係る所得源泉ルール」とする。

(5) 帰属主義概念の純化

　平成23年度税制改正大綱「国際課税」の基本的な考え方において，帰属主義の導入が示唆されたのであるが，今後のわが国における検討を視野に，ここまでの検討を整理すると，いわゆる帰属主義といわれているものについて，その類型は，再度掲げると次のようになる。

① 所得源泉ルールの帰属主義
② 課税範囲決定の帰属主義
③ 米国型課税範囲決定の帰属主義
④ 海外投融資に係る所得源泉ルール

　しかし，税制改正大綱が示唆した帰属主義は上記①であるとすれば，国内法における事業所得について，現行の棚卸資産の販売地で所得源泉を決定する原則（法人税法施行令第176条第1項）は廃止することになる。これに代わって，第2次条約に規定のあったものと本質的に同じ，「所得源泉ルールの帰属主義」が導入されることが最も妥当といえる。その結果，「所得源泉ルールの帰属主義」であれば，外国法人の支店の事業による所得は国外における活動に基因するものであっても国内源泉所得とすることになる。これは，棚卸資産の販売地に拘わらず，支店の事業による所得であれば，支店所在地国の所得源泉ということになる。

　次に問題となるのは，帰属主義に代える理由は，OECDモデル租税条約における事業所得条項の改正であるが，現行の租税条約の改正は，すぐにはできないということである。

　例えば，日米租税条約のような影響のある租税条約から順次改正するにしても，議会の承認等に時間がかかることになる。

10. おわりに

　米国は，日本とは異なる内容を持つ非居住者課税を実施している。非居住者の事業所得に対する源泉地国課税において，日本のように恒久的施設の有無を課税要件とするのか，或いは，米国のように，国内事業との関連を要件（以下「国内事業関連要件」という。）とするのかは，異なるアプローチとなっている。

　恒久的施設概念を使用する場合の問題点は，恒久的施設がなければ源泉地国における事業所得に対する課税関係が生じないことである。したがって，非居住者が国内源泉所得である事業所得を取得したとしても，恒久的施設が源泉地

国になければ，源泉地国は課税をすることができない。源泉地国が課税する範囲を拡大したいのであれば，恒久的施設概念を拡大する等の国内法或いは租税条約等の改正を行う必要がある。

　恒久的施設概念とは異なるアプローチとなる国内事業関連要件は，恒久的施設概念よりも源泉地国の課税する範囲が広くなるが，源泉地国国内に事業上の拠点等がないことから，税務執行等において難しい側面が生じることになろう。

　日本の場合は，国内法が，所得源泉ルールの帰属主義に改正される場合，想定される条文のイメージとしては，第2次条約の所得源泉規定がこれに近いと思われる。したがって，恒久的施設である支店等の国外活動に基因した所得を課税所得として取り込むことになるが，関係各国の帰属主義に関する理解の足並みがそろわないと国際的二重課税という事態の生じる可能性がないわけでない[28]。

1) ここに掲げた米国における国際税務の各項目のうち，筆者は，すでに研究結果等を次のように著書の形で出版している。
   ① 米国の非居住者課税のうちの外国法人の課税について，拙著『国際課税と租税条約』（ぎょうせい　1992年）の第2部第2章で検討が行われている。
   ② 米国の移転価格税制については，拙著『移転価格税制の理論』（中央経済社，1999年）において検討が行われている。
   ③ 米国の外国税額控除については，共著『外国税額控除の理論と実際』（同文舘出版　2008年）において，筆者担当の第1部において米国の同制度について述べている。
   ④ 米国の租税条約については，上記の『国際課税と租税条約』，拙著『租税条約の論点』）（中央経済社　1997年）及び拙著『詳解日米租税条約』（中央経済社，2004年）において検討を行っている。
   ⑤ 米国の遺産税に係る国際税務については，共著『Q&A国際相続の税務』（税務研究会出版局　2009年）の筆者担当部分において述べている。
   ⑥ 国際税務全般については，共著『スピードマスター国際税務・第4版』（中央経済社　2009年）において，日本の国際税務の概要が述べられている。
2) OECDは，OECDモデル租税条約第7条の事業所得条項の改正作業を行っており，2009年11月に第7条の第2次改正案（第1次案は2008年7月に公表）を公

表している。この改正案が正式なモデル租税条約の条文と認められると，日本における国内源泉所得に係る規定も改正を余儀なくされるといわれている。
3) 拙稿「米国税務会計史(1)」『商学論纂』第50巻第1・2号，109-114頁参照。
4) 1918年歳入法の第222条が個人，第238条が内国法人の直接税額控除，第240条(c)に内国法人の間接税額控除が規定されていた。1921年歳入法で同法第222条(a)(5)，第238条(a)に外国税額控除の控除限度額が規定された。米国における外国税額控除の創設については，高税率国に支店を有する米国企業からの苦情により，エール大学のアダムス教授（財務省の経済顧問）の助言があり，税法が，源泉地国に第1次課税権があるという概念を受け入れたのである（Piccitto, Sol, International Business Taxation, Weidenfeld and Nicolson, 1992, p. 13.）。

米国における外国税額控除に係る主要な改正の沿革は次の通りである（矢内一好・高山政信『外国税額控除の理論と実際』同文舘出版 2008年，20-21頁）。
① 1918年歳入法により外国税額控除（直接税額控除・間接税額控除）を創設する。
② 1921年歳入法により控除限度額（一括控除限度額）を設ける。
③ 1932～1954年までは国別控除限度額と一括控除限度額のいずれか低い金額を控除限度額とした。
④ 間接税額控除の範囲が孫会社まで拡大された。
⑤ 1954年に一括控除限度額方式が廃止される。
⑥ 1960年に一括控除限度額方式と国別控除限度額方式の任意適用が認められた。
⑦ 1970年以降は一括控除限度額方式のみが認められた。
⑧ 1986年の改正により，控除限度額を所得別に計算するバスケット方式となった。
5) 拙著『国際課税と租税条約』ぎょうせい 1992年，18頁。
6) 4名の学者は，オランダのブルウィン教授，イタリアのエイナウディー教授，米国のセリグマン教授，英国のスタンプ教授である。
7) その報告書は，Bruins, Einaudi, Seligman, and Stamp, Report on Double Taxation (League of Nations, E. F. S. 73 F. 19) である。なお，この報告書については，拙著『国際課税と租税条約』，28-32頁参照。
8) 1928年歳入法は，1928年5月29日に成立し，1928年1月1日施行となったものである。
9) 1936年歳入法は，1936年6月22日に成立している。
10) U. S. Treasury Department, Regulations 103 relating to the income tax under the Internal Revenue Code, 1940.
11) OEEC, The elimination of double taxation, report of the fiscal committee of the O. E. E. C.)．この報告書は，第1回が1958年9月，第2回が1959年7月，第3回が

1960 年 8 月，第 4 回が 1961 年 8 月に公表されている。
12) 国税庁『非居住者，外国法人及び外国税額控除に関する改正税法の解説』1962 年（昭和 37 年）。なお，日本が OECD に加盟するのは 1964 年であるが，OECD における会議の動向に関する情報は日本でも関心があったのである。
13) 第 1 次条約は，1954 年（昭和 29 年）4 月 16 日にワシントンで署名され，1955 年（昭和 30 年）4 月 1 日に効力が発生している。第 2 次条約は，1971 年（昭和 46 年）に署名されている。現行の第 3 次日米租税条約は，2003 年（平成 15 年）11 月に署名されている。
14) 第 1 次条約の構成は，全 20 条から成っている。第 1 条は対象税目，第 2 条は一般的定義である。恒久的施設（PE）の定義はこの第 2 条に含まれている。第 3 条は事業所得であり，第 4 条は特殊関連企業条項である。第 5 条は国際運輸業所得条項である。第 6 条は利子所得，第 6 条 A は配当所得，第 7 条は使用料所得である。第 8 条は不動産所得である。第 9 条は人的役務提供所得で，自由職業所得も含む形となっている。第 10 条は政府職員条項，第 11 条は交換教授条項，第 12 条は学生条項である。第 13 条は所得源泉に関する条項である。第 14 条は二重課税排除の方法，第 15 条は慈善団体等に係る条約による課税免除の規定，第 16 条は所得控除，第 17 条は，情報交換，第 18 条は，相互協議，第 19 条は，外交官，第 20 条は発効と終了の規定である。

この第 1 次条約交渉が行われたのは 1950 年代で，OECD の前身である OEEC におけるモデル租税条約草案（1963 年制定）の作業が始まっていない時期であった。したがって，第 1 次条約の特徴といえる点は，第 13 条の所得源泉に関する条項が独立して規定されていることである。

米国は，1966 年（昭和 41 年）に国内法における国際税務関係の規定を一新して，外国投資家課税法を制定して実質関連概念を導入している。米国は，国内法及び租税条約等に OECD において展開された新しい概念を取り入れると共に，独自に非居住者税制を整備したのである。

このような米国側の事情を受けて第 2 次条約は，1971 年 3 月 8 日に署名，1972 年 7 月 9 日に発効，1973 年 1 月 1 日より適用となっている。その後，この第 2 次条約はその後改正もなく，国際運輸業所得等に関する 2 つの交換公文（昭和 47 年 6 月 23 日 外務省告示第 140 号）があるのみである。なお，日本側は，1963 年制定の OECD モデル租税条約の制定の影響等を受けて，国内法における非居住者規定を 1962 年（昭和 37 年度）に整備している。

第 2 次条約は，1963 年制定の OECD モデル草案と 1966 年改正の米国国内法の影響下にあるといってもよいものである。

問題は，他の租税条約例（OECD モデル租税条約，日本及び米国の条約例）にない所得源泉に関する規定が第 2 次条約第 6 条に規定されたことである。第 1 次条

約との関連であれば，前の条約から継続したともいえるのであるが，第1次条約は，OECDモデル草案以前という時代背景から，両国が独自に規定を置いたのであれば説明がつく。OECDモデル草案以降は，日本の租税条約はOECDモデル租税条約タイプのものが多いだけに，第2次条約の特徴がひときわ際立ったのである。

　第2次条約の解説書（小松芳明編著『逐条研究・日米租税条約　第3版』税務経理協会　1997年）の第6条の概要において第2次条約の所得源泉規定が他の条約例にないものであることは説明されているが，なぜこのようになったのかには触れられていない（小松　前掲書　64頁）。

　この第1次条約の所得源泉に係る規定の存在理由については，鈴木源吾「日米租税協定成立について」（『租税研究』1952年11月30日発行）に説明がある。これは第1次条約締結に従事した鈴木氏が租税研究協会において行った講演の記録である。この講演によれば，租税条約において問題が生じた場合は双方の国で相互協議を行うのであるが，鈴木氏は，「日本の場合は，そんなにあちらこちらに飛んで行ったりすることはできないから，もう少しこれははっきりした方がよいというので，いままでのどの協定にもなかったソーセスの意味を定義することになった。このソーセスの意味を，お互いにはっきり合意できるものは明記し（以下略）」と述べている。この講演内容を信用すれば，当時の交通事情等により互いに連絡できないことから，合意できる所得源泉ルールについては条約に明記したのである。また，鈴木氏は，所得源泉ルールを条約に明記することは「いままでのどの協定にもなかった」ということは認識していたのである。

15) 外国投資家課税法が制定された背景としては，1963年に米国の国際収支改善と対米国投資の障害を排除する目的で，当時のケネディ大統領の勧告により，財務省次官のファウラー氏を中心とする作業部会が発足し，非居住者に対する課税方式の全面的な改正の検討を行った（小松芳明「米国の外国投資者課税法について」『租税研究』204号，1967年2月28日，54頁）。
16) 外国人投資家課税法成立後の内国歳入法典（1967年法）第881条及び第882条。
17) 1967年法第864条(c)(4)(B)。
18) 1967年法第906条。
19) 米国の外国法人課税については，拙著『国際課税と租税条約』ぎょうせい，1992年，第6章第4節参照。
20) 1967年法第864条(c)(4)(B)。
21) 小松　前掲論文，54頁。
22) 1967年法第864条(c)(2)(A), (B)に2つのテストに関する規定がある。この第2次条約の事業所得に係る所得源泉規定は，外国投資家課税法と抵触しないように米国が租税条約を改正したといえるのである（Bischel Jon E., Income Tax Treaties,

Practising Law Institute, 1978, p. 581.)。
23) 例えば，OECD モデル草案第 12 条（使用料条項）には次のような規定がある。「(略) the royalties arise a permanent establishment with which the right or property giving rise the royalties is effectively connected.（以下略)」。この規定は，使用料所得は通常であれば，源泉徴収により課税が終了するのであるが，その使用料所得の基因となった財産が恒久的施設と実質的な関連を有する場合には，恒久的施設の所得として事業所得の課税を受けるという規定である。
24) 米国が 1930 年代の国内法において恒久的施設の概念を使用していたことは本章 5 において述べた通りである。
25) 第 2 次条約の解釈として，米国国内法が帰属主義であることから，当該租税条約においても帰属主義が採用されたという解釈が生じたのであるが，米国国内法は帰属主義とはいえないのである。
26) 実質関連の有無を判定する基準として，資産テストと事業活動テストがある（外国投資家課税法第 102 条(d)，現行法第 864 条(c)(2)(A)(B)）。なお，この 2 つのテストの判定を行う場合，米国における資産或いは所得が米国における事業として会計処理されているかどうかについて考慮を払う必要がある（現行財務省規則§1.864-4(c)(4))。
27) 1913 年法 Section II, G(a)。
28) 平成 23 年度（2011 年）税制改正における帰属主義導入に係る動向は次の通りである。
 1 平成 23 年度税制改正大綱「国際課税」の基本的な考え方
  帰属主義とは，恒久的施設に帰属するすべての所得に課税すべきという考え方をいうが，平成 23 年度税制改正大綱「国際課税」の基本的な考え方において，帰属主義の導入が次のように示唆されたのである。
  「非居住者及び外国法人に対する課税原則について，今般の OECD モデル租税条約の改正を踏まえ，今後，国内法にいわゆる「総合主義」から「帰属主義」に見直すとともに，これに応じた適切な課税を確保するために必要な法整備を検討する必要性」が提起された。
  この問題提起は，2010 年（平成 22 年）9 月に開催された政府税制調査会国際課税小委員会において，「非居住者・外国法人の課税ベースのあり方」のうち帰属主義に関して委員から次のような質問或いは意見がだされている。
  ① わが国にとって経済的重要性を有する外国とはほとんどの場合租税条約を締結しており，条約締結国に本店を置く企業の PE については，条約に基づき既に帰属主義が適用されているので，国内法を帰属主義に改めることの経済的な効果は，法律を実態に合わせる程度の限定的なものではないか。
  ② OECD モデル条約第 7 条で規定された OECD 承認アプローチ（AOA：

Authorized OECD Approach）に各国が足並みを揃えることで，二重課税リスクや二重非課税リスクが確実に緩和されることが見込まれる。
③　AOAは，現行の移転価格ガイドラインで強化・再構築が行われた独立企業原則の考え方と整合的である。
④　国内法を帰属主義に改める場合は，あわせて，適正な課税を確保するために必要な法整備についても検討する必要がある。

以上のことから，上記①のように帰属主義の経済的効果について懐疑的な意見も出されたようであるが，最終的に，冒頭にあるように，「総合主義」から「帰属主義」に見直すことと，これに応じた適切な課税を確保するために必要な法整備を検討することの２点が税制改正大綱において確認されたのである。

2　2010年OECDモデル租税条約の事業所得条項の改正
(1)　改正までの経緯

平成23年度税制改正大綱「国際課税」の基本的な考え方において，帰属主義の導入が次のように示唆された契機となったのは，OECDモデル租税条約における事業所得条項の改正である。

OECDは，1994年にPEへの所得の帰属を検討した報告書（Model Tax Convention : Attribution of Income to Permanent Establishments, Issues in International Taxation No. 5, 1994）を公表し，1995年以降移転価格課税のガイドライン（TPガイドライン）を暫時公表している。この1994年の報告書は，PE課税と独立企業の原則に検討を加えている。2010年OECDモデル租税条約の事業所得条項の改正に至るまでの経緯は，次のような動向である。

①　OECD　2001年２月にPART I, II（銀行）の草案公開
②　OECD　2003年３月にPART II（銀行）の改訂版，PART III（グローバル・トレーディング）の草案公開
③　OECD　2004年８月にPART Iの改訂版公開
④　OECD　2005年７月にPART IV（保険）の草案公表
⑤　OECD　2006年12月にOECD報告書（PART IV（保険））の新版未済）
⑥　OECD　2008年７月に事業所得条項改正案公表
⑦　OECD　2009年11月に事業所得条項改正公表
⑧　OECD　2010年７月に改正事業所得条項をモデル租税条約に反映

(2)　2010年７月の改正

OECDモデル租税条約新７条（以下「新７条」という。）は次のように改正された。

1　一方の締約国の企業の利得（profits）に対しては，その企業が他方の締約国内にある恒久的施設を通じて当該他方の締約国内において事業を行わない限り，当該一方の締約国においてのみ租税を課することができる。一方の締約国

の企業が他方の締約国内にある恒久的施設を通じて当該他方の締約国内において事業を行う場合には，第2項の規定に基づいて当該恒久的施設に帰属する利得に対して，当該他方の締約国において租税を課することができる。
2 　本条及び第［23 A］，［23 B］条の適用上，各締約国において第1項にいう恒久的施設に帰属する利得は，特に当該企業の他の部門との内部取引において，当該恒久的施設が，同一又は類似の条件で同一又は類似の活動を行う分離のかつ独立した企業であるとしたならば，当該企業が当該恒久的施設を通じて，及び当該企業の他の部門を通じて遂行した機能，使用した資産，及び引き受けたリスクを考慮したうえで，当該恒久的施設が取得したとみられる利得である。
3 　第2項に従って，一方の締約国が他方の締約国の企業の恒久的施設に帰属する利得を修正し，他方の締約国においてすでに課税された利得に課税をする場合，他方の締約国は，当該利得に対する二重課税を排除する範囲において，当該利得に課された租税の金額を適切に調整することになる。当該修正額の決定に際して，双方の締約国の権限ある当局は，必要ある場合には相互に協議を行うこととする。
4 　本条約の他の条で別個に取り扱われている種類の所得が企業の利得に含まれる場合には，当該他の条の規定は，この条の規定によって影響されることはない。

　このOECDモデル租税条約における事業所得条項の改正において，AOA（authorized OECD approach）が適用されている。このアプローチが検討された理由は，これまでのOECDモデル租税条約第7条（以下「旧7条型」という。）の規定に関して，各国における解釈等に相違があり，その結果，二重課税等の事態が想定されたことから，現代の多国籍な事業活動及び取引（金融業及び一般事業会社等のグローバル・トレーディング等）を踏まえつつ，第7条の下で恒久的施設への利得の帰属について望ましいアプローチを構築することであった。その結果，新7条は，恒久的施設の所得算定において，本店と同一企業であるとする従前の考え方がなくなり，本店配賦経費に係る規定，単純購入非課税の原則が廃止され，恒久的施設において，これまで内部取引とされた本店からの借入に係る支払利子等の損金算入が可能となったのである。これは，移転価格税制の精緻化を受けて恒久的施設を独立企業として厳格に擬制することに基因するものである。

249

第 11 章

米国内国歳入法典第 482 条

1. はじめに

　米国における移転価格税制を規定している内国歳入法典 (Internal Revenue Code) 第 482 条[1] (以下「482 条」という。) については，当該条文の意義及び解釈等よりも，この条文に関する財務省規則 (Income Tax Regulation) に規定する移転価格の決定方法等に関心が集まり，検討が行われているのが現状である。なお，日本における移転価格税制は，昭和 61 年度 (1986 年) 税制改正において創設され，租税特別措置法第 66 条の 4 に規定されている。

　本章は，2 つの点について検討を行うこととする。

　第 1 の点は，移転価格税制の中心的な課題である移転価格の決定方法等を対象とするのではなく，同税制の根拠条文である 482 条の沿革，482 条が規定されている内国歳入法典 E 章の会計の処理方法 (Methods of Accounting) における同条の意義及び位置付け等を検討することにより，同条が会計の処理方法の原則等を定めた内国歳入法典第 446 条 (以下「446 条」という。) とどのような関係にあるのかという点である。このような検討を行う意図は，482 条がどのような性格の条文であるのかを明らかにすることである。

　第 2 の点は，日本の移転価格に係る規定である租税特別措置法第 66 条の 4 の税法上の位置付けとその性格である。この点について，米国の 482 条との比較検討により，あまり顧みられることのない日本の移転価格税制の法的性格を検討する。

2. 1921年歳入法第240条(d)

　米国の移転価格税制は，連結納税制度における租税回避防止規定として初めて規定されたのである。その創設に至る経緯は，つぎのようになる[2]。

① 1917年10月3日成立の戦時歳入法 (War Revenue Act) に規定された戦時超過利得税 (War Excess Profits Tax) に関連した財務省規則第41号の第77条及び第78条に初めて連結納税申告に係る規定が置かれた。

② 1919年2月24日に成立した1918年歳入法第240条に連結納税制度に関する規定が置かれた。1917年の財務省規則第41号の第77条及び第78条は本法の規定でないことから，この1918年歳入法の規定が所得税法に置かれた連結納税制度に関する最初の条文ということになる。なお，1918年歳入法に係る財務省規則第45号には第631条から第638条までに連結納税制度に関する規定がある。

③ 1921年歳入法第240条(a)の規定が改正されて，連結納税申告がそれまでの強制適用から選択適用になっている。

　そして，上記③の1921年歳入法第240条(d)に移転価格税制に関する最初の条文が下記の通りに規定されたのである。

　「本条の適用上，第262条の恩典を受ける権利を有する法人は外国法人として扱われる。ただし，この場合は以下の条件によることになる。法人格を有するか，米国において設立されたかを問わず，同一の利害関係者により直接又は間接に所有され，又は支配されている2以上の関連する営業又は事業のいずれに対しても，内国歳入局長官は，それらの関連する営業又は事業間において，利得，利潤，所得，諸控除或いは資本の適正な分配又は配分を行うために，適宜，それらの関連する営業又は事業の勘定を連結することができる。」[3]

　上記の条文における第262条は，米国属領源泉所得に関する課税の軽減を規定したものである。米国は，本来の領土ではない，プエルトリコ，グアム等を属領として統治しているのであるが，これらの地域は経済発展が遅れているこ

とから，米国内国歳入法典では，米国属領源泉所得について特段の配慮を規定して税負担の軽減を図っているのである。第262条では，米国市民又は米国内国法人の所定の要件を満たす米国属領源泉所得を米国総所得（gross income）から除くことを規定している。

したがって，第262条により所定の属領源泉所得を有する米国内国法人は外国法人とみなされることから，連結法人に該当しないことになる。これは，当該外国法人とみなされる米国法人に対して米国の課税権が及ばないことになるので，当該外国法人に所得を移転して米国の課税を逃れることを防止するために，内国歳入局長官は，同一の利害関係者により所有又は支配されている事業等を連結することができることを規定している。結果として，当該米国法人に対して所得を移転することを防止して，租税回避を防いだことになる。

当時の法令の記録では[4]，条文の脇に見出しが記されているが，第240条(d)については，「米国属領法人が外国法人とみなされる。」ことと，「共通の支配にある事業の勘定の連結」という見出しである。

また，第240条の位置であるが，1921年歳入法の所得税法が，パートⅠ「総則」，パートⅡ「個人」，パートⅢ「法人」と分かれ，パートⅢの「法人」のうちの「法人の連結納税申告」は第240条(a)から(e)までとして規定されている。

3．1924年歳入法第240条(d)

1921年歳入法に続く税法改正は，1924年歳入法（1924年6月2日成立），1926年歳入法（1926年2月26日成立），1928年歳入法（1928年5月29日成立），1929年歳入法（1929年12月16日成立）と続くのである。

1924年歳入法第240条(d)の規定は，以下の通りであるが，1921年歳入法第240条(d)からその一部が改正されている（筆者が付したアンダーライン部分は改正部分である。）。

「法人格を有するか，米国において設立されたかを問わず，同一の利害関係者により直接又は間接に所有され，又は支配されている2以上の関連する営業

又は事業のいずれに対しても，内国歳入局長官は，それらの関連する営業又は事業間において，利得，利潤，所得，諸控除或いは資本の適正な分配又は配分を行うために，適宜，それらの関連する営業又は事業の勘定を連結することができ，納税義務者から要請がある場合には，連結を行うこととする。」

そして，所定の米国内国法人（属領源泉所得等を有する法人等）に関する規定は第240条(e)に移されている。

1921年歳入法及び1924年歳入法第240条(d)における規定は，その文言に変化があるにしても，関連者間の移転価格に対する課税に関する直接的な内容ではない。

4. 1928年歳入法第45条

1924年歳入法第240条(d)は，1926年歳入法では，第240条(f)に移項しているが，規定の内容に改正はない。

1926年歳入法に続く改正は，1928年歳入法（以下「1928年法」という。）であるが，1928年法では，1926年歳入法第240条(f)が第45条に移され，条文の見出しも「所得と諸控除の配分（Allocation of income and deductions）」となっている。現行の482条の沿革は，1928年法第45条から実質的に始まったといえる。

1928年法における改正の特徴は，連結納税制度に係る規定が同法第141条に移り，第45条がB章（Subtitle B）に定める通則規定の4款（Part IV）「会計期間及び会計処理方法」に規定された第41条から第48条までに含まれたことである。この体系は，その後も継続し，同法第45条の規定は，1954年制定の内国歳入法典において482条に規定されて，1986年にその一部改正されて現在に至るのである。

1928年法第45条の規定は次の通りである（筆者が付したアンダーライン部分は改正部分である。）。

「法人格を有するか，米国において設立されたかを問わず，又は，関連会社であるかどうかを問わず，同一の利害関係者により直接又は間接に所有され，又は支配されている2以上の営業又は事業のいずれに対しても，内国歳入局長官は，脱税を防止するため，又は，それらの営業又は事業の所得を明瞭に反映するために，必要と認めるときは，それらの営業又は事業の間において，所得又は諸控除の，分配，割当，配分を行うことができる。」

1928年法に続く改正法は，1932年歳入法（1932年6月成立）であるが，この1932年歳入法に係る財務省規則第77では[5]，第45条に関して何の説明もない。

5．1938年歳入法に係る財務省規則第101

(1) 財務省規則第101における規定の概要

1928年法以降の主たる税制改正は，1932年歳入法（1932年6月成立），1934年歳入法（1934年5月成立），1936年歳入法（1936年6月成立），1938年歳入法（1938年5月成立：以下「1938年法」という。），そして，1939年内国歳入法典（1939年2月成立）となるのである。

1938年法第45条（以下「45条」という。）は，1928年法第45条とほぼ同じ文言であるが，「それらの組織（organizations），営業又は事業の所得を明瞭に反映するために」と改正されて，1938年法では新たに「組織」という語が挿入されて現行規定に近づいたのである。

1938年法に係る財務省規則第101は[6]，内国歳入法典B章4款（Part Ⅳ）「会計期間及び会計処理方法」に規定された第41条から第48条までに係る取扱い等について詳細に述べている。

1938年法における第41条から第48条までの各条の見出しは次の通りである。

① 41条（通則）

② 42条（総所得の計上時期）[7]
③ 43条（諸控除，税額控除の計上時期）
④ 44条（延払基準）
⑤ 45条（所得及び諸控除の配分）
⑥ 46条（会計期間の変更）
⑦ 47条（1年未満の事業年度の場合の申告）
⑧ 48条（定義：課税年度，事業年度，支払った又は負担した，支払った又は発生した，営業又は事業）

全体の構成は上記の通りであるが，総括的な規定である第41条に関する説明において第45条との関連を述べた箇所はない。

(2) 財務省規則第101における独立企業の原則

財務省規則第101の45-1（以下「45条規則」という）は，45条を詳細に説明したものであるが，この45条規則の見出しは，「特殊関連者（controlled taxpayer）の課税純所得の決定」であることから，45条の見出しである「所得と諸控除の配分」とは異なっている。

45条規則は，(a)「諸定義」，(b)「範囲及び目的」と(c)「適用」に分けられている。

45条規則(a)の諸定義に含まれる用語は，「組織」，「営業又は事業」，「支配」「特殊関連者」「グループ及び特殊関連者のグループ」「真の純所得（true net income）」の6つである。

この定義のうち，特殊関連者における真の純所得は，独立企業（at arm's length）として他の関連企業を扱うことにより算定するとしている。この独立企業という概念であるが，これは，国際連盟が作成していたモデル租税条約である，1933年作成の「事業所得の配分に関する条約草案」（以下「1933年草案」という。）及び1935年作成の「改訂案」により独立企業の原則として，国際的に活動する企業の居住地国の本店と源泉地国の所在する支店の間の取引において，あたかも独立した第三者としての企業であるかのように取引価格を定める

とした原則である[8]。また，移転価格税制に係る規定である「特殊関連企業条項」は，本支店ではなく，親子会社等の場合に適用となる規定であるが，この規定は，1933年草案に規定されたのである[9]。

すでに述べたように，米国税法は，課税所得と企業会計における純利益は，企業の取引に基づく帳簿記録を基礎として算定されること（以下「企業会計準拠規定」という。）を規定している。この企業会計準拠規定と独立企業の原則の関連については，明確なものを見出すことはできないが，時系列に整理すると次のようになる。

① 1918年歳入法第212条及び第232条において企業会計準拠規定が初めて規定される。
② 1928年法では，会計処理の諸原則に係る規定が独立して同法第41条から第48条までの構成となり，そのうちの第45条に「所得と諸控除の配分」が規定される。
③ 1933年草案において独立企業の原則及び特殊関連企業条項が初めて規定される。
④ 1938年法に係る財務省規則第101が発遣され，独立企業の原則を説明している。
⑤ 1939年内国歳入法典第41条（企業会計準拠規定）
⑥ 1954年内国歳入法典第446条（第41条が移項），この後現在に至る。

租税条約における事業所得算定の原則として独立企業の原則が成立したのが1933年草案であるが，この草案作成に向けて，1920年代後半から1930年代前半において，米国ロックフェラー財団の援助を受けて米国財務省のキャロル氏が中心となって世界約20カ国以上の国際税務の状況の調査が行われたのである[10]。

このキャロル氏の調査対象として米国が選定されているが，米国では，外国法人の支店の所得算定に独立した会計帳簿に基づく方法が当時行われていたと報告されている[11]。

1933年草案において独立企業の原則及び特殊関連企業条項の規定が，米国

の国内法等の直接的な影響下にあったという客観的事実はないが，米国の財団からの資金援助と米国財務省の職員が主導的に活動した事実から推測して，当時の米国税法に規定されていた企業会計準拠規定と移転価格条項（第45条）が，1933年草案以前に施行されていた事実に基づけば，1933年草案に対して大きな影響を有していたものと推測できる。

したがって，1939年法に係る財務省規則第101が発遣されて独立企業の原則を説明したという件については，1939年法が国際連盟の1933年草案等の影響を受けたのということではなく，米国で生成した概念が，国際連盟のモデル租税条約に対して影響を及ぼしたと考えるのが自然のように思われる。

(3) 45条の目的と範囲

1939年法に係る財務省規則第101における45-1(b)に規定のある45条の目的と範囲は次の通りである。

45条の目的は，特殊関連者間取引を非関連者間取引と課税上同等にすることである。そのために，非関連者の基準に従って特殊関連者の財産及び事業からの真の純所得を決定することにより，課税上の同等性が保たれることになる。内国歳入局長官は，特殊関連者間の所得を再配分することにより真の純所得を決定する。なお，ここにいう特殊関連者とは，同一の利害関係者により直接又は間接に所有或いは支配されている2以上の組織，営業又は事業の一方を意味するが，45条は，この特殊関連者に対する適用となり，納税義務者が単体申告或いは連結申告であるかを問わない。納税義務者が連結法人である場合，連結所得及びこの納税義務者の真の単体純所得は連結納税制度における諸原則により決定されることになる。

内国歳入局長官（現内国歳入庁長官）[12]の権限行使は，不適切な会計の場合，虚偽，偽り，仮装取引等の場合，或いは所得或いは諸控除を操作することによる租税回避の場合に限定されない。故意又は過失により，特殊関連者の課税所得が非関連者であれば行ったであろう独立企業間取引とは異なる場合，内国歳入局長官は，純所得決定のための権限の行使ができる。

以上が財務省規則に規定されていた45条の目的と範囲の概要であるが，第41条に定める企業会計準拠規定と45条がどのような関連を有しているのかという点に関する説明はない。

第41条に定める企業会計準拠規定では，納税義務者が適用している会計処理の方法等が所得を明瞭に反映していない場合，内国歳入局長官の指示する会計処理の方法により修正することが規定されている。同様に，45条の規定においても，「(前段略) 内国歳入局長官は，脱税を防止するため，又は，それらの営業又は事業の所得を明瞭に反映するために，必要と認めるときは，それらの営業又は事業の間において，所得又は諸控除の，分配，割当，配分を行うことができる。」とされている。したがって，第41条及び45条のいずれにおいても内国歳入局長官の一定の権限が規定されていることにおいては共通といえる。

6．446条と482条の関連

482条は，1954年内国歳入法典により第45条から移項されたものであるが，482条に係る財務省規則は，1968年及び1969年に制定されている（以下「旧規則」という。)[13]。482条の実際の適用に関しては，1954年内国歳入法典の設定時点で，移転価格の税務調査が行われていたわけではなく，移転価格課税に係る判例等から推測して，1960年代後半以降に，移転価格に係る課税が本格化したといえよう。

旧規則の用語の定義 (§1. 482-1 (a)，範囲と目的 (§1. 482-1 (b)) 及び適用 (§1. 482-1 (c)) の規定は，前出の1938年制定の財務省規則第101の規定の多くを踏襲している。

(1) 482条の位置付け

移転価格条項に係る財務省規則の規定は，1938年制定の財務省規則第101から始まり，1968年及び1969年の旧規則へと引き継がれたが，企業会計準拠

規定と移転価格条項との関係については大きな進展はなく，主として，移転価格の決定方法等の部分が旧規則以降改正を重ねているのである。

現行の内国歳入法典（1986年全文改正）における446条と482条の関係は次のようになっている。

E章（Subchapter E）の会計期間と会計処理の方法は次のようになっている。

E章は，第1款（Part I）会計期間，第2款（Part II）会計処理の方法，第3款（Part III）修正（Adjustments）に分かれている。446条は，第1款に規定され，482条は，第3款に含まれている。

現行の446条(a)の一般規定（General Rule）は次のような内容である。

「課税所得は，納税義務者が帳簿における所得計算に通常使用している会計処理の方法に基づいて計算される。」

この446条(a)の例外は446条(b)に次のように規定されている。

「納税義務者により通常使用される会計処理の方法がない場合，或いは，使用している方法が所得を明瞭に反映しない場合，財務長官の判断により所得を明瞭に反映する方法に基づいて課税所得の計算は行われる。」

この上記の446条(a)及び同条(b)の規定は，1918年歳入法第212条及び第232条に係る規定を起源としている。

これらの規定は，その後変遷を重ねたが，1939年内国歳入法典第41条に規定する企業会計準拠規定では，納税義務者が適用している会計処理の方法等が所得を明瞭に反映していない場合，内国歳入局長官の指示する会計処理の方法により修正することが規定されている。これらの規定の文言に大きな変化はない。すなわち，企業会計準拠と所得明瞭基準の2点がその要点である。

しかし，1954年法における第446条は，一般に公正妥当な会計処理の基準（Generally Accepted Accounting Principles：以下「GAAP」という。）と税務会計の調

整を図る趣旨であり，税法の規定にGAAPに基づく規定である引当金，前受金に係る処理を導入して，結果的に失敗したのである。言い換えれば，1918年当時には存在しなかったGAAPの概念が1954年には確立していたということである。したがって，1954年法第446条の意義は，税務会計の目的である課税所得計算において，GAAPの進展を受けて，GAAPを基準とすることを原則とするということである。日本の法人税の規定と比較すると，企業会計準拠は，法人税法第22条第4項に規定のある公正処理基準とほぼ同義ということになる。そして，所得明瞭基準は，日本の法人税法における「別段の定め」と同種の内容ということになろうが，所得明瞭基準の判断を行うのが内国歳入庁長官であることから，条文の趣旨は日本と米国では異なることになる。

(2) 第481条における「修正」の意義

上記(1)において述べたように，482条は，E章の「会計期間と会計処理の方法」のうちの，第2款が「会計処理の方法」であり，第3款が「修正(Adjustments)」という見出しになっている。

この第3款に含まれている内国歳入法典第481条（会計処理の方法の変更により生じる修正：以下「481条」という。）について最初に検討することで，この「修正」という用語の意義について考察する[14]。

481条は，1954年法により創設された規定であり[15]，会計処理の方法を前事業年度と異なる方法に変更した場合の課税所得の計算に関して，金額の二重計上又は脱漏を防止するために変更を理由とする修正を行う，という規定である。また，481条に係る財務省規則は，財務省決定6366（TD6366）により1959年2月16日に発遣されている。

具体的に481条の規定の適用となる例としては，現金主義から発生主義への変更等が想定できるのである。この場合，単なる会計処理の方法の変更のみであれば，規定を置く必要はないのである。このような会計処理の変更は，納税義務者が自主的に行う場合と内国歳入庁長官が変更を命じる場合の2つに分けられる。

481条(b)では，会計処理方法の変更がある場合，その修正額が所定の金額を超えるときの処理が規定されている。すなわち，変更した事業年度において，変更に伴う課税所得の増額が3,000ドルを超える場合に次の2つの制限の選択をできることが規定されている。

① 変更した事業年度の前事業年度及び前々事業年度において変更前の会計処理方法が使用されていた場合，変更した年度における修正に伴う税の増額分は，変更年度及び直近の過去2事業年度のそれぞれに修正額の3分の1が含まれたとした場合の税額を超えることはできない（481条(b)(1)）。

② 納税義務者が，変更後の新しい会計処理方法を直近の前事業年度或いはそれ以前の事業年度において課税所得の計算に使用していた場合で，当該過去の事業年度において，納税義務者が変更後の会計処理方法を使用していた場合，修正に伴う税額の上限は，変更後の会計処理方法を利用した過去の事業年度に配分し，かつ，修正の未配分残高を変更年度に配分した場合の税額である。

上記の考え方は，会計処理方法の変更に伴い変更した事業年度において，税額が急増する事態を避けるために，平均課税のような考え方を用いたものである。したがって，481条の規定は，税額の修正ということになる。

(3) 482条における「修正」の意義

これまで論じてきた446条は，課税所得の計算において企業会計において採用されている会計処理の方法に基づいて行うという企業会計準拠という性格を有するのであるが，482条には会計処理の方法の修正という意味はない。会計処理の変更に係る規定は，前出の481条である。

482条に係る修正の意義は，2つある[16]。1つは，税務署長が配分を行う権限を有することであり，第2は，対象とする関連者間取引における移転価格を決定する際に，記帳した取引価格を基礎として税務申告を行うという原則に対して，これを修正するということである。この第2の点は，記帳された取引価格とは異なる価格を基礎として関連者間取引の成果に基づく申告を行うことが

できるということを意味している。482条は，481条における税額の修正ではなく，税務署長或いは納税義務者による帳簿記録の修正という内容であり，会計処理方法の変更或いは修正という意味ではない。

(4) 446条と482条との項目別比較

これまでの検討をまとめるために，以下では，項目別に446条と482条（482条に係る財務省規則を含む。）を比較することとする。

	446条	482条
条文の目的	① 企業会計における会計処理方法準拠 ② 所得明瞭基準	① 所得明瞭基準 ② 租税回避の防止 ③ 関連者間と非関連者間における課税の均衡
適用範囲	① 適用されている会計処理の方法の適正性の判定 ② 適用はすべての納税義務者であり，関連者に限定されない。 ③ 財務長官は，適用されている会計処理の方法がない場合，又は，適用されている会計処理の方法が所得明瞭基準に反する場合，適正な会計処理の方法を定める。	① 所定の関連者間における取引 ② 会計処理の方法は適用範囲外 ③ 財務長官の権限行使は，不適切な会計の場合，虚偽，偽り，仮装取引等の場合，或いは所得或いは諸控除を操作することによる租税回避の場合に限定されない。 ④ 納税義務者は，実際の取引金額ではなく，独立企業間価格に基づいて申告を行う。
所得明瞭反映（clearly reflect income）の基準	適用	適用
条文の内容	①企業会計における会計処理の方法を税務会計が基本的に遵守する。 ② 財務長官は，会計処理の方法が所得明瞭基準に反する場合，変更を指示できる。	財務長官に所得等を配分する権限を与えたものである。 その権限は，① 脱税（判例では租税回避を含む。）の防止，② 関連者間の所得を明瞭に反映させるため，に行使される。

| 他の規定との相違 | 他に同様の規定なし。 | 482条は，269条（所得税の租税回避等のための法人支配権の取得）等のように，目的を課税要件とするものではない。 |

　以上のことから，446条は，企業会計における会計処理の方法に基づいた記帳を行い，これに基づいて申告すべき課税所得の金額を算定することを規定している。これに対して，482条は，帳簿の記録と離れた税務署長或いは納税義務者による帳簿記録の修正という内容である。

　日本は，確定決算における企業利益を別段の定めによる申告調整を行うことにより課税所得を誘導する方法を採用しているが，482条は，企業会計における所得或いは諸控除等の金額を修正するという働きからして，これらの金額に対する修正する機能を有するものといえる。

7. 日本の移転価格税制の法的位置付け

　移転価格税制については，多くの著書及び論稿がある[17]。しかしながら，租税特別措置法第66条の4に規定されている条項（以下「移転価格税制」という。）の税法上の位置付けに関するものは少ないといえる。本書では，移転価格税制の法的位置付け等を検討している，金子　宏教授と小松芳明教授の論文を取り上げて[18]，米国の482条との対比を行うことで，日本の移転価格税制の法的位置付けを検討することで，法人段階において記帳された取引価格と移転価格税制との関連を考察するものである。

(1)　金子教授の見解

　金子教授は，移転価格税制の制度としての合理性について，特に次の2点に問題があると指摘している[19]。

① 　移転価格税制に規定されている独立企業間価格は極めて不明瞭な概念である。そのために，実際問題として，移転価格税制の適用は恣意的になり

やすい。
　②　移転価格税制は，実際問題として，私的自治ないし契約自由の原則に抵触することになりやすい。この税制は，関連企業間の取引における所得を適正な対価に従って計算し直す制度であって，対価の設定そのものに介入することを目的とする制度ではない。しかし，納税義務者が移転価格税制の適用をおそれるあまり，租税行政庁の意向を忖度して対価を設定することはありうることで，それによって，私的自治ないし契約の自由に事実上介入する可能性を持っている。

　また，移転価格税制と租税条約との関係については，租税条約に定めのある特殊関連企業条項の法的性格と国内立法としての移転価格税制は，特殊関連企業条項とどのような関係に立っているのかが検討されている。

　イ　自力執行説と国内立法必要説

　第1の点である租税条約に定めのある特殊関連企業条項の法的性格については，雑誌の対談において意見が対立した[20]，次の2つの見解が紹介されている。

　①　条約と法律が同じ効果を持ってセルフ・エグゼキューティングであるという自力執行説

　②　特殊関連企業条項は，増額更正を行うのが主たる狙いであることから，その限りにおいてセルフ・エグゼキューティングでなく，この条項を実施するためには，相応な国内法上の手当が必要とする国内立法必要説

　この2つの説について，金子教授は，国内立法必要説を支持し，その根拠として，租税法律主義の観点から，特殊関連企業条項の規定が不明確であり，それを補充し執行するための国内立法なしに，この規定のみに基づいて特殊関連企業間の価格操作を是正することは憲法第84条に定める租税法律主義のうちの課税要件明確主義に反して許されないという見解である[21]。

　ロ　条約独立説と条約執行説

　移転価格税制の位置付けとして，金子教授は，移転価格税制が租税条約における特殊関連企業条項と無関係な国内立法措置であるという条約独立説と，移

転価格税制が租税条約に定める特殊関連企業条項の執行であると見る条約執行説にわけて論じ，後者の条約執行説が妥当であると述べている[22]。

この後者の説を妥当とした理由として，金子教授は，経済的二重課税の排除が租税条約に定める相互協議の対象となりうることを容易に根拠づけうるからである，としている[23]。

すなわち，移転価格税制の適用が租税条約締約国間の国際取引に対するものである限り，特殊関連企業条項に基づく措置であり，国内法的に違法である場合には，同時に特殊関連企業条項にも違反することになるから，それは「条約の規定に適合しない措置」に該当すると立論することで，経済的二重課税も相互協議の対象となるという結論である[24]。

また，同教授によれば，482条は，特殊関連企業条項の執行規定であると位置付けると，米国による482条の適用に対して，租税条約の規定に適合しない措置であるとして相互協議を求めることが可能になると述べている[25]。

(2) 条約執行説の検証

すでに，本章4(2)において述べたように，特殊関連企業条項と45条（482条前身となる規定）との関連では，次のような生成史をたどっているのである。

① 1928年法の第45条に「所得と諸控除の配分」が規定される。
② 1933年草案において独立企業の原則及び特殊関連企業条項が初めて規定される。

すなわち，租税条約における特殊関連条項の規定は，移転価格税制を定めた45条よりも遅れて制定されているため，482条が，後発の特殊関連企業条項の執行規定と性格付けすることには多少違和感のあるところである。

両者の関係については，租税条約における二重課税排除の規定と国内法における外国税額控除の規定の関係と同様と考えられるのではないだろうか。租税条約における二重課税排除の規定は，租税条約の規定に従って課税される所得について，居住地国が外国税額控除等を行うことを義務付けた規定である。しかし，外国税額控除等の国際的二重課税の排除について，租税条約の規定のみ

では実際の課税ができないことは明らかであり，国内法は，① 租税条約の規定の補完的役割，② 租税条約が締結されていない場合の国際的二重課税の排除，として機能しているのである。

　租税条約における特殊関連企業条項は，締約国が関連者間取引による所得の配分を行うことができることを規定している。しかし，具体的な課税要件等については租税条約に明定されておらず，国内法が補完するほかはないのである。また，国内法である移転価格税制は，① 租税条約が締結されている場合，② 租税条約が締結されていない場合，のいずれの場合にも適用が可能であることから，国内法における外国税額控除と同様の役割を果たすものといえよう。ただし，租税条約における二重課税の排除は税負担の減免に関する内容であるのに対して，特殊関連企業条項の適用では，税負担の増加になる場合もあり，この点では両者に相違がある[26]。

　さらに，もう1点は，2003年に署名された日米租税条約第25条（相互協議）では，同条3(b)において，移転価格課税に伴う対応的調整及び事前確認制度に関して相互協議ができる旨の規定がある。また，前者の規定（移転価格課税に伴う対応的調整）は，1971年に改正署名が行われた旧日米租税条約第25条（相互協議）2(b)に同様の規定がある。したがって，移転価格課税に伴う経済的二重課税について，納税義務者は，相互協議による協議を通じて救済の途があることになる。

　なお，自力執行説と国内立法必要説では，移転価格課税について国内法における補完が必要であると上記に述べたことから，国内立法必要説が妥当と思われる。

(3) 移転価格税制の国内法における位置付け

　移転価格税制の国内法における位置付けとしては，小松教授が次のような見解を示している。

　すなわち，移転価格税制において，法人所得計算上は，棚卸資産の販売又は購入，役務の提供その他の取引について「通常の取引価格」で行われることを

前提としている。法人税法第22条第4項がこのことを根拠づけていると解される。創設時の移転価格税制（租税特別措置法第66条の5）では，同税制の対象となる国外関連取引は，独立企業間価格で行われたものとみなす，と規定されているが（租税特別措置法第66条の5第1項：現行第66条の4第1項），この規定は，法人税法第22条第4項の別段の定めであるということができよう，と述べている[27]。

さらに，わが国の場合には，諸外国の立法例のように課税庁の更正処分を待つというのではなく，申告納税制度のもとで納税義務者自身による価格規制という仕組みを採っているところに特質があるとも述べている[28]。

以上のことから，以下は，焦点を次の2点に絞って検討を行う。

① 移転価格税制は，法人税法第22条第4項の別段の定めであるのか。
② わが国の移転価格税制は，諸外国の立法例（米国の482条等）とは異なり，申告納税制度のもとで納税義務者自身による価格規制という仕組みを採っているのか。

上記①の点については，小松教授の学会における①と同様の主張をされたことに関して，武田昌輔教授が法人税法第22条との関係を質したのに対して，小松教授は，租税特別措置法が特例であることから，本則として第22条第4項を見つけ出した，と説明したのであるが，武田教授は，第22条第4項が会計処理の基準ということで，その点で少し広範囲に取りすぎているという感想を述べられている[29]。

法人税法第22条第4項は，当該事業年度の収益の額及び原価，費用等の額は，一般に公正妥当と認められる会計処理の基準に従って計算されるものとする，という規定である。

この規定の内容は，本章で検討を行った446条の特徴の1つである企業会計準拠と同様の内容といえる。しかし，移転価格税制において修正されるのは，法人税法上の益金又は損金であることから，別段の定めとの関連に言及するのであれば，移転価格税制は，法人税法第22条第2項又は第3項の別段の定めということではないだろうか。法人税法第22条第4項は，武田教授が発言さ

れているように会計処理の基準であり，その性格は，主として，収益及び原価・費用等の期間帰属に関するものといえる。したがって，所得の金額の増減に関しては，法人税法第22条第2項又は第3項を本則とすると考えられるのである。

　前出②の点については，米国の482条本文においては特に規定されていないが，482条に係る財務省規則（§1.482-1(2)）において，税務署長の配分を行う権限を規定し，同(3)において，納税義務者による482条の利用を規定している。この財務省規則の規定（§1.482-1(3)）によれば，納税義務者は，実際の取引金額ではなく独立企業間価格に基づいて申告を行うことになり，米国においても，申告納税制度のもとで納税義務者自身による価格規制という仕組みを採っている。

8. ま と め

　446条と482条の双方において，財務長官は，446条の場合では会計処理の方法の変更，482条では所得等の再配分の権限を与えられている。このことはその権限の内容は異なるが，両者に共通する事項である。

　この権限に係る部分以外の両条項を対比すれば，446条では，課税所得は納税義務者の所得計算に基づいて課税所得を計算するという企業会計準拠が規定されている。482条では，関連者間取引において，実際の取引価格と独立企業間価格が異なる場合，後者で申告することができることが規定されている。したがって，446条と482条は，原則として，企業会計準拠であるが，482条では，企業会計から離れるということもあることになる[30]。ただし，法体系上，482条は，446条を基礎としたものの修正という位置付けになる。

1) 482条の見出しは，「納税義務者間における所得と諸控除の配分（Allocation of income and deductions among taxpayers）」である。
2) 拙稿「米国における連結納税制度の生成」『経理研究』第53号　2010年。

3) 条文上の利得（gains），利潤（profits），所得（income），諸控除（deductions）という用語は，米国内国歳入法典において他の条文においても使用されている。利得（gains）は，資本資産の譲渡益としてのキャピタルゲインとして1921年歳入法第206条に初めて規定されたものである。利潤（profits）は，1917年3月に超過利潤税（excess profits tax），1917年10月に戦時超過利得税（war excess profits tax）が対象と思われる。また，所得（income）と諸控除（deductions）は，1913年の憲法修正後に制定された1913年所得税以前の1909年に創設された法人免許税（Corporation Excise Tax）に規定され，所得は，事業所得の場合が純売上高から売上原価を控除した金額（売上総利益）を意味し，他の所得については，収入概念と同様である。諸控除は，法人免許税に限定列挙として規定されており，所得（総所得である Gross Income と同義）から諸控除を差し引いて純所得（Net Income）を算定するのである。

4) Sixty-Seventh Congress. Sess. I. ch. 136. 1921. p. 260.

5) U. S. Treasury Department, Bureau of Internal Revenue, Regulations 7., 1933.

6) U. S. Treasury Department, Bureau of Internal Revenue, Regulations 10., 1938.

7) 米国の税法における総所得（gross income）という用語は，日本の法人税に引き直せば益金とほぼ同様の内容であるが，総所得から諸控除（deductions）を差し引いて純所得（net income）を算定するのであるが，総所得という用語に関しては，1909年の法人免許税の成立時期まで遡った検討が必要となる。詳細については，拙稿「米国税務会計史(2)」『商学論纂』第50巻第3・4号参照。

8) 拙著『国際課税と租税条約』ぎょうせい　1988年　112-118頁。

9) 拙稿「租税条約における特殊関連企業条項の意義」『租税研究』1994年7月103頁。1933年草案後の1935年にこの改訂版が作成されている。

10) Carroll, Mitchell B., Two Decades of Progress under the League of Nations, League of Nations, Geneve, 1939. また，この内容に関しては，拙著　前掲書113-115頁。

11) 拙著　同上　113頁。

12) 官名変更により，1954年前は内国歳入局長官，1954年以降は内国歳入庁長官と区分して使用している。

13) ここで取り上げている財務省規則§1. 482-1, 1-482-2であるが，いずれも現行規定（2010年現在）からすると旧規則ということになる。現行規則は1994年に改正されたものである。旧規則は，§1. 482-1(a), (b), (c)が1965年，§1. 482-1 (d), §1. 482-2(a), (c), (d), (e)が1968年，§1. 482-2 (b)が1969年に制定されている。

14) 1954年内国歳入法典では，パートⅢは，481条と482条のみであったが，1964年歳入法（P. L. 88-272）により第483条（所定の延払いに係る利子）が新たに加えられて現在に至っている。

15) 481条(b)は，1954年創設時に同条(b)(1)～(3)という規定であったが，1958年法により同条(4)及び(5)が創設されたが，1976年改正法により改正され，現行のように，(b)(1)～(3)となっている。
16) 財務省規則§1.482-1(a)(2)は税務署長の配分を行う権限を規定し，同(3)は，納税義務者により482条の利用について規定している。
17) 川端康之「米国内国歳入法典482条における所得配分(1)」『民商法雑誌』第101巻第2号，227-228頁の注9及び10に執筆同時の移転価格税制に関する論稿が網羅されている。
18) 金子宏「移転価格税制の法理論的検討」『所得課税の法と政策』所収，1996年有斐閣。小松芳明「トランスファー・プライシングに対する税法上の規制について―今次わが国の特別立法をめぐって―」『亜細亜法学』第21巻第1号，1986年。小松芳明「所得課税の国際的側面における諸問題」『租税法研究』第21号所収。
19) 金子　同上　364頁。
20) 植松守雄，平石雄一郎，小松芳明，武田昌輔「緊急座談会　移転価格税制の問題点をさぐる（上）」『国際税務』Vol.5, No.10, 1985年。
21) 金子　前掲論文　369頁。
22) 同上　369頁。
23) 同上　369-370頁。
24) 同上　369-370頁。
25) 同上　383頁　注9。
26) 租税条約の規定には，課税の減免を行う等明確に義務を課す条項である適用強制条項（shall条項）と，一定の権限を付与されても，当該権限を行使するかどうかは当該国の裁量に任せる適用任意条項（may条項）がある（小松　前掲論文　8頁）。
27) 小松芳明「トランスファー・プライシングに対する税法上の規制について―今次わが国の特別立法をめぐって―」『亜細亜法学』第21巻第1号　21頁。また，同教授は，移転価格税制（小松教授は，価格操作規制税制と表現している。）は，法人税法第22条第4項の適用制限（取引価格の算出方法の選択について）として導入されたとも述べている（小松芳明「所得課税の国際的側面における諸問題」『租税法研究』第21号所収　17頁）。
28) 小松芳明「トランスファー・プライシングに対する税法上の規制について―今次わが国の特別立法をめぐって―」『亜細亜法学』第21巻第1号　22頁。
29) 「シンポジウム」『租税法研究』第21号所収　164-165頁の武田教授及び小松教授の発言。
30) 本書では，特に定義することなく企業会計という用語を使用してきたが，ここにいう企業会計とは会計学における，簿記を基礎とした財務会計の意味である。

参 考 文 献

(英文著書)

- AIA, Report of Study Group on Business Income, Changing Concepts of Business Income, New York, Macmillan Company, 1952 (渡辺進　上村久雄『企業所得の研究』中央経済社　1956 年).
- Bank, Steven A. and Stark, Kirk J. (ed.), Business Tax Stories, Foundation Press, 2005.
- Bischel Jon E., Income Tax Treaties, Practising Law Institute, 1978.
- Bruins, Einaudi, Seligman, and Stamp, Report on Double Taxation (League of Nations, E. F. S. 73 F. 19).
- Caron, Paul L. (ed.), Tax Stories, Foundation Press, 2003.
- CCH (ed.), 1985 TAX REFORM, President's Tax Proposals to the Congress for Fairness, Growth, and Simplicity, May, 29, 1985.
- CCH (ed.), Explanation of Tax Reform Act of 1986. CCH, October, 1986.
- Chatfield Michael, A History of Accounting Thought, the Dryden Press, 1974 (津田正晃・加藤順介訳『チャットフィールド　会計思想史』文眞堂　1979 年).
- Commerce Clearing House, 1987 Depreciation Guide, Standard Federal Tax Reports No. 25 June, 18, 1987.
- Gaa, Charles J., Contemporary thought on Federal Income Taxation, Dickinson Publishing Company, Inc. 1969.
- Haig, Robert M. ed., The Federal Income Tax, Columbia University Press, 1921.
- Kehl, Donald, Corporate Dividends, The Ronald Press, 1941.
- Magill, Roswell, Taxable Income, The Ronald Press Company, 1936.
- McClure, Melvin Theodore, Historical critique of the development of the Federal Income Tax from1939-1954 and its influence upon accounting theory and practice, University of Illinois, 1968.
- McDaniel, Paul R. (et. al.), Federal income taxation : cases and materials, Foundation Press, 1994.
- Montgomery, Robert H., 1951-52 Montgomery's Federal Taxes, corporation and partnerships, Vol. 1, The Ronald Press company・New York, 1952.
- Montgomery, Robert H., 1951-52 Montgomery's Federal Taxes, corporation and partnerships, Vol. 2, The Ronald Press company・New York, 1952.
- Piccitto, Sol, International business Taxation, Weidenfeld and Nicolson, 1992.
- Previts, Gary John and Merino, Barbara Dubis, A History of Accounting in America, John Wiley and Sons, Inc. 1979 (大野功一・岡村勝義・新谷典彦・中瀬忠和訳『プレビッツ=メリノ　アメリカ会計史』同文舘　1983 年).
- Seligman, Edwin R. A., The Income Tax, The Macmillan Company 1914, Reprints of Economic Classics, Kelly Publishers 1970.
- Surrey, Stanley S. & Warren, William C., Federal Income Taxation-Cases and Materials, 1955 edition, The Foundation Press, 1955.
- Surrey, Stanley S., Warren, William C., Mcdaniel, Paul R., Ault, Hugh J., Federal Income Taxation-Cases and Materials Vol. 1, The Foundation Press, 1972.

(英文論文)
- Alkire, Durwood L., "The new, reinstated investment credit : How tax men should plan for it" The Journal of Taxation, Vol. 37, No. 6, December, 1972.
- Alvin, Gerald, "Prepaid Income' and the Commissioner's Discretion Rule" The Journal of Accountancy, June, 1965.
- Anderson, Kenneth E., "A Horizontal Equity Analysis of the Minimum Tax Provisions : 1976-1986 Tax Acts" The Journal of the American Taxation Association, Vol. 10, No. 1, Fall, 1988.
- Anonymous, "Clearly Reflecting Income under §446 of the Internal Revenue code" Columbia Law Review Vol. 54, No. 8, December, 1954.
- Arnett, Harold E., "Taxable Income vs. Financial Income : How Much Uniformity Can We Stand?" Accounting Review, Vol. 44, No. 3, 1969.
- Atkeson, Thomas C., "Tax Equity and The New Revenue Act" Accounting Review, Vol. 31, No. 2, April, 1956.
- Austin, Maurice, Stanley, Surrey, Warren, William and Winokur, Robert M., "The Internal Revenue Code of 1954 : Tax Accounting" Harvard Law Review, Vol. 68, No. 2, December, 1954.
- Barron, J. F., "Tax Effects of Inventory Methods" The Journal of Accountancy, August, 1961.
- Bejren, Robert A., "Prepaid Income — Accounting Concepts and the Tax Law" Tax Law Review, Vol. 15, 1959-1960.
- Beresford, Dennis R. Best, Lawrence C. and Weber, Joseph V., "Accounting for income taxes : change is coming" The Journal of Accountancy, January, 1984.
- Berg, Kenneth B. and Mueller, Fred J., "Accounting for Investment Credit" Accounting Review, Vol. 38, No. 3, July, 1963.
- Berman, Daniel S., and Cooper, Bernard S., "How the Tax Law Encourage Corporate Acquisitions" The Journal of Accountancy, November, 1963.
- Bernauer, John F., "Tax Problems in Financial Reporting" TAXES, Vol. 37, No. 12, December, 1959.
- Biel, Dennis H. and Stevenson, W. C., "Tax shelters : a primer for CPA's" The Journal of Accountancy, June, 1982.
- Bierman Jacquin D. and Helstein, Richard S., "Accounting for Prepaid Income and Estimated Expenses under the Internal Revenue Code of 1954" Tax Law Review, Vol. 10, 1954-55.
- Bierman, Harold Jr., "Accelerated Depreciation and Rate Regulation" Accounting Review, Vol. 44, No. 1, January, 1969.
- Bittker, Boris I., "Treasury Authority to Issue the Proposed" Asset Depreciation Range System "Regulations" TAXES, Vol. 49, No. 5, May, 1971.
- Blough, Carman G. ed., "Accounting and Auditing Problems" The Journal of Accountancy, June, 1955.
- Brighton, Gerald D. and Michaelsen, Robert H., "Profile of Tax Dissertations in Accounting : 1967-1984" The Journal of the American Taxation Association, Vol. 6, No. 2, Spring, 1985.

- Burns, Donald T., "Change in accounting method or correction of an error" The Journal of Accountancy, November, 1966.
- Call, Donald P. and Kircher, Paul, "The Investment Credit Moratorium" The Journal of Accountancy, March, 1967.
- Cannon, Arthur M., "Tax Pressures on Accounting Principles and Accountants' Independence" Accounting Review, Vol. 27, No. 4, October l, 1952.
- Caplin, Mortimer M., "New directions in Tax Administration" Accounting Review, Vol. 37, No. 2, April, 1962.
- Caplin, Mortimer M. and Klayman Robert A., "Depreciation-1965 Model" The Journal of Accountancy, April, 1965.
- Carson, A. B., "The New Internal Revenue Act and The Prosperity of The Economy" Accounting Review, Vol. 31, No. 3, July, 1956.
- Cary, William L., "Erosion of the Tax Laws" Harvard Business Review, Vol. 33, No. 5, 1955.
- Cheeseman, Henry R., "how to create an inflation neutral tax system" The Journal of Accountancy, August, 1975.
- Cohen Albert H., "Revenue Act of 1954 — Significant Accounting Change" Accounting Review, Vol. 38, No. 4, October, 1954.
- Cohen Albert H., "The Impact of The New Revenue Code upon Accounting" Accounting Review, Vol. 31, No. 2, April, 1956.
- Cohen, Edwin S., Surrey, Stanley S., Tarleau, Thomas N., Warren, William C., "A technical revision of the federal income tax treatment of corporate distributions to shareholders" Columbia Law Review, Vol. 5, No. 1, January, 1952.
- Collins, Stephen H., "AICPA tax division meeting" The Journal of Accountancy, August, 1987.
- Coustan, Harvey L. and Padwe, Gerald W., "The Omnibus Budget Reconciliation Act of 1993 : Selected Issues" The Journal of Accountancy, November, 1993.
- Craig, Caroline Kern, "The ACE Adjustment to AMTI : An Update" TAXES-The Tax Magazine, March, 1990.
- Craig, Caroline Kern, "The ACE Adjustment to AMTI : Preparing for 1990" TAXES-The Tax Magazine, June, 1989.
- Davidson, Sidney, "Accelerated Depreciation and The Allocation of Income Taxes" Accounting Review, Vol. 33, No. 2, April, 1958.
- Ditkoff, James H., "Financial tax accounting at the crossroads" The Journal of Accountancy, August, 1977.
- Dohr, James L., "Income divorced from Reality" The Journal of Accountancy, Vol. 66, No. 6, 1938.
- Domar, Evsey D., "The Case for Accelerated Depreciation" The Quarterly Journal of Economics, November, 1953.
- Donnell, George R., "Excess Profits Tax Minus Its Technicalities" Accounting Review, Vol. 26, No. 3, July, 1951.
- Drake, David F., "The Service Potential Concept and Inter-period Tax Allocation" Accounting Review, Vol. 37, No. 4, October, 1962.

- Duxbury, Peggy and Grafmeyer, Rick, "The minimum tax and adjusted current earnings" Tax Notes, July 11, 1988, Vol. 40.
- Edelman, Chester, "Income Tax Accounting" Good "Accounting Practice?" TAXES, Vol. 24, No. 1, January, 1946.
- Eisner, Robert, "Depreciation Under the New Tax Law" Harvard Business Review, Vol. 33, No. 1, 1955.
- Endsley, Lionel I. and Cesnik, Gary R. "LIFO for bargain-purchased inventories : The tax connection" The Journal of Accountancy, August, 1986.
- Englebrecht, Ted D. and Bauham, Richard L., "Eranings and profits : the income tax dilemma" The Journal of Accountancy, February, 1979.
- Fink, Robert S., "the role of the accountant in a tax fraud case" The Journal of Accountancy, April, 1976.
- Finkston, Herbert ed., "Proposed regulations : ADR and accounting for long-term contracts" The Tax Adviser, July, 1971.
- Flesher, Tonya, "A Turning Point in Tax History" The Journal of Accountancy, May, 1987.
- Flippo, Ronnie G., "The president's tax proposals : a view from capital hill" The Journal of Accountancy, September, 1985.
- Foster, Joel M. and Murray, Jr. Oliver C., and Ryan, Edward D., "Tax reform : the new perspective" The Journal of Accountancy, March, 1977.
- Foster, Joel M. and Murray, Jr. Oliver C., and Ryan, Edward D., "Tax reform : the new perspective" The Journal of Accountancy, April, 1977.
- Fleming, Peter D., "Planning for today and tomorrow : The Revenue Reconciliation Act of 1990" The Journal of Accountancy, January, 1991.
- Gaa, Charles J., "Income Taxation of Business in 1952" Accounting Review, Vol. 2., No. 3, July, 1952.
- Gertzman, Stephen F. and Hunt, Mary-Ellen, "A basic guide to tax accounting opportunities" The Journal of Accountancy, February, 1984.
- Goode, Richard, "Accelerated Depreciation Allowances as a stimulus to Investment" The Quarterly Journal of Economics, May, 1955.
- Gould, Arthur I., "The Corporate Alternative Minimum Tax : A Search for Equity Through a Maze of Complexity" TAXES-The Tax Magazine, December, 1986.
- Graetz, Michael J., "The 1982 minimum tax amendments as a first step in the transition to a 2 Flat-rate" tax "Southern California Law Review, Vol. 56, 1983.
- Graham, Willard J., "Income Tax Allocation" Accounting Review, Vol. 34, No. 1, January, 1959.
- Graves, Thomas J., "Problems in Federal Tax Administration" The Journal of Accountancy, January, 1962.
- Graves, Thomas J., "The Future of Tax Practice" The Journal of Accountancy, December, 1964.
- Greenwald, Bruce M. and Harnick, Carl D., "Corporate tax review : the auditor's approach" The Journal of Accountancy, May, 1974.
- Grossman, Jerome K., "RRA'89 Eases Corporate Alternative Minimum Tax Somewhat"

- The Journal of Taxation, Vol. 72, No. 3, March, 1990.
- Haspel, Ahron H. and Webtlieb, Mar Wertlieb, "New law makes sweeping changes to corporate minimum tax" The Journal of Taxation, January, 1987.
- Hawkins, Richard L., "Planning for long-term contracts after TAMRA" The Journal of Accountancy, March, 1989.
- Heier, Jan R., "American Railroad Depreciation Debate, 1907 to 1913: A Study of Divergence in Early 20th Century Accounting Standards" Accounting Historians Journal, Vol. 33, No. 1, June, 2006.
- Hendershott, Jane, "Restoration-Claim of Right-One Aspect of Section 1341" TAXES, Vol. 48, No. 10, October, 1970.
- Hendriksen, Eldon S., "The Treatment of Income Taxes by The 1957 AAA Statement" Accounting Review, Vol. 33, No. 2, April, 1958.
- Hill, Thomas M., "Some arguments against the inter-period allocation of income taxes" Accounting Review, Vol. 32, No. 3, July, 1957.
- Holland, Alfred E., "Accrual problems in tax accounting" Michigan Law Review, Vol. 48, No. 2, December, 1949.
- Holtz, Gerald J. and Jenkins, Harald R., "The Investment Credit: Act Five-Repeal" TAXES, Vol. 48, No. 3, March, 1970.
- Hylton, Delmer P., "Disadvantages in conforming taxable income to good accounting concepts" The Journal of Taxation, Vol. 3, No. 5, November, 1955.
- Ingalls, Edmond F., "Accounting Entities for the Investment Tax Credit" The Journal of Accountancy, May, 1963.
- Jaedicke, Robert K., "The Allocation of Income Taxes — A Defense" Accounting Review, Vol. 35, No. 2, April, 1960.
- Jones, George G. and Luscombe, Mark A., "Making Sense of the New Tax Legislation" The Journal of Accountancy, September, 2001.
- Keller, Thomas F., "The Annual Income Tax Accrual" The Journal of Accountancy, October, 1962.
- Keller, Thomas F., "The Investment Tax Credit and the Annual Tax Charge" Accounting Review, Vol. 40, No. 1, 1965.
- Keogh, Eugene J., "What's Ahead in Federal Tax Legislation" The Journal of Accountancy, January, 1961.
- Kirkham Edward J., "Depreciation under the Income Tax", The Accounting Review, Vol. 11, No. 4. December, 1936.
- Knight, Lee G. Knight, ray A. and Mcgrath, Neal T., "Double jeopardy: the AMT and FASB 96" Journal of Accountancy, May, 1989.
- Korb, Phillip J., Martin, Charles L. Jr., and Stewart, Barbara R. "Income and expense rules after tax reform: helping clients cope" The Journal of Accountancy, September, 1987.
- Lent, George E., "Accounting Principles and Taxable Income" Accounting Review, Vol. 37, No. 3, 1962.
- Liebtag, Bill, "FASB income taxes" The Journal of Accountancy, March, 1987.
- Love, David "Differences Between Business and Tax Accounting" The Journal of

Accountancy, September, 1960.
- Ludmer, Henry, "General accounting vs. tax accounting" Accounting Review, Vol. 24, No. 4, October, 1949.
- Macy, Jack, "Change of Accounting Method Versus Correction of Error" The Journal of Accountancy, Vol. 118, No. 5, November, 1964.
- Mann, Everett J., "Toward A Better Federal Income Tax" Accounting Review, Vol. 28, No. 3, July, 1953.
- May George O., "Retrospect and Prospect" The Journal of Accountancy, July, 1961.
- Mayo, Ralph B., "Administration of a Tax Practice" The Journal of Accountancy, June, 1962.
- McClure, Melvin T., "diverse tax interpretation of accounting concepts" The Journal of Accountancy, October, 1976.
- Milani, Ken and Connors, John J., "Tax shelters in the 1990s" The Journal of Accountancy, September, 1991.
- Mills, Leslie, "Tax Accounting v. Generally Accepted Accounting Procedures" The Journal of Accountancy, February, 1951.
- Mills, Jesse M., "Foreign taxes and U. S. tax implications" The Journal of Accountancy, May, 1966.
- Miller, Herbert E., "How Much Income Tax Allocation" The Journal of Accountancy, August, 1962.
- Mischler, James J., "Taxation of War Loss Recoveries" Accounting Review, Vol. 21, No. 3, July, 1946.
- Milroy, Robert R., Istavan, Donald F., Powell, Ray M., "The Tax Depreciation Muddle" Accounting Review, Vol. 36, No. 4, October, 1961
- Moonitz, Maurice "Income Taxes in Financial Statements" Accounting Review, Vol. 32, No. 2, April, 1957.
- Monyek, Robert H., "The new ADR Proposed Regs : How to use them for maximum advantage" The Journal of Taxation, Vol. 34, No. 5, May, 1971.
- Myers, John H., "Depreciation disclosure" The Journal of Accountancy, November, 1965.
- Niven, John B (ed.), "Income Tax Department" The Journal of Accountancy Vol. 25 No. 3, March, 1918.
- Nolan, John S., "The Merit in Conformity of Tax to Financial Accounting" TAXES, Vol. 50, No. 12, December, 1972.
- Oehring, Thomas S., "Prepaid Income Developments since "SCHLUDE"" The Journal of Accountancy, July, 1968.
- Parks, James T., "A guide to FASB's overhaul of income tax accounting" The Journal of Accountancy, April, 1988.
- Patten, Ronald J., "Intraperiod Income Tax Allocation- Practical Concept" Accounting Review, Vol. 39, No. 4, October, 1964.
- Paul, William B., "Excess Profits Tax" Accounting Review, Vol. 27, No. 1, January, 1952.
- Perry, Raymond E., "comprehensive Income Tax Allocation" The Journal of Accountancy, February, 1966.

- Philips, Lawrence C. and Previts, Gary John, "Tax Reform : What are the issues" The Journal of Accountancy, May, 1983.
- Pointer, Larry Gene "disclosing corporate tax policy" The Journal of Accountancy, July, 1973.
- Previts, Gary John, "the accountant in our history : a bicentennial overview" The Journal of Accountancy, July, 1976.
- Raby William L. and Neubig, Robert D., "Inter-period Tax Allocation or Basis Adjustment?" Accounting Review, Vol. 38, No. 3, July, 1963.
- Raby William L., "Tax Allocation and Non-Historical Financial Statements" Accounting Review, Vol. 44, No. 1, January, 1969.
- Raby William L., Burnett, Bernard, Dixon, Arthur, Elder, Peter and Power, E., "The Economic Recovery Tax Act of 1981 : How it affects the profession" The Journal of Accountancy, November, 1981.
- Raby William L. and Richter, Robert F., "conformity of tax and financial accounting" The Journal of Accountancy, March, 1975.
- Richardson,. Mark E., "The Accountant and the Tax Law" The Journal of Accountancy, February, 1962.
- Robbins, Barry P. and Sweyers Steven O., "Accounting for income taxes : predicting timing difference reversals" The Journal of Accountancy, September, 1984.
- Robbins, Barry P. "Perspectives on tax basis financial statements" The Journal of Accountancy, August, 1985.
- Rogoff, Joel J., "Accounting and tax aspects of private hedge funds" The Journal of Accountancy, March, 1971.
- Rosenfield, Paul and Dent, William C., "No more defenderred taxes" The Journal of Accountancy, February, 1983.
- Rosenthal, Ellin, "Changes sought in AMT Adjusted Current Earnings Preference" Tax Notes, July, 11, 1988, Vol. 40.
- Roth, Harold P., "The Payne-Aldrich Tariff Act of 1909" The Journal of Accountancy, May, 1987.
- Sanden, Kenneth B., and Odmark, Robert C., "Tax aspects of President Nixon's new economic game plan" The Journal of Taxation, Vol. 35, No. 4, October, 1971.
- Schaefer, Jr. Carl L., "lifo-tax conformity and report disclosure problems" The Journal of Accountancy, January, 1976
- Schaffer, Walter L., "Accounting Procedures & Methods Under the New Revenue Code" The Journal of Accountancy, Vol. 98, No. 3, September, 1954.
- Seago, W. E. and Horvitz, Jerome S., "The Effects of the Supreme Court's Thor Power Tool Decision on the Balance of Tax Accounting Power" The Journal of the American Taxation Association, Vol. 1, No. 2, Winter, 1980.
- Seghers, Paul D., "Industrial Accounting Problems Arising from Current Tax Laws" TAXES, Vol. 20, No. 1, January, 1942.
- Seidman J. S., "Taxes : Friend or Foe ?" The Journal of Accountancy, November, 1955.
- Seligman, E. R. A., "Are Stock Dividends Income" in Studies in Public Finance, reprinted by A. M. Kelly, 1969.

- Sharav, Itzhak, "transfer pricing-diversity of goals and practices" The Journal of Accountancy, April, 1974.
- Simonetti, Gilbert Jr., "Conformity of Tax and financial Accounting" The Journal of Accountancy, December, 1971.
- Solomon, Kenneth Ira, "Tax effects of partnership expansion" The Journal of Accountancy, December, 1965.
- Sommerfeld Ray M. and Easton, John E., "The CPA's tax practice today and how it got that way" The Journal of Accountancy, May, 1987.
- Sobeloff, Jonathan, "New prepaid income rules : IRS reversal of position will aid many taxpayers" The Journal of Taxation, Vol. 33, No. 4, October, 1970.
- Solari, Jerome P. and Summa Don J., "Profile of the CPA in tax practice" The Journal of Accountancy, June, 1972.
- Sporrer, Michael J., "The Past and Future of Deferring Income and Reserving for Expenses" TAXES, Vol. 34, No. 1, January, 1956.
- Starkman, Jay, "Prelude to simplification : why taxes are so complex" The Journal of Accountancy, May, 1990.
- Starr, Samuel P. and Solether, Rebecca A., "The corporate AMT : Is Adjusted current earnings an ACE in the hole?" Tax Notes, March, 20, Vol. 42, 1989.
- Steiner, Robert A., "An Analysis of Income Tax Allocation" The Journal of Accountancy, June, 1961.
- Stone, William E., "Tax Considerations in Intra-company Pricing" Accounting Review, Vol. 35, No. 1, January, 1960.
- Surrey, Stanley S., "The supreme court and the federal income tax : some implications of the recent decisions" 35 Illinois Law Review (1941).
- Surrey, Stanley S., "Tax changes and accounting concepts" The Journal of Accountancy, January, 1967.
- Surrey, Stanley S., "The United States Income Tax System-The need for a full Accounting" The Journal of Accountancy, February, 1968.
- Surrey, Stanley S., "A computer study of tax depreciation policy" The Journal of Accountancy, August, 1968.
- Thomas Deborah W. and Sellers Keith F., "Eliminate the double tax on dividends" The Journal of Accountancy, November, 1994.
- Throckmorton, Jerry J., "Theoretical concepts for interpreting the investment credit" The Journal of Accountancy, April, 1970.
- Thrower, Randolph W., "Investment credit and ADR provide a new look in asset cost recovery" The Journal of Taxation, Vol. 36, No. 2, February, 1972.
- Wade, Harry H., "Accounting for The Investment Credit" Accounting Review, Vol. 38, No. 4, October, 1963.
- Webster, Paul K., "Method of Accounting for Emergency Facilities May Be a Major Factor in Income Determination" The Journal of Accountancy, May, 1953.
- Westphal, William H., "What is tax reform" The Journal of Accountancy, February, 1970.
- Wiese, Donald C. and Poloch, Kelly J., "The Revenue Act of 1987 : Revenue-raising

snippets" The Journal of Accountancy, March, 1988.
- Wiesner, Philip, "The TRA's alternative minimum tax (part 1) : how book income can increase tax liability" The Journal of Accountancy, January, 1988.
- Wiesner, Philip, "The TRA's alternative minimum tax (part 2) : more headaches than aspirin" The Journal of Accountancy, February, 1988.
- Willens, Robert, "Corporate provisions of the TRA of 1984" The Journal of Accountancy, February, 1985.
- Willens, Robert, "The Revenue Act of 1987 : Why companies can breathe easier" The Journal of Accountancy, March, 1988.
- Willens, Robert, "The Technical Corrections Act : What corporations should know now" The Journal of Accountancy, July, 1988.
- Willens, Robert, "Taking aim a LBOs : The New Tax Act's corporate provisions" The Journal of Accountancy, February, 1990.
- Willens, Robert and Phillips, Andrea J., "President Clinton's tax proposal : A fiscal balancing act" The Journal of Accountancy, May, 1993.
- Winborne, Marilynn G. and Kleespie, Dee L., "Tax Allocation in Perspective" Accounting Review, Vol. 41, No. 4, October, 1966.
- Wittenbach, James L. and Milani, Ken, "A profile of the CPA in tax practice : an update" The Journal of Accountancy, October, 1982.

（委員会報告等）
- AIA, "Divergences Between Rules of Tax Accounting And Generally Accepted Accounting Principles" The Journal of Accountancy, January, 1954.
- APB opinion No. 2 : Accounting for the Investment Credit, The Journal of Accountancy, February, 1963.
- APB opinion No. 11 : Accounting for Income Taxes, The Journal of Accountancy, February, 1968.
- Bruins, Einaudi, Seligman, and Stamp, Report on Double Taxation (League of Nations, E. F. S. 73 F. 19).
- Committee on concepts and standards underlying corporate financial statements, "Supplementary Statement No. 4, Accounting Principles and Taxable Income" Accounting Review, Vol. 27, No. 4 October, 1952.
- Committee on Federal Income Taxes, Accounting Review, Vol. 49 Supplement, 1974.
- "Report of the Committee on Income Tax Instruction" Accounting Review, Vol. 37, No. 3 July, 1962.
- Symposium, "Depreciation and The Price Level" Accounting Review, Vol. 23, No. 2 April, 1948.

（和文文献）
- 青柳文司『会計士会計学　改訂増補版』同文舘出版　1969年。
- 秋元英一『アメリカ経済の歴史』東京大学出版会　1995年。
- 伊藤公哉『アメリカ連邦税法　第3版』中央経済社　2005年。
- 井上久彌『企業集団税制の研究』中央経済社　1997年。

- 井上徹二『税務会計論の展開』税務経理協会　1997年11月。
- 岡田泰男『アメリカ経済史』慶應義塾大学出版会株式会社　2000年。
- 小栗崇資『アメリカ連結会計生成史論』日本経済評論社　2002年。
- 川田剛・ホワイト＆ケース外国法事務弁護士事務所（編著）『ケースブック　海外重要租税判例』財経詳報社　2010年。
- 河根琢郎・藤木剛康『G・W・ブッシュ政権の経済政策』ミネルヴァ書房　2008年。
- ギーゼブレヒト著　山田郁夫訳『アメリカ経済がわかる経済指標の読み方』日本出版貿易　2008年2月。
- 小松芳明編著『逐条研究・日米租税条約　第3版』税務経理協会　1997年。
- 小森瞭一『加速償却の研究―戦後アメリカにおける減価償却制度―』有斐閣　2002年。
- 渋谷博史『20世紀アメリカ財政史』東京大学出版会　2005年。
- 渋谷博史『アメリカの連邦財政』日本経済評論社　2006年。
- 高寺貞雄『明治減価償却史の研究』未來社　1974年。
- 忠佐市『アメリカの課税所得の概念及び計算の法学論理―アメリカ連邦最高裁判所判例を核心として―』日本大学商学部会計学研究所　研究資料第2号　1984年。
- 注解所得税法研究会編『最新版　注解所得税法』大蔵財務協会　平成6年。
- ハードマン・メイン著　監査法人サンワ東京丸の内事務所訳『レーガンの経済再建税法―解釈と注釈―』財経詳報社　1982年2月。
- 平井規之・中本悟編『アメリカ経済の挑戦』有斐閣　1990年。
- ベル・ダニエル，サロー・レスター著　中谷巌訳『財政赤字・レーガノミックスの失敗』TBSブリタニカ　1987年。
- 本庄資『アメリカの租税政策』　税務経理協会　2007年6月。
- 宮沢俊義（編）『世界の憲法集』岩波書店　1974年。
- レーマン・マイケル・B著，中岡望訳『ゼミナール　アメリカ経済入門』有斐閣　1987年。
- 矢内一好『国際課税と租税条約』ぎょうせい　1992年。
- 矢内一好・柳裕治『連結納税申告～我が国の導入に向けて』ぎょうせい　1999年
- 矢内一好・高山政信『外国税額控除の理論と実際』同文舘　2008年。
- 矢内一好『米国税務会計史―確定決算主義再検討の視点から―』（中央大学出版部2011年）

（和文論文）

- Chapoton, John E.「アメリカの1984年の税制改正の動向」『租税研究』第422号　1984年12月。
- 浅見公子「アメリカ(2)―特にキャリフォーニア州の共有財産制について―」『比較法研究』第37号　1975年。
- 新井益太郎「アメリカ税法と減価償却規定」『租税研究』第95号　1958年3月30日。
- 新井益太郎「アメリカ及びイギリスの税法上の減価償却制度」『租税研究』第161号　1963年9月30日。
- 井上徹二「カナダの税制の構造と特徴」『埼玉学園大学紀要　経営学部篇』2004年12月。

- 植松守雄，平石雄一郎，小松芳明，武田昌輔「緊急座談会　移転価格税制の問題点をさぐる（上）」『国際税務』Vol. 5 No. 10, 1985 年。
- 上村和弘「アメリカ投資税額控除制度の概要と効果」『日本大学大学院　経世論集』第 11 号　81-103 頁　1984 年。
- 宇田川璋仁「レーガン大統領の経済再建計画と減税」『租税研究』379 号　1981 年 2 月。
- 浦野晴夫「アメリカ法人税法における代替ミニマム・タックスについて」『産業経理』第 49 巻第 3 号　1989 年 10 月。
- 浦野晴夫「アメリカ税法上の確定決算基準の新たな展開―法人代替ミニマム・タックスにおける ACE（調整された当期利益）調整を中心に―」『立命館経営学』第 27 巻第 3・4 号　1988 年 11 月。
- 大塚正民「著書紹介　税金物語：アメリカ連邦所得税に関する 10 件の代表的判例の徹底的検討」『英米法学会』2005 年。
- 岡村忠生「マッコンバー判決再考」『税法学』546　2001 年 11 月。
- 金子宏「移転価格税制の法理論的検討」『所得課税の法と政策』所収　1996 年　有斐閣。
- 金子宏「所得税における課税単位の研究」『課税単位と譲渡所得の研究』所収　有斐閣　1996 年。
- カール・S. シャウプ「アメリカの 1981 年租税法（減税法）について」租税研究 384 号　1981 年 10 月。
- 川端康之「米国内国歳入法典 482 条における所得配分(1)」『民商法雑誌』101 巻 2 号。
- 岸田雅雄「米国における一般に認められた会計原則の法的効力（上）」『商事法務』935 巻，1982 年 3 月 25 日。
- 岸田雅雄「米国における一般に認められた会計原則の法的効力（下）」『商事法務』936 巻，1982 年 4 月 5 日。
- 窪内義正「ニクソン大統領税制特別委員会の勧告(1)」『租税研究』第 271 号　1971 年 3 月 30 日。
- 黒田全紀「財務諸表に対する税法規制の影響」『国民経済雑誌』第 166 巻第 5 号　1992 年 11 月。
- 国税庁『非居住者，外国法人及び外国税額控除に関する改正税法の解説』1962 年。
- 小西砂千夫「アメリカの税制改革はどう評価されているのか」『租税研究』第 462 号　1988 年 2 月。
- 小松芳明「米国の税制改正」『租税研究』第 169 号　1964 年 5 月。
- 小松芳明「米国の外国投資者課税法について」『租税研究』第 204 号　1967 年 2 月。
- 小松芳明「トランスファー・プライシングに対する税法上の規制について―今次わが国の特別立法をめぐって―」『亜細亜法学』第 21 巻第 1 号，1986 年。
- 小松芳明「所得課税の国際的側面における諸問題」『租税法研究』第 21 号所収。
- 竿田嗣夫「アメリカ税制学会誌（The Journal of the American Taxation Association）における創刊後 22 年間の研究内容に関する傾向分析」『京都学園大学経営学論集』第 13 巻第 2 号　2003 年 12 月　315-355 頁。
- 酒巻俊雄「アメリカ会社法における剰余金概念の発展」『早稲田法学会誌』第 12 巻　1962 年。

- サリー・スタンリー・S.「最近のアメリカ経済の動向と企業課税」『租税研究』第308号　1975年6月．
- シャウプ・カール・S「アメリカの1981年租税法（減税法）について」『租税研究』第384号　1981年9月．
- 白須信弘「アメリカの加速償却制度と日本の償却制度との比較」『租税研究』第387号　1982年1月．
- 白須信弘「米国の税制改正『課税公平の確保と財政再建のための1982年租税法』」『租税研究』第397号　1982年11月．
- 白須信弘「米国の1984年租税改正法」『租税研究』第426号　1985年4月．
- 鈴木喜久江「アメリカ法における夫婦共有財産制(1)」『明治学院論叢』151　54頁，1969年12月．
- 鈴木喜久江「アメリカ法における夫婦共有財産制(2)」『明治学院論叢』157　1970年3月．
- 鈴木源吾「日米租税協定成立について」『租税研究』1952年11月．
- 関口智「アメリカ法人税制におけるミニマム・タックスの政策意図と現実」『立教経済学研究』第59巻第2号　2005年10月．
- 租研・事務局「歴史的な米国税制改革法の成立」『租税研究』第445号　1986年11月．
- 高氏秀機「アメリカ法人税法」『租税研究』(1)（379号，1981年5月），(2)（本庄資380号　1981年6月），(3)（本庄資　381号　1981年7月），(4)（本庄資　383号　1981年9月），(5)（384号　1981年10月），(6)（386号，1981年12月），(7)（387号，1982年1月），(8)（本庄資　388号　1982年2月），(9)（本庄資　391号，1982年5月）．
- 竹内益五郎「加速償却と特別償却制度」『産業経理』Vol. 20 No. 10 119-123頁　1960年10月．
- 田辺昇「アメリカにおける新投資税額控除制度の分析(1)」『租税研究』第171号　1964年7月30日．
- 田辺昇「アメリカにおける新投資税額控除制度の分析(2)」『租税研究』第172号　1964年8月30日．
- 玉井龍象「レーガン政権の租税政策の背景と意義」『租税研究』第386号　1981年12月．
- 玉井龍象「サプライサイド経済学は米経済を甦らせるか」『租税研究』第396号　1982年10月．
- 玉井龍象「米国税制の改革案の紹介」『租税研究』第400号　1983年2月．
- 玉井龍象「米国の税制改正の基本問題と今後の動向」『租税研究』第409号　1983年11月．
- 玉井龍象「米国の年頭教書と最近の税制改革論」『租税研究』第414号　1984年4月．
- 土井尚「米国の法人税制」『租税研究』1996年3月．
- 中里実「確定決算主義をめぐる議論について」『租税研究』1997年2月．
- 永田守男「代替ミニマムタックスの経験と会計への影響」『経済情報学部論集』第9巻第1号　1996年6月．
- 野本誠「米国税制の概要とブッシュ政権の抜本的税制改革案」『租税研究』2006年

9月。
- 野本誠「米国再生・再投資法」について」『租税研究』2009年6月。
- 畠山武道「アメリカに於ける法人税の発達」『北大法学論集』第24巻第2号，第26巻第2号，3号，4号，第28巻第2号。
- 畠山武道「アメリカにおける税制改革の動向」『ジュリスト』第685号　1979年3月1日。
- 畠山武道「租税特別措置とその統制」『租税法研究』第18号　1990年10月　有斐閣。
- 馬場克三「加速償却と会計原則」『産業経理』Vol. 20 No. 10 112-118頁　1960年10月。
- 林宜嗣「アメリカ税制改革の評価」『租税研究』第457号　1987年11月。
- 羽床正秀（監修），林家慧（著）「台湾における代替ミニマムタックス税制の概要」『国際税務』Vol. 27, No. 6,2007.
- 人見康子「アメリカ(1)—とくにニューヨーク州を中心として—」『比較法研究』第37号　1975年。
- 平石雄一郎「米国大統領税制改革案における減価償却制度の改革とわが国の場合」『租税研究』第431号　1985年9月。
- 平石雄一郎「米国の1991年税制改正」『租税研究』1991年4月。
- 藤井深「戦後アメリカ大企業における減価償却会計の展開—加速償却会計と追加償却会計の事例研究—」『会計』第142巻第5号　773-783頁　1992年11月。
- ブレイザー H. E.「アメリカ合衆国の租税政策」(『租税研究』第150号　1962年10月30日。
- 松村勝弘「アメリカにおける加速償却政策と会計理論」『立命館経営学』Vol. 9.5・6　1971年10月　47-93頁。
- 宮島洋「戦後経済再建期の企業税制—イギリス，西ドイツ，フランスの場合—」信州大学『経済学論集』第7号（1973年）21-38頁。
- 宮島洋「戦後アメリカにおける減価償却政策と投資税額控除制度」信州大学『経済学論集』第10号（1976年）9-26頁。
- 宮島洋「アメリカの税制改革提案について」『経済学論集』第51巻第3号，1985年10月。
- 森川八州男「アメリカ税制改革と減価償却問題」『企業会計』Vol. 39 No. 4 86-93頁　1987年4月。
- 矢内一好「米国税務会計史(1)」『商学論纂』第50巻第1・2号。
- 矢内一好「米国税務会計史(2)」『商学論纂』第50巻第3・4号。
- 矢内一好「米国税務会計史(3)」『商学論纂』第50巻第5・6号。
- 矢内一好「米国税務会計史(4)」『商学論纂』第50巻第5・6号。
- 矢内一好「米国税務会計史(5)」『商学論纂』第51巻第1・2号。
- 矢内一好「米国税務会計史(6)」『商学論纂』第51巻第1・2号。
- 矢内一好「米国税務会計史(7)」『商学論纂』第51巻第3・4号。
- 矢内一好「米国税務会計史(8)」『商学論纂』第51巻第3・4号。
- 矢内一好「米国法人税法の歴史的考察」『企業研究』第15号。
- 矢内一好「確定決算主義の再検討」『商学論纂』第52巻第1・2号。
- 矢内一好「確定決算主義の再検討」『商学論纂』第52巻第1・2号。

- 矢内一好「現代米国税務会計史(1)」『商学論纂』第 52 巻第 3・4 号。
- 矢内一好「現代米国税務会計史(2)」『商学論纂』第 52 巻第 3・4 号。
- 矢内一好「現代米国税務会計史(3)」『商学論纂』第 52 巻第 5・6 号。
- 矢内一好「現代米国税務会計史(4)」『商学論纂』第 52 巻第 5・6 号。
- 矢内一好「現代米国税務会計史(5)」『商学論纂』第 53 巻第 1・2 号。
- 矢内一好「現代米国税務会計史(6)」『商学論纂』第 53 巻第 3・4 号。
- 矢内一好「現代米国税務会計史(7)」『商学論纂』第 53 巻第 5・6 号。
- 吉牟田勲「租税特別措置縮減の方法としてのミニマム・タックスの研究」『日本税法学界創立 30 周年記念祝賀税法学論文集：税法学の基本問題』所収　479-534 頁。
- 若林努「レーガン政権の税制改革：1986 年税制改革法成立までの一連の税制措置」愛知学泉大学『経営研究』第 4 巻　第 2 号　335-347 頁。
- 渡瀬義男「租税優遇措置―米国におけるその実態と統制を中心として―」『レファレンス』2008 年 12 月。
- 渡辺徹也「租税優遇の規制と法人ミニマム・タックス」『税法学』第 538 号　1997 年 11 月。
- ［税財政資料］「カーター大統領の税制教書」『租税研究』第 341 号　1978 年 3 月 30 日。

（米国判例）
- Brushaber v. Union Pacific R. Co., 240 U. S. 1 (1916).
- Burns Poe, Collector of Internal Revenue for the District of Washington, v. H. G. Seaborn. 2 USTC ¶611. 282 U. S. 101 (1930).
- Commissioner of Internal Revenue v. C. C. Harmon 44-2 USTC §9515. 146 F. 2d 489 (1945).
- Commissioner of Internal Revenue v. Glenshaw Glass Company, 211 F. 2d 928 (1954).
- Commissioner of Internal Revenue v. Glenshaw Glass Company, 348 U. S. 426 (1955).
- Doyle v. Mitchell Brothers Company, 247 U. S. 179 (1918).
- Eisner v. Macomber, 252 U. S. 189 (1920).
- Flint v. Stone Tracy Co., 220 U. S. 107 (1911).
- Helvering v. Bruun, 309 U. S. 461 (1940).
- Helvering v. Horst, 311 U. S. 112.
- Hoeper v. Tax Commissioner of Wisconsin et al. 284 U. S. 206 (1931).
- Thor Power Tool co. v. Commissioner of Internal Revenue. 439 U. S. 522, USTC 79-1 ¶9139.
- Schlude v. Commissioner, 372 U. S. 128 (1963).
- Stanton v. Baltic Mining Co., 240 U. S. 103 (1916).
- Stratton's Independence, Limited v. Howbert, 231 U. S. 399 (1913).
- United States v. Davis, 370 U. S. 65 (1962).

（Blue Book）
① JCS-11-87 (May 13, 1987) — General Explanation of The Tax Reform Act of 1986, (H. R. 3838, 99th Congress, Public Law 99-514.
② JCS-41-84 (December 31, 1984) — General Explanation of The Revenue Provisions of

The Deficit Reduction Act of 1984, (H. R. 4170, 98th Congress, Public Law 98-369).
③ JCS-38-82 (December 31, 1982) — General Explanation of The Revenue Provisions of The Tax Equity And Fiscal Responsibility Act of 1982, (H. R. 4961, 97th Congress, Public Law 97-248).
④ JCS-71-81 (December 31, 1981) — General Explanation of The Economic Recovery Tax Act of 1981, (H. R. 4242, 97th Congress, Public Law 97-34).
⑤ JCS-1-81 (January 31, 1981) — General Explanation of The Crude Oil Windfall Profit Tax Act of 1980, (H. R. 3919, 96th Congress, Public Law 96-223).
⑥ JCS-1-79 (March 12, 1979) — General Explanation of The Revenue Act of 1978, (H. R. 13511, 95th Congress, Public Law 95-600).
⑦ JCS-33-76 (December 29, 1976) — General Explanation of The Tax Reform Act of 1976, (H. R. 10612, 94th Congress, Public Law 94-455).
⑧ JCS-31-76 (October 01, 1976) — Tax Legislation Enacted In The 94th Congress.
⑨ JCS-1-73 (February 12, 1973) — General Explanation of The State And Local Fiscal Assistance Act And The Federal-State Tax Collection Act of 1972, (H. R. 14370, 92d Congress, Public Law 92-512).
⑩ JCS-30-72 (December 15, 1972) — General Explanation of The Revenue Act of 1971, (H. R. 10947, 92nd Congress, Public Law 92-178).
⑪ JCS-16-70 (December 03, 1970) — General Explanation of The Tax Reform Act of 1969, (H. R. 13270, 91st Congress, Public Law 91-172).
⑫ JCS-61-69 (August 18, 1969) — Summary of H. R. 13270, The Tax Reform Act of 1969, As Passed By The House of Representatives.

（通達等）
- office of the Secretary Department of the Treasury, Tax Reform for Fairness, Simplicity, and Economic Growth, The Treasury Department Report to the President.
- Revenue Ruling 53-90, 53-91.
- Tax Reform Act of 198., Conference Report to accompany H. R. 3838, Volume II.
- Treasury Decision 4422, February 28, 1934.
- U. S. Department of Commerce Statistical abstract of the United States, 1965.
- U. S. Department of Commerce Statistical abstract of the United States, 1970.
- U. S. Department of Commerce Statistical abstract of the United States, 1980.
- U. S. Department of Commerce Statistical abstract of the United States, 1990.
- U. S. Department of Commerce Statistical abstract of the United States, 2000.
- U. S. Department of Commerce Statistical abstract of the United States, 2009.
- U. S. Treasury Department, Bureau of Internal Revenue, Bulletin "F", 1931.
- U. S. Treasury Department, Depreciation Studies, January, 1931.
- U. S. Treasury Department, Bureau of Internal Revenue, Bulletin "F", 1942.
- U. S. Treasury Department, Bureau of Internal Revenue, Regulations 74 relating to the Income Tax under the Revenue Act of 1928, December, 1, 1931.

初出誌一覧

第1章 「現代米国税務会計史(1)」『商学論纂』第52巻第3・4号　2011年3月
第2章 「現代米国税務会計史(2)」『商学論纂』第52巻第3・4号　2011年3月
第3章 「現代米国税務会計史(5)」『商学論纂』第53巻第1・2号　2011年12月
第4章 「現代米国税務会計史(6)」『商学論纂』第53巻第3・4号　2012年3月
第5章 「現代米国税務会計史(3)」『商学論纂』第52巻第5・6号　2011年6月
第6章 「現代米国税務会計史(4)」『商学論纂』第52巻第5・6号　2011年6月
第7章 「現代米国税務会計史(7)」『商学論纂』第53巻第5・6号　2012年3月
第8章 「米国の夫婦合算申告制度」『商学論纂』第51巻第2号　2010年3月
第9章 「米国における連結納税制度の生成」『経理研究』第53号　2010年2月
第10章 「米国における国内源泉所得と外国法人の税務」『企業研究』第18号　2011年3月
第11章 「米国内国歳入法典482条」『経理研究』第54号　2011年2月

著者紹介

矢内一好（やない　かずよし）

1974年3月　中央大学大学院商学研究科修士課程修了
中央大学商学部教授　博士（会計学）（中央大学）

著　書
（単著）
1) 『国際課税と租税条約』（ぎょうせい　1992年）（第1回租税資料館賞受賞）
2) 『租税条約の論点』（中央経済社 1997年）（第26回日本公認会計士協会学術賞受賞）
3) 『移転価格税制の理論』（中央経済社　1999年）
4) 『連結納税制度』（中央経済社　2003年）
5) 『詳解日米租税条約』（中央経済社　2004年）
6) 『解説・改正租税条約』（財経詳報社　2007年）
7) 『Q&A 国際税務の基本問題～最新トピックスの検討』（財経詳報社　2008年）
8) 『キーワードでわかる国際税務』（中央経済社　2009年）
9) 『米国税務会計史～確定決算主義再検討の視点から～』（中央大学出版部　2011年）

論　文
「米国租税条約の研究―租税条約と国内法の関連―」及び「国際連盟によるモデル租税条約の発展」により1989年日本税理士連合会研究奨励賞受賞

[連絡先]
〒192-0393　東京都八王子市東中野742-1　中央大学商学部

現代米国税務会計史　　　中央大学学術図書 (80)

2012年6月20日　初版第1刷発行

著　者　　矢　内　一　好
発行者　　吉　田　亮　二

郵便番号192-0393
東京都八王子市東中野742-1
発行所　中 央 大 学 出 版 部
電話 042(674)2351　FAX 042(674)2354
http://www.2.chuo-u.ac.jp/up/

© 2012　Kazuyoshi Yanai　　　　　印刷・製本　㈱千秋社
ISBN 978-4-8057-3139-0
本書の出版は中央大学学術図書出版助成規定による